JN212068

# 旅行産業論

―― 観光における "価値" のパラダイムシフト ――

編著
**森下晶美**

著者
**國谷 裕紀／松園 俊志／近藤 光則／谷口 和寛／越智 良典**

同友館

# まえがき

　本書の前版である『旅行業概論—旅行業のゆくえ—』を記したのは2018年のこと、それから6年の間に旅行業を取り巻く環境は激変した。2000年代に入り旅行業を含む観光産業においては、デジタル化や志向多様化への対応、生産性向上などいくつもの大きな課題が指摘されてきたが、アジア各国の経済成長や好景気など良好な環境に支えられ、2019年にはインバウンド旅行者数、日本人の海外旅行者数ともに過去最高を記録した。

　しかし、2020年からの未曾有のコロナ禍によって旅行者が消滅したことに加え、この間にデジタル化と志向の多様化はさらに加速し、コロナ禍が一段落し旅行者数がコロナ禍以前を上回るようになった現在でも、従前からの課題が解決されないままの旅行業界の先行きは不安定だ。従前から存在する課題を解決する新たなモデルを構築しなければ観光市場そのものは好調でも流れに取り残されることになるだろう。

　さらに、観光という行為そのものの意義や価値も変化している。従来は、旅行者を主体に人々の「楽しみ」がその意義や価値であったが、インバウンド旅行者の増加とともに、観光地を主体に「経済の活性化」や「自然・文化の継承」など、地域活性化策としても位置づけられるようになった。

　地域活性化というミッションが加わると行政による観光の公共事業は飛躍的に増え、これにより観光に携わるプレイヤーも大きく変化。従来、交通事業者、宿泊事業者、旅行業者が中心であった観光ビジネスは、現在では、小売業、不動産業、金融業、情報サービス業、農林水産業、広告業、行政機関など、これまでとは異なる業種が大きな役割を担うようになってきている。こうした市場も環境もプレイヤーも変化するという現象は、まさに観光における"価値"のパラダイムシフトともいえる。

　そんな中で旅行業は、観光の新しい"価値"を捉え、自らの事業ドメインを見据えた新たなビジネスモデルを創り出さねばならないという難しい舵取りが求められているわけだが、その萌芽となる先行事例も各地で見られるようになってきた。

　本書では、これから観光を学び、考えてみたい方々、あらためて観光を見直

してみたい方々のために、旅行業の新しいビジネスモデルの萌芽を紹介し、これからの在り方を考えていきたいと思う。これに当たり、第 1 部ではこれまでの旅行業の足跡や基盤などをまとめ、第 2 部では観光地とともに歩もうとする新しいビジネスをいくつかの先行事例とともに紹介する。特に、第 2 部においては実践で活躍されている方々に寄稿をお願いし、「ケーススタディ」として事業の実際とそれぞれの思いをまとめていただいた。さまざまなポジションの執筆者がおり、その意味では、これからの旅行業がいかに多くのプレイヤーと連携し観光を捉えていく必要があるかを物語る内容となっている。

　観光を取り巻く市場、環境、プレイヤーは大きく変わったものの、決して悪い状況ではない。変化した環境にどう対応できるか、どんな新たなモデルを作れるか、旅行業の可能性は無限にある。観光を学ぶ方々、携わる方々にとって、本書がそれを考えるひとつのきっかけとなればうれしい限りである。

　最後になるが、本書の趣旨に賛同しご執筆をいただいた執筆者の先生方、多岐に渡る難しい編集をまとめてくださった編集の大河内さほさんに、この場を借りて心からお礼申し上げたい。

2024 年 8 月

森下　晶美

# も く じ

まえがき　i

## 第1部　旅行業の現状

### 第1章　旅行商品とは ……………………………………………… 2
　1．旅行商品とは／2

### 第2章　旅行業の歴史と変遷 ……………………………………… 12
　1．日本における旅行業の登場と発展／12
　2．旅行業の歴史過程／15
　3．日本の観光政策の変遷／24

### 第3章　旅行業法と旅行業 ………………………………………… 34
　1．旅行業法とは／34
　2．旅行業等の意義／34
　3．企画旅行と手配旅行／37
　4．旅行業等の登録について／39
　5．旅行業に対する主な規制／40
　6．旅行業者代理業に対する主な規制／44
　7．旅行サービス手配業に対する主な規制／45
　8．法令違反等に対するペナルティ／46

## 第4章　旅行業のビジネスモデル ……………………………………… 47

1．旅行会社の現状／47

2．日本の旅行会社のビジネスモデル／51

3．個人旅行の変化と商品／58

4．法人旅行の変化／64

5．旅行業のビジネスモデルの展望／74

## 第5章　旅行業の今日的課題 …………………………………………… 81

1．観光を取り巻く環境変化／81

2．旅行会社の役割と存在意義／83

3．旅行会社の業務の広がり／87

4．今日の課題／92

# 第2部　旅行業の新しい形と方向性

## 第6章　旅行業の市場変化と現状 …………………………………… 98

1．市場全体／98

2．観光立国推進基本計画から見る課題の確認／101

3．日本の経済・人口動態の変化／103

4．観光・旅行を取り巻く環境と行動の変化／109

ケース スタディ❶　新たな価値を生み出す旅行業とは／115

## 第7章　インバウンド／訪日外国人市場の変化と対応 ……… 124

1．インバウンド市場はアジアでトップクラス／124

2．近年のインバウンド市場動向と観光戦略／127

ケース スタディ❷　インバウンド旅行者を例とした地域における
マーケティング／128

ケース スタディ❸　北海道におけるインバウンド戦略／138

第8章　新しい萌芽の事例 ……………………………………………… 151

　1．アドベンチャーツーリズム／151

　**ケース スタディ❹**　環境保全における旅行の役割と価値／159

　2．地域活性化の動き／173

　**ケース スタディ❺**　魅力的な仕事の創出と高付加価値化／181

　**ケース スタディ❻**　地域経営を通じた新しいビジネス構築と、

　　　　　　　　　　　地域の若手ネットワーク構築・人材育成／187

　3．求められる人材／194


あとがき／203

# 第 **1** 部

# 旅行業の現状

第1部では、旅行業の基盤としてその歴史や法制度にふれ、そもそも旅行業、旅行商品とは何か、現状と課題について取り上げる。

# 第1章

# 旅行商品とは

　旅行業とは文字通り「旅行」を商品として事業を行う業態である（定義に関しては、第1部3章を参照）。では、旅行を商品にするとはどういうことだろうか。旅行は交通や宿泊、観光などいくつかのパーツから成り立っているが、それぞれの手配や行動は旅行者本人でも行うことができ、必ずしも旅行会社を必要としない。ここでは、旅行商品とは何か、それを扱う旅行業とはどのような業態かを説明していきたい。

## 1. 旅行商品とは

　旅行商品とは、広義には旅行に関する企画や手配などのサービス全般をいい、旅行相談や渡航手続きなども含まれる。しかし、一般的には交通や宿泊などの旅行素材のほかに、企画性やサービスなどの付加価値が加えられた形態のものを旅行商品と呼ぶことが多い。その意味では、旅行会社が取り扱う「旅行素材に付加価値を添加した商品形態」と考えることができる。

　なお、旅行という概念は居住地を離れて違う土地へ移動することであり、その中には観光のほか、業務、留学・教育、家族・友人訪問なども含まれるが、その中で楽しみやレジャーを目的としたものが観光と考えられており、旅行商品には観光目的のみならず出張や視察、教育なども含まれる。

　一方、観光商品という言い方もされるが、この場合は観光地が提供する企画やサービスを指すことが多く、観光コンテンツとも表現される。どちらも旅行素材に企画性やサービスなどが付加された商品であるが、本書では、旅行会社が扱う発地型観光[1]の形態を「旅行商品」、観光地が企画する着地型観光[2]の形態を「観光コンテンツ」と表記する。

## (1)　旅行素材

　旅行を構成する素材（以下、旅行素材）は、基本が「アゴ」、「アシ」、「マクラ」、つまり、食、交通手段、宿泊施設の 3 要素で構成されるが、観光旅行の場合は「シーン（場面・場所）」も重要な素材であり、その中でも最近では特に体験やテーマ性などが重要な要素と考えられるようになった。また、旅行は無形で体験・経験を主体としたものであるため、これに携わる人的サービス「ヒト」も重要な素材の 1 つとなる。

①食（アゴ）
　訪問地での食は旅の重要な要素である。食には、季節や土地の味覚といった「食材・料理」そのものの要素だけでなく、海が見えるレストランなどを例とするその土地ならではの「食事場所」といった 2 つの要素がある。わが国は特に食の資源が豊富で、国内、インバウンドを問わず旅行目的としても上位に位置し、地産地消をテーマとした食や B 級グルメによる町おこしのほか、地域文化や歴史背景も含めた食を楽しむガストロノミーツーリズムなどさまざまに楽しまれている。

②交通手段（アシ）
　旅行は必ず場所の移動を伴うものであり、交通の要素も欠かせない。旅行素材としての交通には、目的地までの移動手段としての一次交通と、訪問地内での移動手段である二次交通、また観光目的で利用する観光交通などがある。航空機や鉄道、バスなどの定期の公共交通機関のほか、貸切バスやレンタカーなどがあるが、観光交通には遊覧船やロープウェイ、定期観光バスなども含まれる。

③宿泊施設（マクラ）
　日帰りを除き、訪問地での滞在拠点となる宿泊施設も重要な素材の 1 つである。目的や予算、好みに応じたさまざまな種類の宿泊施設があり、観光の滞在

---

　1)　住んでいるエリアを起点とする旅行の考え方。旅行会社が送客を意識し企画するものを指すことが多い。本書では「旅行商品」とした。
　2)　観光地を起点とし域内をめぐる旅行の考え方。地域の DMO、観光事業者などが企画する現地ツアーを指すことが多い。本書では「観光コンテンツ」とした。

図表 1-1　旅行商品の素材

| 旅行商品の素材 | 要素 | 具体例 |
|---|---|---|
| ①アゴ（食事） | 料理、食材 | 郷土料理、名物料理、地域の特産品、季節の食材など |
| | 食事場所 | 眺めの良いレストラン、有名店、老舗、非日常の食事場所など |
| ②アシ（交通） | 目的地までの交通 | 鉄道、航空、高速バスなど |
| | 訪問地内の移動交通、観光交通 | 路線バス、ハイヤー、遊覧船、観光列車など |
| ③マクラ（宿泊） | 観光目的 | シティホテル、旅館、リゾートホテルなど |
| | ビジネス目的 | ビジネスホテル、シティホテルなど |
| ④シーン（観光場所・場面） | 観る（ハード） | 名所・旧跡（城、神社仏閣など）、テーマパーク、美術館・博物館など |
| | する・体験（ソフト） | そば打ち体験、収穫体験、スキー、トレッキングなど |
| ⑤ヒト（交流・人的サービス） | ホスピタリティ | スタッフのホスピタリティ |
| | 地域交流 | 地域の人々との交流 |

※ ①～⑤は観光素材
※ ②③は旅行素材

拠点として利用されるシティホテル、ビジネスホテル以外にも、滞在そのものが旅行目的となるリゾートホテルや旅館などもある。

　これ以外にも近年では宿泊施設のバリエーションが飛躍的に増え、個人が空いている家や部屋を提供する民泊、古民家を再利用した宿、寺院に泊まる宿坊など、宿泊事業者以外が運営する宿も多くみられる。また、海外では古い城や館を改装した古城ホテル、下宿タイプの B&B（ベッド＆ブレックファスト）、アパートメントタイプのコンドミニアム、個人所有のホテルや別荘に泊まるバケーションレンタルなどもあり、旅行者の選択肢は広がっている。

④観光場所・場面（シーン）

　交通と宿泊だけなら単なる移動ともいえるが、観光には楽しむための目的があるため、場面や場所は大変重要な素材である。場所にあたるのは城や社寺などの名所・旧跡やテーマパークといった施設（ハード）や風景など、場面にあたるのはアクティビティや文化体験、スポーツ観戦、芸術鑑賞といった経験や体験（ソフト）などである。近年では、見るだけではない体験型の観光に人気があり、場面の要素が重要視されている。また、エコツーリズムやアドベン

チャーツーリズムなどテーマ性のある観光を特にテーマ型ツーリズムまたは SIT（Special Interest Tour）と呼び、多様なテーマが存在する。

⑤交流・人的サービス（ヒト）

　観光の重要な素材のもう 1 つに、人の「交流」がある。観光事業に携わる人々との交流やホスピタリティだけでなく、訪問地での住民との思わぬふれあい、旅行者同士の交流など、ヒトとの交流要素は旅行の優劣を左右する。特に特定の目的があるテーマ型ツーリズムでは、その知識とホスピタリティを兼ね備えたガイドの存在が重要であり、また、地域資源を理解し商品化できる観光人材の重要性も増して来ている。


## （2）旅行商品の分類

　旅行商品の分類はいくつかの視点から考えることが出来るが、ここでは 1）旅行取引を規定した標準旅行業約款による分類、2）旅行目的による分類、3）旅行会社の販売戦略による分類を紹介する。

### 1）標準旅行業約款による分類

　旅行会社が、旅行商品を販売するには、取引の規定を定めた旅行業約款に依らねばならないが、この標準旅行業約款において、旅行商品は企画旅行（募集型企画旅行、受注型企画旅行）、手配旅行、旅行相談、渡航手続などに分類されている（第 2 章参照）。

①募集型企画旅行

　一般にはパッケージツアーと呼ばれる。標準旅行業約款によれば、旅行会社が、旅行の日程や運送、宿泊サービスの内容、旅行代金を企画し、広告などを通じて旅行者を募って実施するタイプの旅行商品をいう。

　万が一、旅行内容が変更となった場合には、旅行者に対して変更補償金が支払われる旅程保証責任があるほか、旅行者が、旅行中、不慮の事故に遭遇した場合にも、その損害に対して補償金が支払われる特別補償も適用となる。

②受注型企画旅行

　法人旅行、団体旅行とも呼ばれる。募集型と同様に旅行会社が旅行の日程や

運送、宿泊サービスの内容、旅行代金を企画し実施する旅行をいうが、募集型との違いは、旅行者からの依頼があって旅行の企画を行うもので、オーダーメイド型の企画旅行である。職場の慰安旅行や修学旅行などがこれに当たり、旅程保証、特別補償も適用になる。

### ③手配旅行

　旅行者が交通、宿泊などの手配を旅行会社に依頼するもので、旅行会社はそれに従って手配を行う。個々の旅行素材を旅行者が選択して旅程を作成し、計画の意思決定は旅行者自身が行うため、旅程保証や特別補償の適用はない。航空券、ホテル、列車などの各種予約・発券、オーダーメイドの旅行などがこれに当たる。オンラインで販売されるものはこのタイプが多い。

### ④旅行相談

　旅行の計画作成のために必要な助言や計画の作成、経費の見積もり、現地の情報提供といった、さまざまなアドバイスのことをいうが、実際には旅行に関する相談だけで旅行者に費用を請求している旅行会社は少なく、商品としては形骸化していることが多い。

### ⑤渡航手続

　旅券（パスポート）、査証（ビザ）、再入国許可証などの取得に関する手続きや出入国書類の作成などがこれにあたる。日本人の観光旅行の場合、査証なしで渡航できる国は多いが、ロシアなど観光旅行でも査証が必要な国があるほか、ハワイを含めた米国でも ESTA（電子渡航認証システム）申請の必要がある。多くの申請は個人でもできるが、海外修学旅行など多人数で旅券申請を行う場合や、個人でも手続きに不安や面倒を感じる旅行者も多く、こうした手続きを代行する。

## 2）旅行目的による分類

　旅行商品は、旅行者の旅行目的によっても分類することができ、観光旅行のほか、仕事を目的としたビジネストリップ（業務旅行）、研修・教育を目的とした教育旅行などがある（第4章参照）。

### ①観光旅行

　文字通り観光を目的とした旅行で、その目的は温泉や自然、名所・旧跡、ア

図表 1-2　旅行目的（上位 20）

（単位：%）

| | | | | | | |
|---|---|---|---|---|---|---|
| 1 | 温泉旅行 | 48.6 | 11 | 和風旅館 | 18.5 |
| 2 | 自然観光 | 46.0 | 12 | 動物園・水族館 | 17.2 |
| 3 | グルメ | 43.8 | 13 | ショッピング | 16.5 |
| 4 | 歴史・文化観光 | 38.9 | 14 | おしゃべり旅行 | 16.2 |
| 5 | テーマパーク | 33.3 | 15 | リゾートホテル | 16.1 |
| 6 | 海浜リゾート | 28.1 | 16 | 高原リゾート | 14.2 |
| 7 | 都市観光 | 25.3 | 17 | ロングスティ | 13.0 |
| 8 | 世界遺産巡り | 21.4 | 18 | 芸術鑑賞 | 11.6 |
| 9 | 町並み散策 | 20.8 | | 花の名所巡り | 11.6 |
| 10 | 離島観光 | 19.0 | 20 | 祭り・イベント | 11.5 |

21 位以下には「海水浴」「観光列車旅行」「パワースポット」「自然現象鑑賞」「登山・山歩き」「マリンスポーツ」「スポーツ観戦」「スキー・スノーボード」「グランピング」などが続いている

資料：「旅行年報 2023」の「行ってみたい旅行タイプ」をもとに筆者作成。

クティビティ、グルメ、リゾート滞在など大きく多様化している。近年では、農業体験や野生動物観察などの特別なテーマや目的を持った SIT（Special Interest Tour）やテーマ型ツーリズムも注目されている。また、地域の DMO や旅行会社などが来訪者のために企画する着地型商品もほとんどは観光を目的としたもので「観光コンテンツ」とも呼ばれ、地域ならではの商品として人気が出ている。

②ビジネストリップ（業務旅行）、MICE

　商談や打ち合わせを目的とした国内外の出張のほか、見本市や企業視察を目的とした視察旅行、国際会議や学会への参加を目的とした旅行などがある。見本市や国際会議などへの参加を目的としたものは、特に MICE（Meeting（会議）、Incentive（報奨・研修旅行）、Convention（国際会議・学術会議）、Event/Exhibition（見本市・展示会））と呼ばれる。

③教育旅行

　小・中・高等学校などの学校単位で行われる教育・研修・体験学習等を目的としたもの。修学旅行や各種研修旅行などがあり、国内だけでなく海外修学旅行、語学研修旅行なども広く一般化した。個人単位で参加する留学や語学研修ツアー等もこれに含まれる。

④その他（帰省、訪問など）

　お盆や年末年始の帰省、国内の遠隔地や海外で暮らす家族や友人などの訪問も旅行の一形態でVFR（Visit Friends and Relatives）とも呼ばれるが、旅行商品としては交通手配などの単品素材の販売であることが多い。

### 3）旅行会社の販売戦略による分類

　旅行会社の主力商品として業務上で分類されているのは次の5つであるが、いずれも主には販売対象の顧客（個人、法人、訪日外国人）によって分類されている。ここでは商品の概要を説明するが、詳しい販売戦略については4章を参照してほしい。

①パッケージツアー（募集型企画旅行）

　約款でいう「募集型企画旅行」を指し、観光、食事、添乗員等がセットされた「フルパッケージ（団体型）」と往復交通と宿泊だけの「フリープラン（スケルトン）型」の商品がある。フリープラン型の中には旅行素材を旅行者が自由に選んで組み立てるもので、価格が需要によって変化する（ダイナミックプライシング）タイプもあり、これを「ダイナミックパッケージ」と呼ぶ。旅行者にとって手配の面倒がない「利便性」や、いざという時の「安心感」、内容と価格を比較した際の「割安感」によって選択されることが多い。

　従来は、添乗員同行の「フルパッケージ」が主力であったが、ネット予約の利便性が増したことや個人志向の高まりなどに伴い近年は「フリープラン（スケルトン）型」の商品が主流となっている。

②個人観光旅行（手配旅行）

　旅行目的の多様化や手配手段の簡易化により、個人旅行がますます増えてきている。航空・鉄道会社の正規割引が一般化したことや、スマートフォンの普及で予約や情報検索が簡単にできるようになったことが人気に拍車をかけた。本来は、約款でいうところの手配旅行や旅行会社を利用せず、旅行者自身が手配を行う旅行形態をいうが、広義にはフリープラン型パッケージも個人旅行と呼ぶことが多い。FIT（Foreign/Free（海外の/自由な）、Independent/Individual（個人単位の）、Travel/Tour/Trip（旅行））とも呼ばれる。

図表 1-3　販売上の旅行商品の分類

| | 旅行商品名 | 種類 | 旅行内容の特徴 |
|---|---|---|---|
| 個人 | パッケージツアー（募集型企画旅行） | フルパッケージ、スケルトン（フリープラン型）パッケージ、ダイナミックパッケージなど | 旅行会社が内容を企画し、代金を定めて、パンフレットや広告等で旅行参加者を募る旅行商品。企画旅行に位置付けられ、旅程保証や特別補償の適用がある。フルパッケージ：宿泊、交通、観光、食事などがセットされたもの。スケルトンパッケージ：往復交通と宿泊のみのもの。自由度が高い。フリープラン型ともいう。ダイナミックパッケージ：必要な素材を旅行者が選びパッケージにする。需要に応じ価格が変動する。 |
| | 個人観光旅行（手配旅行） | 宿泊予約、交通手配、各種入場券、レンタカー手配など | 旅行者が自ら旅行素材を選び旅行会社がその手配のみを行うもの。ネット販売はこの形態が多い。計画の意思決定は旅行者自身が行うため、旅程保証や特別補償は適用にならない。 |
| 法人 | 法人旅行（多くは受注型企画旅行） | 慰安旅行（社員旅行、職場旅行）報奨旅行、招待旅行など | 法人（企業、団体など）単位で行われる旅行。観光要素も入れることが多い。受注型企画旅行での実施が多く、旅程保証や特別補償の適用がある。慰安旅行（社員旅行、職場旅行）：社員や構成員の慰安や親睦を目的とした旅行。報奨旅行：販売店や社員のモチベーション高揚を目的としたもの。売り上げや業績に応じて招待される。招待旅行：販売促進や得意先の接待を目的としたもの。"クイズに答えてハワイを当てよう"などもその一例。 |
| | 教育旅行（多くは受注型企画旅行） | 修学旅行、語学研修など | 小中高校、大学などで実施される教育研修や体験学習を目的とした旅行。修学旅行がこの代表格。遠足や林間学校、語学研修、ホームステイなどもこれに当る。団体旅行の一形態。企画旅行に位置付けられ、旅程保証や特別補償の適用がある。 |
| | ビジネストリップ（業務旅行）、MICE | 出張、会議参加、視察旅行など | 業務を目的とした旅行。国内外の「出張」や、企業、行政等を視察する「視察旅行」、国際会議や見本市への参加や主催などがある。 |
| 外国人 | インバウンド（訪日外国人旅行） | | 訪日旅行客のための国内の旅行手配。 |

### ③法人旅行（受注型企画旅行）

　法人旅行は、主に企業・組織などの社員（構成員）やその顧客を対象としたもので、慰安や親睦を目的とした「慰安旅行」、「職場旅行」、モチベーション高揚を目的とした「報奨旅行」、「招待旅行」、能力向上や学び直しなどを目的とした「研修旅行」などがある。多くは、顧客の依頼により、実施目的や参加者、予算などを汲んだ企画を立案して実施する受注型企画旅行となる。法人旅行を実施する企業や組織には、一般企業や行政組織、公共団体のほか、敬老会、同好会、同業組合などもある。旅行会社では特にこれを法人営業、オーガナイザーセールスと呼び主力商品の1つとなっている。

### ④教育旅行（受注型企画旅行）

　法人旅行の一形態であるが、修学旅行や語学研修、ホームステイなど、学校・教育機関が教育や研修、体験学習が目的で実施するものを特に教育旅行と呼ぶ。団体の規模が大きく、旅行会社間での獲得競争は激しい。従来の行先は国内旅行が主流であったが、現在は高校を中心に、アジアやオセアニア、北米といった海外への修学旅行も増えている。大手旅行会社では、法人営業と同様に教育旅行の専門支店を設けているところもある。

### ⑤ビジネストリップ（業務旅行）、MICE

　国内外の「出張」や、企業、行政等を視察する「視察旅行、企業研修旅行」、国際会議や見本市、学会に参加するための旅行などがある。旅行会社の業務は、交通機関と宿泊のみの単純な手配から視察先企業のアレンジを必要とするものまでさまざま。旅行者は1人の場合もあるが、顧客が企業、団体、学校であることから、旅行会社の営業戦略上は、法人旅行の一形態として位置付けることもある。

　特に見本市や展示会、国際会議などのMICEは、ビジネスイベントの提案や運営のほか、参加者の交通・宿泊の手配も行い、1度に多くの集客が見込めるビジネスとして、大手旅行会社を中心に力を入れるところが増えている。また、MICEは関わる産業の数も多く、経済波及効果が大きいこと、開催地のPR効果が大きいことから、インバウンド誘致のための観光政策の1つとして、国や自治体も力を入れている。

### ⑥インバウンド（訪日外国人旅行）

　旅行会社にはインバウンド旅行客のための日本の国内手配という業務もあ

る。形態としては海外の旅行会社が企画したツアーの手配業務のほか、個人客向けのパッケージツアーの企画・販売などがある。

　JTB の前身であるジャパン・ツーリスト・ビューローが 1912（明治 45）年に外客誘致から事業をスタートしていることからもわかるように、旅行会社におけるインバウンド手配の歴史は古い。2016 年に日本人の海外旅行者数と逆転して以来、インバウンド旅行者数はコロナ禍を除き増加の一途をたどっており、観光事業者にとっては重要な顧客となるが、インバウンド旅行の手配は日本の旅行会社を利用しないことも多く、大手旅行会社の JTB でも取扱額全体のわずか 6.2％にとどまっており（2019 年）、課題の 1 つとなっている。

# 第2章
# 旅行業の歴史と変遷

## 1. 日本における旅行業の登場と発展

### (1) 旅行業の存在基盤

　旅行産業が歴史的に存在してくるのは、産業革命以降のことである。すなわち、船舶に蒸気機関を利用して天候性を克服したり、多数の旅客を乗船させるための大型鉄鋼船舶が開発されたり、蒸気機関を使用した鉄道が開発されたりしたあとである。当初、鉄道は人の移動に使用されるより貨物輸送が優先されており、物資の輸送が主であった。高額な料金を取られるのが当たり前だったのだ。しかし権力者や富裕層は利用できたし、彼ら自身で専用客車を所有して各鉄道会社に接続させたりもしたのである。

　わが国においても、横浜−新橋間に鉄道が開通した当初の運賃は高額で外国人や富裕層だけが利用していた。明治政府は、欧米に似して国家統一を図るために鉄道網を全国へ普及させるが、物資の輸送や軍人の移動が優先された。一般大衆が旅行を楽しむ環境を得るのは、第2次世界大戦後に交通インフラの復旧・改善が進み、「所得倍増」の高度成長期まで待つしかなかった。

　旅行業の役割が重要になったのは、1950年代後半になり、朝鮮動乱の補給物資の供給で経済的にも潤い、米国向けの輸出が増加することで戦後の復興が進んでからである。企業の経営者は、従業員の福利・厚生のために、また会社に対しての忠誠心を確保するために、会社ぐるみの団体旅行を頻繁に行うようになった。戦時中、禁じられていた中学・高校の修学旅行も解禁された。修学旅行と会社ぐるみの団体旅行は、旅行業者にとって大きな収入源となった。鉄道路線の復興だけでなく、道路網の復旧も進み、貸切バスの団体旅行での利用

が進んだ。集団で温泉地の大規模旅館に宿泊し、夜遅くまで宴会をして旅行する形態が 1980 年代まで続いた。

　1964 年に海外旅行が自由化された。当初は高額で、富裕層しか参加できなかったが、1970 年代前半になると、海外まで企業の団体旅行が普及した。税法上、福利・厚生のために 3 泊 4 日まで経費として計上可とされていたので、東南アジアへの企業ぐるみの団体旅行が普及した。現在は、4 泊 6 日まで認められており、ハワイや豪州のゴールドコーストが目的地として人気を集めている。2 度のオイルショック以降、デフレ経済下で企業を挙げての団体旅行は減少したが、会社全体で移動する形態から、部門別や小グループ化が進んでいる。企業、学校、宗教法人、組合等の団体旅行（法人旅行）は、旅行業の一番の収益源であるが、旅行会社間の競争が激しく厳しい状況が続いている。

　個人旅行においては、旅行会社に依頼する必然がなくなりつつある。モータリゼーションの進展で自家用車保持とレンタカー普及が進み、高速道路網が発展してきたことがその要因である。インターネットの普及でスマートフォンによる宿泊の手配は当然となり、オンライン・トラベル・エージェンシー（OTA）の台頭で旅行会社をバイパスする消費者が多くなってきている。


## (2) 企画型旅行商品の重要性

　旅行会社の役割は、企業や個人から依頼を受けて旅行の手配をする（受注型）だけではない。1970 年代当初にボーイング 747 型機が導入された。この航空機の巨大化が航空運賃の流動化をもたらした。海外旅行が自由化された時点では、航空座席の需要が高く、旅行代金も日本交通公社の欧州旅行では、17 日間で 71 万 5,000 円であった（当時の大卒初任給は約 2 万円）。高まる海外旅行熱に対して、高額な海外旅行をいかに廉価な旅行にするかが旅行業者に求められた。そのために開発されたのが、海外旅行のパッケージ化（募集型企画旅行）である。

　先に述べたが、1970 年代に国内航空会社に 747 型機が導入されると、航空会社側も空き座席の増加を防ぐため、バルク運賃を導入して旅行会社に対して海外パッケージ旅行の造成を積極的に依頼してきた。大手旅行会社だけでなく中小旅行会社も海外旅行のパッケージ商品を造成するようになると、業者間の

価格競争が激しくなり、海外旅行の激安化が進んだ。そして国内旅行と海外旅行の価格逆転現象も起き始めた。

　国内旅行にもパッケージ化（募集型企画旅行）の流れが強まり、この流れに乗って、旅行素材の大量仕入れによるスケールメリットを追う旅行会社も出現した。その結果、ホールセール（製造・卸）の旅行会社と、売れ残りのリスク低減のために販売に重心を移すリテール（小売り）の旅行会社に分化されてきた。パッケージ化を実施する旅行会社は、旅行商品のオリジナリティを演出できて、なおかつ価格的に廉価性を持つという矛盾に満ちた企画力が必要とされている。当然、旅行商品の企画立案者には、マーケティングの知識や市場の分析能力等が必須のスキルとなる。

　旅行業と一般の製造業とで大きく違う点は、旅行商品の固有の性質に、大きく5つの問題点が存在していることである。1つめは、販売時点では消費者が手に取って確認できない「無形商品」であることである。パンフレットやDVDで映像化しても、その商品全体を表現できない。2つめは、素材の需要と供給の変動幅が大きい「シーズナリティ」の問題である。とくにわが国の場合、EU圏の国々と比較すると、消費者の有給休暇制度の取得率の低さと有給休暇期間の短さは如何ともしがたい。シーズンオンとオフの急激な落差を生み出している。3つめは、「商品在庫の不可能性」である。交通機関や宿泊機関と同様に、出発や利用までに売り切らないと商品価値を失ってしまう。4つめは、「販売段階では不完成商品」であることが大きい。旅行が終了するまで、旅行者の安全を確保し不測の事態に対して旅程を管理し続けなければならない。最後の5つめは、旅行商品の個々の構成素材が、「非所有素材」であり同一素材でないことである。航空座席も宿泊客室も多様な会社の素材を利用しなければならない。また、このことは旅行会社同士で同一の素材を利用して旅行商品の造成を行う必要があることを意味する。そのうえで、旅行会社には商品の差別化を行う力がなければならない。付加価値を創造できない旅行会社は、残念ながら旅行商品の価格競争に巻き込まれることとなる。

# 2. 旅行業の歴史過程

## (1) 明治期以降第2次世界大戦終了まで

　旅行会社の出現は、英国での鉄道業の開業（1830年）がなければありえなかった。産業革命をもたらした蒸気機関の発明は、陸上や海上で大量の物資の輸送を可能とし、鉄道や汽船が工業化社会の大きな交通インフラとなった。時代を経ると旅客輸送にも転用が進み、単に旅客の移動というよりは、情報を伝達する役割が大きくなり、近代社会の発展の礎になった。わが国の鉄道は、1872（明治5）年の東京（新橋）〜横浜間が最初であり、近代化を急ぐ明治維新政府は、富国強兵の国家戦略の下で、鉄道網の全国への展開を進めた。しかしながら、この時代の旅客運賃は高額であり一部の富裕層しか利用できなかった。1890年代に入ると、関東・関西圏に鉄道のネットワークが広がり、外国人客の誘致が重要であるとの認識で、1893（明治26）年に貴賓会「ウェルカム・ソサエティ」が設立された。しかしこの当時、海外からの来訪者は、お雇い外国人やキリスト教の宣教師だけであり、貴賓会の活動は休止状態であった。

　わが国に旅行業が出現するのは、1905（明治38）年のことである。滋賀県草津駅前の食堂業、南新助氏が国鉄の貸切臨時列車を使い、伊勢神宮、江ノ島、東京、日光、長野を周遊する「善光寺参詣団」（7日間）を組織して約900名の参加者を集めた。JR西日本系列の（株）日本旅行の創業である。また、1912（明治45）年に鉄道院（国鉄）をはじめとして、ホテル、私鉄、船舶業の代表者を発起人として設立されたのが、JTBの前身「ジャパン・ツーリスト・ビューロー」である。その後、「貴賓会」の外客接遇の事業も継承され、第2次大戦終了時まで日本交通公社（現在のJTB）の独占に近い状況が続いた。

## (2) 世界史上最初の旅行業

　世界で最初の旅行業は、英国人トーマス・クックが、1841年7月5日に開催される禁酒大会のために、ミッドランド鉄道と交渉してラフバラー〜レスター間（12マイル）の廉価の運賃を勝ち取り、570名の参加者を集めて成功し

たことに遡る。英国は蒸気機関の発明により、羊毛や石炭等の物資輸送のために鉄道網が張り巡らされて、産業革命に成功した。鉄道の当初の役割は、原材料や製品の輸送であったが、徐々に快適性を求める王侯貴族が馬車の代りとして鉄道を利用し始める。王侯貴族は、ロンドン近郊のブライトン、ボーンマスに離宮や別荘を持っていた。移動の時に自己所有の専用客車を接続することにより、馬車の持つ振動や不定時性から解放されたのである。人の移動が活発になると、鉄道の機能として新たに情報伝達の能力が注目されることになった。

　トーマス・クックは、1808年に英国中部のダービーシャーのメルバーンに生まれた。母方がバプティスト派の牧師の家系であったため、宗教的なモチベーションを持っており、成人してから禁酒運動に熱中する。この時代の労働者の勤務時間は一定でなく、長時間労働を強いられていた。疲れた身体を癒すためアルコールを大量に飲酒することが普通であった。安価でアルコール度数の高いジン等が製造され、労働者はアルコール依存症に罹患して、家族の不和が広がった。クックは布教活動の一環として、ラフバラーの印刷所で徒弟奉公して聖書の印刷技術を身につけていた。禁酒大会への参加を募るパンフレットやポスターの作成もこの時始めている。また大量の労働者が宿泊できる場所がなく、テントや食事の用意もした。1828年には、メルバーンのバプティスト派の布教師となり、宗教活動と禁酒運動に専心した。禁酒大会の成功によって彼は、歴史的に世界で最初の旅行業のビジネスモデルを創出したことになる。

　この禁酒大会に参加するための旅行は、歴史的に最初の団体旅行ではない。というのも、1831年6月にマンチェスターからリバプール間を日曜学校の教師120名が団体旅行しているし、英国鉄道（British Rail）によると、1836年に800名の団体旅行の記録が残っている。トーマス・クックの禁酒大会のツアー以前にも団体旅行が行われているにもかかわらず、彼のツアーを世界最初の旅行業として認める理由は、①旅行のための広告・宣伝活動を行ったこと、②旅行中の飲食・宿泊の用意をしてパッケージ化し販売したことの2点である。

　その後、クックの名声が確立されるのは、1851年の世界で最初の万国博覧会（ロンドン）に積極的に旅行者を送ったことによる。クックがロンドン万博に旅行者を送ったのは労働者の啓蒙活動がベースにある。産業革命の最中でもあり、この時代の労働者には教育機会が十分になく、労働者が先進的な知識を手に入れるにはロンドン万博が有効であると認識していた。クックはこの万博

へ 16 万 5,000 人も送り込んだ。動員するために「博覧会クラブ」を創設し、旅行費の積立制度や旅行誌「エクスカーショニスト」を出版している。その後の第 2 回パリ万博にも旅行者を送り込んだので、海外旅行にも事業展開したことになる。

　また翌年には、「大陸周遊旅行」を組織し、英国の海外旅行ブームに火をつけることになった。1864 年には息子のジョンが事業を手伝うことになり、1872 年「Thomas Cook & Son」が正式名称となる。1866 年には「南北戦争戦跡めぐり旅行」で米国大陸に上陸し、1868 年にはエジプト・パレスチナの訪問ツアーも造成している。これ以外にも、周遊切符とホテル・クーポンを組み合わせた個人向けツアーも作っている。また、1874 年には旅行小切手をはじめて発行した。さらに、1890 年代に入ると、世界の主要観光地に駐在員を置いて旅行客のトラブル処理に対処している。以上のように、トーマス・クックの企画力、広告・宣伝戦略、販売戦略等を見れば、彼が旅行産業の創始者であることは間違いない。


## (3) 日本の旅行業の歴史的発展期

　第 2 次世界大戦まで、わが国では、不要不急の旅行は自粛させられ、軍事優先の体制下で旅行業の果たす役割は限定されたものであった。戦後、旅行業界も再スタートを切ることとなる。全国の鉄道網も破滅的な打撃を受けていたが、徐々に復旧され、1946（昭和 21）年には、お米持参の国内修学旅行が再開された。1947（昭和 22）年には、世界を一周するプレジデント・モンロー号が横浜に寄港し、同年ノースウエスト航空とパン・アメリカン航空が相次いで東京に就航した。当時は米国の占領下であり、利用客は米軍関係者が中心であった。1 ドル＝ 360 円の時代で航空運賃も高額であり、日本人の海外渡航手段は貨客船と航空機利用の併存がしばらく続いた。

　日本航空が国内線に就航するのは、1951（昭和 26）年のことである。はじめは東京〜大阪、東京〜大阪〜福岡、東京〜札幌の 3 路線だった。陸上の移動手段は、道路網の整備が遅れており、復旧し始めた国鉄が中心であった。日本航空が国際線を開設するのは、サンフランシスコ講和条約調印後の 1954（昭和 29）年である。日本交通公社、京阪神急行、西日本鉄道、阪神電気鉄道、

近畿日本鉄道、日本通運、ジャーディン・マジソン（香港系資本）の 7 社が、IATA（国際航空運送協会）の代理店として承認され、国際航空券を販売することとなった。

　当時は、海外からの旅行客は米国からが中心で、外貨獲得の意味もあり、インバウンド業務が脚光を浴びていた。占領下の米軍基地の周辺には、旅行会社の営業所が開設されていた。明治期の「ジャパン・ツーリスト・ビューロー」は、戦時中の「亜東交通公社」を経て、戦後「日本交通公社」（現在の JTB）と名称を変更して営業を再開した。1948（昭和 23）年には、近畿日本ツーリストの前身の「日本ツーリスト」が創業された。1949（昭和 24）年には日本旅行会（現在の日本旅行）が営業を再開した。1950（昭和 25）年、名鉄共栄社（現在の名鉄観光サービス）、1954（昭和 29）年、東武鉄道観光と、続々と営業を開始しインバウンド事業に力を入れ始める。

　昭和 30 年代に入ると、戦後からの復興が実り高度経済成長期を迎え、国内団体旅行の全盛期となる。貸切バスを連ねた地方の温泉旅館めぐりが脚光を浴びる。1964（昭和 39）年は旅行産業にとってエポック・メイキングな年となった。「東京オリンピック」の開催である。オリンピック開催のため、東海道新幹線の開業、首都高速道路の開通と交通インフラの整備も進められた。宿泊業においても、オリンピックによる訪日外国人の増加にあわせて、1960 年銀座東急ホテル、1961 年パレスホテル、1962 年ホテルオークラ、1963 年東京ヒルトンホテル（現在のザ・キャピトル東急ホテル）、1964 年羽田東急ホテル、同年東京プリンスホテル、ホテルニューオータニ等と開催地東京を中心にホテルが新設されていった。

　旅行業にとって重要なことは、1964（昭和 39）年 4 月、日本人の海外旅行が自由化され、1 人年 1 回 500 ドルの持ち出し制限が付いたが、海外渡航が一般にも開放されたことである。旅行会社もさっそく海外旅行を収益の柱にするべく力を入れることとなった。1964 年 7 月には、海外パッケージツアーの第 1 号、スイス航空「プッシュボタン」が発売され、1965（昭和 40）年 1 月には、日本航空が「ジャルパック」の販売を開始した。旅行会社側は、これらを代理業として販売し、自社のパッケージツアー造成の準備をした。

　新しい時代のニーズに対応した旅行会社も、続々と誕生した。1956 年に東急観光（国内旅行部門）が設立されたが、1960 年東急航空と合併して海外旅

行分野にも参画した。同じく 1960 年には、阪急国際交通社（阪急交通社）、1962 年には読売旅行会（現在の読売旅行）が開業した。

　1960 年代後半になると、東名高速道路の開通など交通インフラ整備の拡大と地方の温泉地の旅館業の大規模化が、国内に「旅行ブーム」を引き起こした。特に熱海以南の伊豆半島の温泉旅館が脚光を浴びた。1970（昭和 45）年に「大阪万博」が開催され、旅行業界も万博に強力な支援を行い、6,400 万人という全人口の半数が参加するという巨大なイベントとなった。大阪万博終了後の反動で国内旅行者数の減少を恐れた国鉄（現在の JR）は、ポスト万博として「ディスカバー・ジャパン・キャンペーン」を展開し、日本中に「小京都」ブームを巻き起こし、大成功を収めた。

　そして、高度成長期から続いてきた中年男性中心の団体旅行に代わって、若い女性たちが国内旅行に参加し始めた。女性雑誌が「小京都」特集を組んで各地を紹介し、女性の旅行マーケットの拡大をもたらす。法人団体旅行からパッケージ化した国内旅行への進展である。1971 年に日本交通公社の国内旅行ブランド「エース」、1972 年には近畿日本ツーリストの「メイト」と日本旅行の「赤い風船」が誕生した。この時期、大阪を中心に第 2 次ホテルブームが起きる。1969 年にホテルプラザ（親会社は朝日放送だったが廃業）、東洋ホテルが開業する。東京でも 1971 年 6 月に京王プラザホテル、7 月には品川のホテルパシフィック（京浜急行系だが廃業）が開業している。

　また、海外旅行の強化を図る旅行業界は、量的拡大を狙い海外パッケージツアー開発を進めた。当初、航空会社系が先行していた海外パッケージツアーだが、旅行会社も対抗して販売を開始する。1968（昭和 43）年 10 月、日本交通公社は海外パッケージツアー「ルック」の造成を日本通運と共同で行う。1969（昭和 44）年 4 月、日本航空の「トラベルエア」構想に基づく「旅行開発」（現在のジャルパック）の設立に対し、同年 7 月、中堅の旅行会社が結集して「世界旅行」（1997 年倒産）を立ち上げて「ジェットツアー」を売り出した。ホールセール専業の「旅行開発」と「世界旅行」の存在は、旅行業の変革を加速させ、大手旅行業もホールセール専業の系列会社を立ち上げるなど、ホールセール機能とリテール機能の分化をもたらした。

　1970（昭和 45）年 7 月、ボーイング 747 機（通称ジャンボジェット機）が太平洋線に就航した。航空会社は、大幅に増加した座席数に合わせて大幅に割引し

た「バルク運賃」の導入を行う。その結果、海外パッケージツアーの大幅な値下げが可能となり、海外旅行販売を軌道に乗せることができた。この勢いに火をつけたのが為替制度の変動相場制への移行である。第 2 次世界大戦後に 1 ドル＝360 円に固定されていたレートが、1971 年には 308 円まで切り上げられた。また、貿易収支が改善して外貨獲得額が増加したことにより、海外旅行の外貨持ち出し限度額が徐々に拡大され、1972 年になると制限枠がなくなった。それとともに、数次往復旅券制度が観光旅行目的でも利用できるようになり、「第 2 次海外旅行ブーム」が惹起された。

　この時代に若者の海外旅行に拍車をかける 2 大メディア企業が参入する。1 つは大学生の就活情報誌としてスタートした「リクルート社」である。1975 年 10 月に「リクルート・ヤングツアー」という就職内定者の卒業旅行を対象にした海外旅行事業に参画した。もう 1 つは「ダイヤモンド・ビッグ社」で、同じく大学生向け就職情報誌からスタートし、リクルート社より先に DST という学生向け海外旅行事業を立ち上げ、「自由旅行」という旅行商品を開発し、「地球の歩き方」というベストセラーを出版した。リクルート社が現代の IT 環境下に適合した「じゃらん」で活躍しているのを見ると感慨深い。

## （4）石油危機下での旅行マーケットの質的変化

　1973（昭和 48）年、突然 OPEC（世界石油輸出機構）による製油価格の値上げが行われ、わが国の経済と社会に多大な影響を与えた。第 1 次石油危機（オイルショック）である。旅行需要も低迷し、旅行業界は冷や水をかけられた。航空燃料の高騰により航空運賃が値上がりして、順調に成長してきた海外旅行の出国者数が対前年度でマイナスになる。第 2 次海外旅行ブームの終焉であった。

　わが国は、第 1 次石油危機と第 2 次石油危機（1979 年）を技術革新で克服し、経済の再建を実現した。しかしこの期間、給与所得や可処分所得が伸び悩み、旅行の形態も高価格から安価へ、遠距離から近距離へ、長期間から短期間へと変化した。いわゆる「安・近・短」のツアーが主流になり、旅行需要に質的変化をもたらした。

　1978（昭和 53）年 5 月、新東京国際空港（成田）の開港で航空便の増発が

可能になり、一時的にフライトの供給が需要を上回り、航空会社間の競争が激化した。「格安航空券」の誕生である。この時期に生まれたのが HIS（1980 年）である。このころになると外国人旅行者にも質的変化が現れた。欧米圏からの旅行者に加え、東南アジアからの旅行者が目立ち始める。1983 年、千葉県浦安市に東京ディズニーランドが開設されたこともあり、豊かになった NIES 諸国から東京圏への旅行が増加し始める。

　国内の航空会社は、この状況下で国内旅行に積極的に乗り出した。日本航空は、「旅行開発」に続き「国内旅行開発」を設立して、夏の沖縄キャンペーンと冬の北海道のスキーツアーを大規模に発売する。全日空も 1978 年、北海道に「ビッグスニーカー」列車を運行し、同様にスキーツアーも行い夏冬のキャンペーンを開始する。両航空会社がこれらのキャンペーンを打ち出せたのは、千歳と那覇の空港に 3,000 メートルの滑走路があって、海外で使用してきた 747 機が転用できたからである。化粧品メーカーや酒類メーカーとのタイアップキャンペーンであり、社会現象を巻き起こすほどの成功を収めた。

　1978 年ごろになると、第 3 次のホテルブームが起き、ホテルサンルート東京、品川プリンスホテル南館、1982 年以降には、新高輪プリンスホテル、赤坂プリンスホテル新館、新宿ワシントンホテル、東京ヒルトンホテル（西新宿）などが一気にできた。地方の温泉地の旅館も大規模化を進めた。そこに第 2 次石油危機（オイルショック）が巻き起こった。当然大幅な供給過剰に巻き込まれ、特に旅館業間の競争が激化し倒産するところもあった。宿泊料金の低価格と高価格の二極化が起きてしまった。

　オイルショックの影響が落ち着いた 1986（昭和 61）年、旅行業界は、増加しつつある募集型企画旅行商品のコストカットのために派遣添乗員制度の導入を行った。このことは、確かに旅行会社の収益の確保に貢献したかもしれないが、商品の品質確保の面では問題が多い。

## (5) バブル景気下の旅行業界

　バブル景気とは、1986 年 12 月から 1991 年 4 月まで続いた好景気の 53 カ月間のことである。円高が続いたため、輸出主導の経済が維持できなくなり、内需主導の経済へと転換せざるを得なかった。輸出力が強すぎることから生じて

くる貿易黒字を少しでも減少させるため、運輸省（現在の国土交通省）は、1987 年 9 月に「海外旅行倍増計画」（通称テンミリオン計画）を発表した。1986（昭和 61）年の海外旅行者数 552 万人を 5 年間で 1,000 万人にするという計画であった。ところが、予定より 1 年も早く計画を達成してしまう。円高の力が旺盛な海外旅行需要を喚起し、「第 3 次海外旅行ブーム」を引き起こしたのである。

　また、経済の過熱を少しでも解消するために、新しい計画が 1987（昭和 62）年に立案された。「総合保養地域整備法」（通称リゾート法）の制定である。国鉄民営化に次ぐ中曽根政権の規制緩和の第 2 弾で、旺盛な国民の旅行需要を地域おこしに利用する計画であった。総合保養地域と重点整備地区に申請すれば、承認後、政府系金融機関から低利の融資が受けられるというシステムである。47 都道府県から 42 の地域が承認され、国立公園法や農地法の規制緩和により、全国に観光公害を撒き散らした。政府のグランドデザインもなく、民間活力という美名のもと日本中にバブルと観光公害を還流させた最悪の政策であった。

　1988（昭和 63）年には、竹下政権による「ふるさと創生 1 億円事業」が始まり、市町村に一律 1 億円が交付された。1 億円の使途に困った市町村に、温泉を掘削するのが流行した。しかし、温泉を引き当てても付帯する施設が必要になり、温泉資源を活用できない市町村もあった。ムダなバラマキ政策の典型である。

　1987（昭和 62）年 4 月、国鉄の民営化が実施され、自立した JR 各社が独自の戦略により経営方針を立てることになった。JR 各社には、旅行事業に関して微妙な方針の違いがある。JR 東日本は国内旅行業に特化し、経営資源の有効活用を選択した。JR 西日本は日本旅行と提携し、日本旅行を系列の旅行会社とした。JR 東海は JTB と提携して、JR 東海ツアーズという新会社を作った。

　航空業界も規制緩和の流れの中で、長く続いてきた「航空憲法」を廃止した。日本航空の民営化が進められ、国際線・地方線の参入規制が緩和された。路線の複数化が認められ、新たな航空会社の参入が受け入れられることとなった。米国から始まった航空業の規制緩和（ディレギュレーション）が、航空会社間の競争をもたらした。世界中の航空会社が 5 つのアライアンスに統合され、新しく LCC（ローコストキャリア）の参入もあり、激烈な闘争を繰り広げている。

22

　1988 年 3 月には、大型公共事業である「青函トンネル」が開通し、その 1 カ月後には、四国と結ぶ「瀬戸大橋」が開通して全国が鉄道線路で結ばれることにもなった。大阪万博の成功体験から、地方自治体が各種万博、国内博を開催し、旅行業界に協力を求めて汗を流したが、成功した事例は少ない。

## (6)　バブル経済崩壊後の旅行業の経営環境

　1991 (平成 3) 年には、湾岸戦争が勃発して、海外旅行者数が過去最高の減少となり、旅行業にはいかに平和な環境が必要かを認識させられた。またバブル崩壊以降、デフレスパイラルに巻き込まれ、旅行商品の販売価格の低下傾向が顕著となり、旅行業界は経営難の時代に突入した。1992 (平成 4) 年、成田国際空港の第 2 ターミナルが供用を開始し、新規の航空会社の就航や既存の航空会社の集約化が行われた。1997 (平成 9) 年には、羽田空港の新滑走路が完成し 40 便が増便されたが、新規参入の航空会社には 6 便しか与えられず、規制緩和をした意味が認められなかった。また羽田空港の 24 時間化が可能になり、国際線と国際線チャーター機の利用の可能性が出てきた。

　この時期から、外国の航空会社が一斉に「FFP」を導入して、顧客の囲い込みが始まった。既定の飛行マイル数をクリアすれば、無料の航空券がもらえるこのシステムは、ホテルやショッピングで使用するクレジットカードの利用でもマイル数を獲得でき、航空アライアンス間競争の激化をもたらした。

　バブル崩壊後、経済の低迷は長く続き、「失われた 10 年」と称された。1993 年頃から、円高と海外のホテルの豪華さや割安感から海外旅行の旅行者は戻り始めている。それに引き換え、国内の高級温泉旅館の低迷は明らかだった。国内旅行が低迷する理由は、受け皿である旅館・ホテルが時代の価値観にフィットしていないことにある。個人や家族の旅行が中心になりつつあるのに、効率の良い団体客を集めるために、巨大で豪華な施設の建設にしのぎを削ってきた。

　平成 8 年版「観光白書」では、国内旅行と海外旅行の価格の逆転現象を取り上げている。オフシーズンではあるが、沖縄に出かける旅行代金でハワイへ行くことが可能という現象である。1994 (平成 6) 年 9 月、関西国際空港が開港して、関西圏からの海外旅行が便利となり、LCC の航空会社が多数入ったことが、旅行代金の低下に拍車をかけた。1999 (平成 11) 年 10 月には、旅行会

社の倒産が相次ぎ、営業保証金・弁済保証金制度に対する不安が生じている。

　同年、祝日法の改正も行われた。日曜日と重複した祭日を月曜日に移動する 3 連休制度を JATA が中心となって導入し、国内旅行で 32％増、海外旅行で 21％の増加をもたらしたが、2001 年 9 月 11 日、米国を標的にする同時多発テロの勃発で海外旅行の自粛が強まった。2003 年にはイラク戦争が始まったが、テロの可能性の低い目的地を目指す海外旅行者は増加している。

　一方、インターネットの出現によるデジタル化の進展は、旅行業のビジネスモデルに大きな影響を与えるようになった。店舗を持たないネットビジネス専門のオンライントラベルエージェント（以下 OTA）が出現し、日本においても Expedia などの海外の OTA の存在感が増していく。

　また、2003（平成 15）年、小泉政権下の少子化への経済政策として地方の観光地の活性化を目指して「ビジット・ジャパン・キャンペーン」が実施された。本格的にインバウンド振興を図る政策であり、外国人旅行者の確保に力を入れるようになり、2010 年代に入るとインバウンド旅行者が急激に増加することになる。

## 3. 日本の観光政策の変遷

### (1) 観光政策の黎明期

#### 1) 開国後の出入国と観光

　1854 年の開国後、日本では日米和親条約により外国人の出入国が始まり、1865（慶応元）年には国民の海外渡航が、1871（明治 4）年には国内旅行が、それぞれ認められた。

　また、名所・旧跡等を国民が親しむための公園の開設や、美術品の海外流出等を防ぐための文化財の保護もこの時期に始まった。1872 年、東京・横浜間の鉄道開通を皮切りに、外国人の宿泊のためのホテルの建設が始まり、さらにレジャーとしての海水浴やスキー・スケート、登山や修学旅行も行われ始めた。

## 2）国際観光を推進する組織の設立

　明治末期、日本を訪れる外国人は 1 万 5,000 人に前後であったと推測されているが、この当時、政府には観光政策を行う組織は存在していなかった。このため、1893 年に東京商工会議所は、宮内省等からの支援を得て日本ではじめて外国の接遇や案内を行うことを目的とした組織「貴賓会」を設立した。

　1912 年 2 月には、国際親善や国際収支の改善を図るため、鉄道院が中心となって「ジャパン・ツーリスト・ビューロー」（以下「ビューロー」）を設立した（これにより貴賓会は解散）。

　ビューローは、日本を海外に紹介する情報発信や来訪した外国人の利便の増進等が業務とされ、その支部は大連、台湾、朝鮮などに設置されたほか、案内所は、国内はもとより欧米にも設置された。

　なお、ビューローは、現在の株式会社ジェイティービーの前身組織である。

## 3）観光政策に関する取り組み

　1916（大正 5）年 8 月、内閣の諮問機関である「経済調査会」は、次のような趣旨の決議を内閣総理大臣に提出した。

　「外国人に手厚いおもてなしをして満足度を高めることは、日本との交流を深め、また、多くの外国人旅行者を誘致することは、日本の物産を海外に紹介することになり、ひいては外国人の消費が日本の経済の発展に寄与することになる。よって、外国人旅行者を誘致するための方策を確立させることが急務である。」

　結果としてこの決議は、全面的に採用されなかったが、これが日本ではじめて、国際観光に関する事業が政策として議会で取り上げられたものであった。その後、鉄道院（鉄道省）はこの決議を踏まえ、外国人接遇のための職員の養成や旅行案内書の発行などを行った。

　この当時、日露戦争後の南樺太の占有や日韓併合等により、日本への批判が国際的に高まっていたことから、日本には国際親善のために外国人の誘致や接遇が求められていた。そこで、ビューローでは関係者と協力して日本の海外宣伝や外国人の接遇などを行った。なお、当時のビューローは鉄道院の中に置かれており、予算の確保や運営も鉄道院が協力するなど、いわば半官半民の組織であった。

　大正末期から昭和にかけては、戦後恐慌や関東大震災により、日本国内は不況であったため、国際収支の改善が期待できる国際観光事業が注目されていた。そこで 1927（昭和 2）年、「経済調査会」では外国人の誘致のための受入体制の整備を答申し、さらに 1929 年の第 56 回帝国議会では、外国人の誘致に関する行政機関の設置が必要である旨の決議が行われた。

### 4）国際観光に関する組織と受入体制の整備

　1930 年 4 月、帝国議会の議決を受けた鉄道省は、その外局に「国際観光局」を設置した。同局内には庶務課と事業課が置かれ、定員は局長以下 23 人であった。また同年 7 月には観光関係者 60 名からなる「国際観光委員会」（以下「委員会」）が設置され、ここでは諮問に対する答申等を行うこととなった。

　さらに 1931 年 12 月には海外への日本の観光宣伝を行う組織として、鉄道大臣を会長とする財団法人「国際観光協会」が設立された。これにより、海外への観光宣伝は、国際観光局と国際観光協会によって行われることになり、ビューローの役割は、日本人および外国人旅行者の旅行あっ旋に重点が置かれるようになった。

　同年 11 月、委員会は「外客誘致に関し急速に実施を要する事項」をとりまとめた。これには観光関係の機関、宿泊施設、観光ルート、観光関係業者や地方機関の問題点や対策の方針が示された。このうち特に宿泊施設については、地方公共団体が建設するホテルに対し大蔵省からの低利融資が行われ、全国で 15 のホテルが整備された。なお、現存する横浜市のホテルニューグランドや長野県の上高地帝国ホテルは、この融資が活用された施設である。

### 5）戦時中の状況

　1937 年 7 月の日中事変等を受け、1939 年 12 月、鉄道大臣は委員会に諮問を行った。委員会では、観光客の受入体制整備のための助成や観光関係機関の体制整備のための法律の制定を行うべきとの答申を行った。しかし 1941 年 12 月に太平洋戦争が勃発したため、答申で指摘された法律案が議会に提出される前の 1942 年 10 月、国際観光局は廃止され、ビューローも名称や業務の見直しが行われた。なお、当時は軍事力の増強が求められており、観光は単なる物見遊山であり不要不急のものとされていた。

## （2）戦後の観光政策

### 1）政府の観光関係組織

　観光関係の政府組織として、戦後 1945 年 11 月、運輸省鉄道総局業務局旅客課に観光係が設置された。その係は翌年には課に、そして 1948 年には観光部に昇格した。また政府内の観光関連組織としては、文部省文化財保護課、厚生省国立公園部、建設省都市局施設課（都市公園行政）がそれぞれ設置され、さらに内閣（後に総理府）には「観光事業審議会」が設けられた。

### 2）法令の制定

　1947 年 12 月、観光目的による外国人の入国が始まったが、当時滞在が許可されていたのは東京、鎌倉、箱根、京都、大阪および神戸に限られていた。その後、地域制限は徐々に緩和され、外国人の数が増加したことから、外国人に対する案内の対応が必要となってきた。このため、「通訳案内業法（現在の通訳案内士法）」が 1949 年 6 月に制定された。同法は、当時問題となっていた悪質なガイドを排除するため、試験に合格して免許を受けた者だけが通訳案内営業を行うことができるとする内容であった。

　また、戦後不足していた外国人向けのホテルの整備を促進させるため、同年 12 月に「国際観光ホテル整備法」が制定された。同法は一定の基準を満たしたホテルは登録を受けることができ、登録を受けたホテルは税の減免や低利の融資が受けられるとの内容であった。

　1952 年の統計によると、日本を訪れる外国人は 7 万 2,000 人になり、さらに日本人観光客も増えはじめた。これを受けて旅行をあっ旋する業者も 500 社を超えるようになってきた。しかし、この中には悪質な業者も多く、数多くのトラブルが報告されるようになっていたため、同年 7 月に「旅行あっ旋業法（現在の旅行業法）」が制定された。同法は旅行者の保護を目的とする法律として、損害の補償や料金の届出等の規定が設けられた。なお、同法は後年度に登録の更新や営業保証金に関する規定が追加されるなど、時代に対応した法改正が定期的に行われ、最近では平成 29 年にランドオペレーター（旅行サービス手配業）を登録対象とする内容の法改正が行われた。

　一方、海外への観光宣伝については、1949 年 12 月に制定された「国際観光

事業の助成に関する法律」による補助制度により、関係団体が事業を行うこととなった。

### 3）観光事業審議会における建議

　戦後の観光政策は、1948年の観光事業審議会において、主に以下の内容の事業が建議されている。

　　①　目的は、文化国家の建設と経済の復興の寄与
　　②　重点を置くべき事項は、国際間の相互理解と外貨の収得の促進
　　③　主な推進事項
　　　・国際観光地帯の選定と整備
　　　・観光資源の保護開発等
　　　・官民の観光関係機構の強化
　　　・観光関係産業の助長振興
　　　・観光に関する国民の理解協力の促進

　なお、当時国際観光地帯として選定されたのは、日光、湘南、富士箱根、北伊豆、京都・奈良、六甲および瀬戸内海であった。

## （3）高度成長期の状況

### 1）観光基本法の制定

　高度成長期においては、国民の所得水準や福祉の向上が求められており、経済の発展や生活の安定に寄与する観光の役割が見直されはじめた。しかし課題としては、日本人の海外出国者数の拡大による旅行収支の悪化、国内の観光資源の破壊、特定観光地への旅行者の過度の集中などが指摘されていた。

　このような中、1963年6月に観光基本法が制定された。同法の前文では、「観光は、国際平和と国民生活の安定を象徴するものであつて、その発達は、恒久の平和と国際社会の相互理解の増進を念願し、健康で文化的な生活を享受しようとするわれらの理想とするところである。また、観光は、国際親善の増進のみならず、国際収支の改善、国民生活の緊張の緩和等国民経済の発展と国民生活の安定向上に寄与するものである」とされており、この当時に考えられていた観光政策の意義や目的が凝縮されている。

## 2)　日本人海外旅行者と訪日外国人旅行者の状況

　1964 年に海外渡航が自由化されると、日本人の海外旅行は大衆化されていく。これは、高度経済成長による国民生活のレベルの向上、円高の進行、パッケージツアーの普及による旅行費用の低廉化等が理由として挙げられている。

　一方、訪日外国人旅行者の誘致は、旅行収支の改善や外国との国際相互理解、国際親善の必要性の点から、更なる取り組みが必要とされていた。ただ実際には同年の東京オリンピックや、1970 年の大阪万博の開催などにより外国人旅行者数は拡大した。

## 3)　その他の主な観光関連施策

　昭和 40 年代から 50 年代にかけて行われた観光政策としては、訪日外国人旅行者の誘致のほかに、以下のようなものがある。

①　観光関係の国際協力（発展途上国に対する観光関係者の養成）

②　自然環境の保全（自然公園、森林、海洋、河川、湖沼、温泉、野生鳥獣の保護、都市の緑地等）

③　文化財の保護（重要伝統的建造物群保存地区の選定等）

④　観光週間の実施（旅行者の増加による観光地の汚れや観光資源の毀損等に対応するため、観光に関する正しい観念の普及活動）

⑤　宿泊休養施設の整備等（国民休暇村、国民保養温泉地、青年の家・少年自然の家、国民宿舎、ユースホステル、国民保養センター等）

⑥　旅行者の安全対策（ハイジャック防止対策、旅行業者の指導監督の強化）

# (4)　昭和から平成における状況

## 1)　アウトバウンドとインバウンドを巡る動き

　高度成長期以降、日本人の海外旅行者（アウトバウンド）数は増加傾向を示した。このような中、1986 年には日本人海外旅行者数を 1,000 万人にする目標を掲げたテン・ミリオン計画が策定された。この計画策定時は円高であったことから日本人の海外旅行者数は急激に拡大し、計画の目標年次であった 1991 年を待たずして目標が達成された。なおこの計画の背景には、国際相互理解の推進、日本製品の輸出超過による貿易摩擦を緩和させること、さらに日本人海

外旅行者を受け入れる地域に対し経済的な恩恵をもたらすといったことも見込まれていた。その後も円高が続き、2000年には1,782万人まで拡大した。

　一方、日本を訪れる外国人旅行者（インバウンド）数は、日本人海外旅行数に比べて伸び悩みの状態（2000年時点で476万人）が続き、日本人と外国人の出入国者数は極めてアンバランスな状態が続いた。

## 2)　観光立国を目指した政策展開

　これまで日本人の海外旅行者数は、訪日外国人旅行者数に比べて大きく上回っていたが、2001年9月に発生した米国同時多発テロ事件が影響して同年の数は前年比9%減少することになった。一方、訪日外国人旅行者はわずかながらも増加して477万人となり過去最高を記録した。当時、日本が存在するアジア太平洋地域は、今後の経済成長が見込まれていたことから、近隣地域からの外国人の訪日誘致の促進が必要との声が上がり始めていた。

　そこで、2002年12月、「グローバル観光戦略」が策定され、さらに翌2003年1月には当時の小泉総理大臣が施政方針演説において、2010年までに訪日外国人旅行者を1,000万人にする目標が表明された。さらに同月に総理大臣が主催する「観光立国懇談会」が開催され4月に報告書がとりまとめられた。あわせて目標達成のための施策として「ビジット・ジャパン・キャンペーン」事業がスタートした。この事業は、国際相互理解の増進と日本の国際的立場の向上、外国人の消費を通じた経済の活性化を目指すものとされた。

　その後、2006年には、これまでの観光基本法を全面改正し、新たに観光立国推進基本法を制定した。この法律において観光は、地域経済の活性化、雇用機会の増大等、国民経済のあらゆる領域にわたりその発展に寄与し、また国民生活の安定向上に貢献するとともに、国際相互理解を増進するものであるとされている。翌年6月には法律に基づいた観光立国基本計画が策定された。この計画には、訪日外国人旅行者数と日本人海外旅行者数の目標だけでなく、旅行消費額、宿泊の数および国際会議の開催件数の数値目標が設定された。さらに翌年10月には、施策実施のための司令塔として国土交通省の外局に観光庁が設置された。

## (5) 最近の状況

### 1) コロナ禍前までの観光政策

　法律の制定や実行計画が策定される一方で、2005 年には中国における対日感情悪化、2008 年のリーマンショックによる世界的な金融危機、2009 年には新型インフルエンザの感染拡大といった影響もあった。さらに 2011 年は、東日本大震災が発生したことにより、観光産業を取り巻く状況は大きな変化の局面が続くことになった。このような中にあっても訪日外国人旅行者数は右上がりの傾向を続け、2013 年にはついに 1,000 万人の大台を突破した。

　その後、訪日外国人旅行者数が増加を続ける中、政府は 2016 年 3 月に、2020 年および 2030 年の中長期の新たな目標を盛り込んだ「明日の日本を支える観光ビジョン」を策定した。このビジョンは、訪日外国人旅行者の数を 2020 年までに 4,000 万人に、また 2030 年に 6,000 万人に、そして外国人旅行消費額やリピーターの数を 5 年間で 2 倍とするなどの目標を掲げた。

　訪日外国人旅行者が増加することに伴い、さまざまな事象が生じてきた。消費税免税制度の拡充を追い風とした「爆買い」と称される日本製品の買い物ブーム、京都など特定の場所への観光客の集中、宿泊施設やお土産店などでのマナー問題などいろいろな場面でインバウンドに関する話題が取り上げられるようになってきた。

　2019 年になると、訪日外国人旅行者数は過去最高の 3,188 万人となり、外国人による旅行消費額も 4 兆 8,000 億円を超えて過去最高となったが、2020 年初頭から世界的な新型コロナウイルスによる感染拡大が猛威を振るい始め、観光産業にとっては大きな試練を迎えることとなる。

### 2) コロナ禍以降の観光政策

　コロナ禍においては、感染拡大防止の観点から海外への渡航自粛や入国審査の厳格化措置がとられたことから、訪日外国人旅行者は事実上途絶えることになった。さらに国内でも度重なる外出自粛や居住の都道府県以外への移動自粛が要請されたことから、日本人旅行者も限られた数にとどまった。このため、交通機関を含む観光関連事業者は通常の営業がままならなくなり、多くの企業や店舗は営業時間の短縮や休業等に追い込まれる事態となった。旅行会社各社

**図表 2-1　日本の観光政策に関係する主なできごと**

| 年号 | 主なできごと |
|---|---|
| 1983（明治26）年 | 外国人接遇や案内を行うのための「貴賓会」設立 |
| 1912（明治45）年 | ジャパン・ツーリスト・ビューロー設立 |
| 1930（昭和 5 ）年 | 鉄道省の外局に「国際観光局」設置 |
| 1942（昭和17）年 | 太平洋戦争のため「国際観光局」廃止 |
| 1945（昭和20）年 | 運輸省に「観光係」を設置（3 年後「部」に昇格） |
| 1949（昭和24）年 | 通訳案内業法（現在の「通訳案内士法」）制定 |
| 同 | 国際観光ホテル整備法制定 |
| 1952（昭和27）年 | 旅行あっ旋業法（現在の「旅行業法」）制定 |
| 1963（昭和38）年 | 観光基本法制定 |
| 1964（昭和39）年 | 日本人の海外渡航が自由化 |
| 1986（昭和61）年 | テン・ミリオン計画策定 |
| 2002（平成14）年 | グローバル観光戦略策定 |
| 2003（平成15）年 | 小泉総理大臣の施政方針（訪日外国旅行者を 1,000 万人に） |
| 同 | ビジット・ジャパン・キャンペーン開始 |
| 2006（平成18）年 | 観光立国推進基本法制定 |
| 2008（平成20）年 | 観光庁設置 |
| 2011（平成23）年 | 東日本大震災 |
| 2013（平成25）年 | 訪日外国人旅行者数が 1,000 万人を超える |
| 2016（平成28）年 | 明日の日本を支える観光ビジョン策定 |
| 2019（令和元）年 | 訪日外国人旅行者数が過去最高の 3,188 万人に |
| 2020（令和 2 ）年 | 新型コロナウイルスの感染拡大（2023 年 5 月に 5 類へ） |
| 2023（令和 5 ）年 | 新たな観光立国推進基本計画策定 |
| 同 | 訪日外国人旅行消費額が 5 兆円を超える |

も同様に、厳しい状況下に置かれた。

　2023 年 4 月 27 日になって、政府は新型コロナウイルスの感染症の法律上の分類を 5 類に引き下げることを発表した。これによりインフルエンザと同等となり、コロナ禍の終息が見えはじめ、入国審査の水際対策も徐々に緩和され訪日外国人旅行者も戻り始めた。

　なお、観光政策の点では 5 類引き下げを見据えて同年 3 月、政府が新たな観光立国推進基本計画を決定した。コロナ禍の期間を踏まえたため計画期間は 3 年とされ、観光立国の復活に向けた観光の質的向上を象徴する「持続可能な観光」「消費額拡大」「地方誘客促進」の 3 つをキーワードに、持続可能な観光地

域づくり、インバウンド回復、国内交流拡大の 3 つの戦略に取り組むこととされ、訪日外国人旅行消費額を早期に 5 兆円にするという目標が設定された。その後、急速な訪日外国人旅行者の戻りや急激な円安の進展等により、5 兆円の目標は 2023 年のうちに達成されることになった。

　現在では新型コロナウイルスの脅威は低くなったものの、観光産業における人手不足、オーバーツーリズムの未然防止や抑制対策など、課題は引き続き存在している。しかしながら世界的な観光産業の拡大の流れは変わっていない。

　今後も時機に応じた観光政策が立案されることになる。地域においては、これらの施策に対応した適切な受け入れ態勢の整備や関係者の創意工夫のある取り組みが持続可能な地域活性化に資するといえよう。

〈参考文献〉

観光行政 100 年と観光政策審議会 30 年の歩み（内閣総理大臣官房審議室）

観光白書（総理府編及び国土交通省編）

国土交通省および観光庁 HP

日本旅行 HP

創発的進化へ向けて（公益財団法人日本交通公社）

訪日インバウンド 50 年の歩み（国際観光振興機構）

# 第3章
# 旅行業法と旅行業

## 1. 旅行業法とは

　旅行業法（昭和27年法律第239号）とは、旅行業務に関する取引の公正の維持、旅行の安全の確保、旅行者の利便の増進を目的として、旅行業等の営業者に対する登録制度を設けるとともに、業務を行うにあたって遵守すべき義務を定めた法律である。

　旅行業法は、1952年に「旅行あっ旋業法」として制定されて以降、変化する旅行マーケットに対応するために改正が行われてきたが、直近では、2017年6月に、①着地型旅行を推進するための規制緩和（地域限定旅行業務取扱管理者資格の創設）、および②これまで規制対象外であった旅行サービス手配業（いわゆるランドオペレーター業）に対する登録制度の創設を行うための「通訳案内士法及び旅行業法の一部を改正する法律（平成29年法律第50号）」が成立し、2018年1月4日から施行されている。

　本章では、旅行業法の基礎的な概念を解説しつつ、特に2017年6月改正に着目して、その全体像を俯瞰することとしたい。

## 2. 旅行業等の意義

　旅行業法は、(1) 旅行業、(2) 旅行業者代理業、(3) 旅行サービス手配業の3種類の事業を規制対象とするが、各事業の意義については、以下のとおりである。なお、旅行業法は、これらの事業のいずれについても、事業者が、報酬を得て事業として行う場合に限り規制対象としており、無償で行う場合や、有

償であっても、繰り返し行う意図なく、1 回限りでしか行わない場合には、旅行業法の規制は及ばない。

## (1) 旅行業の意義

　旅行業とは、一言でいうと、旅行者と運送サービスまたは宿泊サービス（以下「運送等サービス」という）の提供機関との間に立って、旅行者が運送等サービスの提供を受けられるよう運送等サービスを含む旅行商品を企画したり、運送等サービスを手配する行為や、これらに付随する行為を指す。その法律上の定義を要約すると、以下のとおりである。

① 　企画旅行にかかる基本的旅行業務（法第 2 条第 1 項第 1 号）
　　　旅行計画を作成の上、同計画に定めた各サービスを旅行者に提供するため、自ら運送等サービス提供機関とサービス提供契約を締結する行為
② 　企画旅行にかかる付随的旅行業務（法第 2 条第 1 項第 2 号）
　　　①に付随して、運送等サービス以外の旅行関連サービスについて、自ら当該サービス提供機関とサービス提供契約を締結する行為
③ 　手配旅行にかかる基本的旅行業務[1]（法第 2 条第 1 項第 3 号及び第 4 号）
　　　旅行者と運送等サービス提供機関との間のサービス提供契約の締結に向けて、旅行者のための代理、媒介もしくは取次ぎ、または運送等サービス提供機関のための代理もしくは媒介を行う行為
④ 　手配旅行にかかる付随的旅行業務（法第 2 条第 1 項第 6 号及び第 7 号）
　　　③に付随して、運送等サービス以外の旅行関連サービスについて、旅行者と当該サービス提供機関との間のサービス提供契約の締結に向けて、旅行者のための代理、媒介もしくは取次ぎ、または当該サービス提供機関のための代理もしくは媒介を行う行為
⑤ 　渡航手続代行サービス等（法第 2 条第 1 項第 8 号）

---

1)　2017 年 6 月に成立した住宅宿泊事業法（平成 29 年法第 65 号）では、同法に基づく届出住宅における宿泊サービス（いわゆる民泊サービス）の手配は、旅行業者の他、同法に基づく登録を受けた住宅宿泊仲介業者においても実施できることとされた。もっとも、民泊サービスを含む企画旅行については、旅行業者においてのみ実施可能である。

前記の①および③の行為に付随して行う渡航手続代行サービス、その他の旅行者の便宜となるサービスを提供する行為
⑥　旅行相談（法第 2 条第 1 項第 9 号）
旅行日程の作成や旅行費用の見積り等の旅行の相談に応じる行為

なお、航空運送代理店やバス等の回数券販売所のように、運送サービス提供機関の代理人としての発券業務にのみ従事するような場合は、旅行業に該当しない（法第 2 条第 1 項、旅行業法施行要領〔平成 17 年国総旅振第 386 号〕「1」「4)」）。また、①または③に付随せずに行われる旅行関連サービスに関する②または④の行為は、旅行業には当たらない（観劇、イベントのチケットの手配、レストランの手配、運送等サービスを伴わない体験サービスの手配等）。

## （2）旅行業者代理業の意義

旅行業者代理業とは、旅行業者に代理して、当該旅行業者による旅行業務に関する契約を締結する行為である。旅行業者が取り扱う旅行商品を旅行者に対して代理して販売する行為等がこれに当たる。運送等サービス提供機関との間の契約締結を旅行業者に代理して行う行為は旅行業者代理業には当たらず、後述の旅行サービス手配業に該当する（法第 2 条第 2 項、旅行業法施行要領〔平成 17 年国総旅振第 386 号〕「1」「5)」）。

## （3）旅行サービス手配業の意義

旅行サービス手配業は、2017 年 6 月改正により新たに旅行業法の規制対象に加えられた事業である。いわゆるランドオペレーター業を指し、旅行業者から依頼を受けて、運送等サービスその他の旅行関連サービスの手配（代理、媒介または取次ぎ）を行う行為を指す（法第 2 条第 6 項）。
旅行業法は、旅行者（消費者）の取引の安全を法目的の 1 つとしていることから、2017 年 6 月改正の以前は、BtoB（旅行業者とランドオペレーター間、またはランドオペレーターとサービス提供機関間）の取引のみ行い、BtoC の取引を行わない旅行サービス手配業については、旅行業法の規制の対象外とし

ていた。しかし、海外の旅行業者から委託を受けて国内のランドオペレーター
が手配をする訪日旅行の一部に、無資格ガイドを利用したり、土産物店への連
れ回しや高額な商品購入を勧誘する問題のある旅行が散見されたことや、旅行
の安全性の確保の観点からは、運送機関等を選定したり、契約締結交渉を行う
ランドオペレーターを直接規制する必要性が認められたことから、ランドオペ
レーター業（旅行サービス手配業）についても、規制対象に加えられることと
なった。

## 3. 企画旅行と手配旅行

　旅行会社により旅行者に提供される旅行には、①募集型企画旅行、②受注型
企画旅行、③手配旅行がある。旅行業法は、これらの旅行の類型に着目して、
第1種旅行業から地域限定旅行業の各登録区分の業務範囲を設定する他、特定
の旅行類型にのみ適用される規制を設けたり、また、各旅行類型ごとの標準旅
行業約款を用意するなどしており、旅行業法の規制を理解するにあたっては、
まず、これらの各旅行類型の意義を理解しておく必要がある。

### (1) 企画旅行について

　企画旅行とは、前記2節(1)の①および②の業務により提供される旅行であ
る。そのうち、広く参加者を募集するためにあらかじめ旅行業者が自ら旅行計
画を作成するものを「募集型企画旅行」といい（いわゆるパッケージツアー）、
特定の旅行者の依頼に基づき旅行計画を作成し、当該旅行者のために企画する
オーダーメイド型の旅行を「受注型企画旅行」という（教育旅行や企業の研修
旅行等に利用される例が多い）。

　企画旅行においては、旅行業者は、旅行計画の実施のために、自ら運送機関
等のサービス提供機関とサービス提供契約を締結し、その上で、旅行者との企
画旅行契約に基づき、旅行者に対して当該サービスを提供する。そのため、旅
行業者は、旅行者に対し、サービス提供機関をして契約上予定されたサービス
を提供させる契約上の義務（債務）を負担し、万が一、それらのサービスが提

供できなかった場合や旅行中に事故が生じた場合には、旅行業者に契約上の責任（債務不履行責任）が生じる可能性がある。

　旅行業法は、このような企画旅行の性質に鑑み、旅行業者に対して、企画旅行の円滑な実施を確保するための措置を講じる義務（旅程管理義務）を課す他（法第12条の10）、標準旅行業約款において、旅行業者の契約上の責任を前提とする特別補償責任や旅程補償責任等の条項を整備している（標準旅行業約款「募集型企画旅行契約の部」および「受注型企画旅行契約の部」の各第7章）。

　また、募集型企画旅行については、不特定多数に販売するものであるため市場規模が大きく、かつ、旅行業者が負担する責任が大きくなる傾向があることから、後述の第1種旅行業から第3種旅行業の各登録区分の業務範囲は、募集型企画旅行の催行可能範囲を基準として設定され、募集型企画旅行の催行可能範囲が広域となればなるほど、多額の基準資産および営業保証金の供託等が旅行業者に求められる（4節参照）。

## (2) 手配旅行について

　手配旅行とは、前記2節(1)の③および④の業務により提供される旅行であり、旅行業者の営業所の店頭やインターネットを通じて、航空券やホテルを手配するような場合がこれに当たる。

　手配旅行の場合、旅行業者は、旅行者のための代理、媒介もしくは取次ぎ、またはサービス提供機関のための代理もしくは媒介を行い、いわば、旅行者とサービス提供機関をつなぐ役割を担うにすぎず、旅行業者は、サービス提供機関によるサービス提供それ自体には、原則として、責任を負担しない。

　また、サービス提供契約はサービス提供機関と旅行者との間で成立する（または旅行者に損益が帰属する形でサービス提供契約が締結される）ため、各種サービスの代金は、当該サービス提供機関が設定した代金を旅行者がそのまま負担し、旅行業者は、代理、媒介または取次ぎにかかる役務提供についての手数料（旅行業務取扱料金）を取得するに留まる。この場合の旅行業者の手数料について、旅行業者は、事業の開始前にあらかじめ定め、営業所に掲示しておく必要がある（法第12条第1項）。

　なお、企画旅行の旅行代金については、旅行業者が自らの責任により自由に

設定することができ、企画旅行の実施の前提として、旅行業者がサービス提供機関と締結したサービス提供契約に定めた代金のとおりとする必要はない。

## 4. 旅行業等の登録について

　旅行業法は、旅行業、旅行業者代理業、旅行サービス手配業の各事業ごとに登録制度を設け、さらに、旅行業については、その業務範囲に応じて第1種旅行業、第2種旅行業、第3種旅行業および地域限定旅行業の4種類の登録区分を設けている。各登録区分の登録行政庁、業務範囲および主な登録要件・義務の概要は図表3-1のとおりである。なお、旅行業の登録を取得していれば、旅行サービス手配業の登録を取得していなくても、旅行サービス手配業を実施することができる（法第34条）。

　図表3-1のとおり、旅行業の各登録区分においては、業務範囲が広域となればなるほど、登録を受けるにあたり必要とされる基準資産額が増加し、また、

### 図表 3-1　旅行業等の登録

| | | 業務範囲 | | | | 主な登録要件・義務 | | |
|---|---|---|---|---|---|---|---|---|
| | 登録行政庁（申請先） | 企画旅行 | | 受注型 | 手配旅行 | 基準資産 | 営業保証金 | 管理者の選任 |
| | | 募集型 | | | | | | |
| | | 海外 | 国内 | | | | | |
| 旅行業者 | 第1種 | 観光庁長官 | ○ | ○ | ○ | ○ | 3,000万円 | 必要 | 旅行業務取扱管理者 |
| | 第2種 | 都道府県知事 | × | ○ | ○ | ○ | 700万円 | 必要 | 旅行業務取扱管理者 |
| | 第3種 | 都道府県知事 | × | △ | ○ | ○ | 300万円 | 必要 | 旅行業務取扱管理者 |
| | 地域限定 | 都道府県知事 | × | △ | △ | △ | 100万円 | 必要 | 旅行業務取扱管理者 |
| 旅行業者代理業 | | 都道府県知事 | 所属旅行業者のための旅行商品の代理販売 | | | | 不要 | 不要 | 旅行業務取扱管理者 |
| 旅行サービス手配業 | | 都道府県知事 | 旅行業者のための運送等サービスの手配 | | | | 不要 | 不要 | 旅行業務取扱管理者または旅行サービス手配業務取扱管理者 |

△：事業者の営業所が存在する市町村の区域、これに隣接する市町村の区域および観光庁長官が定める区域内の旅行に限り取扱い可能。

多額の営業保証金または弁済業務保証金分担金の供託または納付が求められる。第1種旅行業から第3種旅行業の登録区分は、募集型企画旅行の催行可能範囲により区別されるが（前記3節(1)参照）、受注型企画旅行および手配旅行の催行範囲には限定がなく、第2種旅行業者または第3種旅行業者でも、海外の受注型企画旅行や手配旅行を取り扱うことができる（なお、その場合、当該取扱いを行う営業所に総合旅行業務取扱管理者を選任しておく必要がある）。

　また、地域限定旅行業は、着地型旅行の企画・実施の担い手となる事業者の新規参入を促す観点から、2013年4月に創設された登録区分であり、その業務範囲は、募集型企画旅行、受注型企画旅行および手配旅行のいずれについても、事業者の営業所の存する市町村の区域、これに隣接する市町村の区域および観光庁長官が定める区域内に限定される。

## 5. 旅行業に対する主な規制

### (1) 営業保証金・弁済業務保証金

　旅行業は、一般に、運送機関やホテル等の他人のサービスを取り扱う事業であるため、事業開始にあたり、旅行業者自らが特段の資産（設備、施設等）を保有しておく必要はなく、小規模な事業者でも、多額の取引を取り扱う可能性がある。また、旅行代金は前払いが一般的であるが、旅行業者の業況が悪化した場合には、旅行代金を前払いしたのに手配されない等の損害が旅行者に生じる可能性があり、なおかつ、旅行業者に特段の資産がないため、回収できない状況に陥る可能性がある。

　そこで、旅行業法は、旅行者の取引の安全を図るため、旅行業者に対して営業保証金の供託を求め、旅行業者は、その旨を登録行政庁に届け出た後でなければ、旅行業を開始できないこととされた（法第7条）。旅行業者と取引をした旅行者は、当該旅行業者が供託している営業保証金から、当該旅行業者に対して有する債権（前受金返還請求権等）の弁済を受けることができる（法第17条）。

　営業保証金の金額については、図表3-2のように旅行業者の登録区分と当該

旅行業者の前事業年度の取引額に応じて定められ、事業年度終了後、前年度の取引額に照らして追加の営業保証金の供託が必要となる場合には、旅行業者は100日以内に追加で営業保証金を供託しなければならない（法第9条）。
　他方、旅行業者が観光庁の指定を受けた旅行業協会に加入している場合、旅

### 図表 3-2　営業保証金の金額表

① 営業保証金額　　　　　　　　　　　　　　　　　　　　　　　　　（単位：万円）

| 前事業年度の取引額 | 第1種旅行業者 | 第2種旅行業者 | 第3種旅行業者 | 地域限定旅行業者 |
|---|---|---|---|---|
| 400 万円未満 | 7,000 | 1,100 | 300 | 15 |
| 5,000 万円未満 | 7,000 | 1,100 | 300 | 100 |
| 2 億円未満 | 7,000 | 1,100 | 300 | 300 |
| 2 億円以上 4 億円未満 | 7,000 | 1,100 | 450 | 450 |
| 4 億円以上 7 億円未満 | 7,000 | 1,100 | 750 | 750 |
| 7 億円以上 10 億円未満 | 7,000 | 1,300 | 900 | 900 |
| 10 億円以上 15 億円未満 | 7,000 | 1,400 | 1,000 | 1,000 |
| 15 億円以上 20 億円未満 | 7,000 | 1,500 | 1,100 | 1,100 |
| 20 億円以上 30 億円未満 | 7,000 | 1,600 | 1,200 | 1,200 |
| 30 億円以上 40 億円未満 | 7,000 | 1,800 | 1,300 | 1,300 |
| 40 億円以上 50 億円未満 | 7,000 | 1,900 | 1,400 | 1,400 |
| 50 億円以上 60 億円未満 | 7,000 | 2,300 | 1,600 | 1,600 |
| 60 億円以上 70 億円未満 | 7,000 | 2,700 | 1,900 | 1,900 |
| 70 億円以上 80 億円未満 | 8,000 | 3,000 | 2,200 | 2,200 |
| 80 億円以上 150 億円未満 | 10,000 | 3,800 | 2,700 | 2,700 |
| 150 億円以上 300 億円未満 | 12,000 | 4,600 | 3,200 | 3,200 |
| 300 億円以上 500 億円未満 | 13,000 | 4,800 | 3,400 | 3,400 |
| 500 億円以上 700 億円未満 | 14,000 | 5,300 | 3,800 | 3,800 |
| 700 億円以上 1,000 億円未満 | 15,000 | 5,500 | 4,000 | 4,000 |
| 1,000 億円以上 1,500 億円未満 | 16,000 | 6,000 | 4,300 | 4,300 |
| 1,500 億円以上 2,000 億円未満 | 18,000 | 6,600 | 4,700 | 4,700 |
| 2,000 億円以上 3,000 億円未満 | 20,000 | 7,600 | 5,400 | 5,400 |
| 3,000 億円以上 4,000 億円未満 | 25,000 | 9,200 | 6,600 | 6,600 |
| 4,000 億円以上 5,000 億円未満 | 30,000 | 11,000 | 7,900 | 7,900 |
| 5,000 億円以上 1 兆円未満 | 35,000 | 13,000 | 9,300 | 9,300 |
| 1 兆円以上 2 兆円未満 | 45,000 | 17,000 | 12,000 | 12,000 |
| 以上 1 兆円につき | 10,000 | 3,000 | 2,500 | 2,500 |

注）弁済業務保証金分担金の納付額は上記の金額に 5 分の 1 を乗じた額

② 追加供託額（海外募集型企画旅行を取り扱う第 1 種旅行業者のみ）

| 海外募集型企画旅行の年間取引額 | | 営業保証金追加供託額 |
|---|---|---|
| | 8 億円未満 | 0 万円 |
| 8 億円以上 | 9 億円未満 | 900 万円 |
| 9 億円以上 | 15 億円未満 | 1,100 万円 |
| 15 億円以上 | 35 億円未満 | 1,300 万円 |
| 35 億円以上 | 55 億円未満 | 1,500 万円 |
| 55 億円以上 | 75 億円未満 | 1,600 万円 |
| 75 億円以上 | 110 億円未満 | 1,700 万円 |
| 110 億円以上 | 160 億円未満 | 1,800 万円 |
| 160 億円以上 | 220 億円未満 | 2,000 万円 |
| 220 億円以上 | 330 億円未満 | 2,200 万円 |
| 330 億円以上 | 440 億円未満 | 2,800 万円 |
| 440 億円以上 | 550 億円未満 | 3,400 万円 |
| 550 億円以上 | 1,000 億円未満 | 3,900 万円 |
| 1,000 億円以上 | 2,100 億円未満 | 5,000 万円 |
| 2,100 億円以上 | 1,000 億円につき | 1,100 万円 |

注）弁済業務保証金分担金の追加納付額は上記の金額に 5 分の 1 を乗じた額

行業協会が所属旅行業者に代わって弁済を行うため、当該旅行業者は、営業保証金の供託に代えて、所定の営業保証金の 5 分の 1 相当額を弁済業務保証金分担金として旅行業協会に納付すれば足りる（法第 22 条の 14）。

　なお、観光庁は、2017 年 3 月に発生した第 1 種旅行業者の大型破産事案により多数の旅行者に被害が生じたことを受け、2018 年 4 月にかかる弁済制度の見直しを実施した（図表 3-2 参照）。

## (2) 旅行業務取扱管理者制度

　旅行業者は、旅行業務に関する取引の公正、旅行の安全および旅行者の利便を確保するため、その営業所ごとに 1 人以上の旅行業務取扱管理者を選任しなければならない（法第 11 条の 2 第 1 項）。

　旅行業務取扱管理者には、従前から存在した総合旅行業務取扱管理者、国内旅行業務取扱管理者に加え、2017 年 6 月改正により創設された地域限定旅行業務取扱管理者の 3 種類がある。地域限定旅行業者の催行可能範囲内（図表

3-1 参照）のみの旅行を取り扱う営業所においてはそれらのいずれか、当該範囲を越える範囲において国内旅行を取り扱い、海外旅行を取り扱わない営業所においては総合旅行業務取扱管理者または国内旅行業務取扱管理者のいずれか、海外旅行を取り扱う営業所においては総合旅行業務取扱管理者の選任が必要とされる（法第 11 条の 2 第 6 項、第 11 条の 3 第 1 項）。

　旅行業務取扱管理者は、原則として、営業所を兼任することはできないが（法第 11 条の 2 第 4 項）、一部地域において、有資格者が不足しており、旅行業務取扱管理者の選任義務の存在が旅行業への参入障壁となっているとの声が挙げられたことから、2017 年 6 月改正により、地域限定旅行業者に限り、その営業所が近接した場所に複数ある場合で、旅行業務取扱管理者がその複数の営業所を兼任しても支障が生じないような場合には、兼任を認めることとされた（法第 11 条の 2 第 5 項）。その反面、同改正では、これらの規制緩和により旅行業務取扱管理者の質の低下を招かないよう、旅行業務取扱管理者の定期的な研修受講義務が課されることになった（法第 11 条の 2 第 7 項）。

## (3)　約款制度

　約款とは、事業者が、不特定多数を相手として行う大量かつ画一的な取引の契約内容とすることを目的として、あらかじめ定型的に定めた契約条項をいい、旅行業約款以外にも、保険契約約款や携帯電話の通信サービス契約約款等が約款の例として挙げられる。旅行業法は、旅行業者が旅行者の利益を不当に害する条件で旅行契約を締結しないよう、旅行者との間の旅行契約についてあらかじめ旅行業約款を定め、これについて観光庁長官の認可を受けることを求めている（法第 12 条の 2）。ただし、観光庁は、募集型企画旅行契約、受注型企画旅行契約、手配旅行契約、渡航手続代行契約および旅行相談契約の別に応じ、標準旅行業約款を定めており、旅行業者がこれと同一の約款を自社の約款として定めた場合には、観光庁長官の認可は不要としている（法第 12 条の 3）。実務上は、多くの旅行業者が標準旅行業約款と同一の約款を自社の約款として定めており、旅行業者が一から独自の約款を作成して認可申請を行うことはまれである。

## （4）個別取引にかかる行為規制

　前述の各制度のほか、個別取引にかかる行為規制として、主に、以下のものが存在する。なお、③契約書面の交付義務については、従前は、旅行者に対する旅行契約にかかる契約書面の交付のみが求められていたが、2017 年 6 月改正により、旅行サービスの確実な提供の確保等を目的として、サービス提供機関または旅行サービス手配業者に対する当該当事者との間の契約にかかる契約書面の交付も求められるようになった（法第 12 条の 5 第 3 項）。

　　①　手配旅行にかかる料金掲示義務（法第 12 条）
　　②　取引条件の説明・書面交付義務（電子交付も可能）（第 12 条の 4）
　　③　契約書面の交付義務（電子交付も可能）（第 12 条の 5）
　　④　企画旅行の募集広告の表示事項（第 12 条の 7）
　　⑤　誇大広告の禁止（第 12 条の 8）
　　⑥　標識の掲示義務（第 12 条の 9）
　　⑦　企画旅行にかかる旅程管理義務（第 12 条の 10）
　　⑧　禁止行為（第 13 条）

## 6. 旅行業者代理業に対する主な規制

　旅行業者代理業者とは、旅行業者に代理して、当該旅行業者による旅行業務に関する契約を締結するものである。旅行業者代理業者が代理できる旅行業者（以下「所属旅行業者」という）は 1 社に限定され（一社専属制）（法第 14 条の 3）、所属旅行業者は、旅行業者代理業者が旅行者に加えた損害について責任を負う（法第 14 条の 3 第 5 項）。なお、旅行業者においても、他の旅行業者と販売受託契約を締結すれば、他の旅行業者の企画旅行を代理販売することができる（法第 14 条の 2）。
　旅行業者代理業者は、所属旅行業者の代理人として、当該旅行業者が取り扱う旅行商品の販売活動を行うことになるため、旅行業者と同様、旅行者の取引の安全を図るための各規制（旅行業務取扱管理者の選任義務〔法第 11 条の 2〕、

取引条件の説明・書面交付義務〔第 12 条の 4〕、契約書面の交付義務〔第 12 条の 5〕、企画旅行の募集広告の表示事項〔第 12 条の 7〕、標識の掲示義務〔第 12 条の 9〕、禁止行為〔第 13 条〕等）が課される。

　もっとも、旅行業者代理業者はあくまで代理人であるから、旅行業者代理業者が締結した契約の効力は所属旅行業者に帰属し、旅行業者代理業者は、自ら旅行契約に関する契約上の責任を負うことはない（旅行業者が他の旅行業者の旅行商品を受託販売する場合も同様である）。つまり、万が一、契約上予定されたサービスが提供されなかった場合や旅行中に事故が生じた場合、旅行者は、旅行業者代理業者ではなく、所属旅行業者に対して契約上の責任を追及することになる。他方、旅行業者代理業者の旅行内容に関する説明に不備があった場合等、旅行業者代理業者の勧誘行為に関して旅行者に損害が生じた場合は、旅行業者代理業者も責任を負担するが、かかる損害については、前述のとおり、所属旅行業者も賠償義務を負うことになる（法第 14 条の 3 第 5 項）。そのため、旅行業者代理業者については、その信用力や資産状況を特段問題とする必要はなく、旅行業者代理業者には登録時の基準資産要件は課されず、また、営業保証金の供託義務および弁済業務保証金分担金の納付義務も課されていない。

## 7. 旅行サービス手配業に対する主な規制

　旅行サービス手配業は、旅行業者から依頼を受けて、運送等サービスその他の旅行関連サービスの手配（代理、媒介または取次）を行うものであり、BtoC の取引は行わないことから、旅行者の取引の安全を図るための規制は課されず、旅行の安全確保の観点から、主に以下の規制が課されている。

①　旅行サービス手配業務取扱管理者の選任義務（法第 28 条）
②　契約書面の交付義務（電子交付も可能）（第 30 条）
③　禁止行為（第 31 条）

　①のとおり、旅行サービス手配業者は、その営業所ごとに 1 人以上の旅行サー

ビス手配業務取扱管理者を選任しなければならない（法第28条）。旅行サービス手配業務取扱管理者には、総合旅行業務取扱管理者または国内旅行業務取扱管理者の試験合格者のほか、所定の研修を修了したものを選任することができる（法第28条第5項）。また、旅行サービス手配業務取扱管理者については、旅行業務取扱管理者と同様、定期的な研修受講義務が課されている（法第28条第6項）。

②の契約書面の交付義務は、旅行業者のサービス提供機関または旅行サービス手配業者に対する契約書面の交付義務（法第12条の5第3項）と同趣旨の規定であり、旅行業法は、旅行サービスの確実な提供の確保等を目的として、旅行サービス手配業者が、その業務に関して取引を行う旅行業者およびサービス提供機関のそれぞれに対し、当該取引にかかる契約書面を交付することを求めている（法第30条）。

## 8. 法令違反等に対するペナルティ

　旅行業者、旅行代理業者または旅行手配サービス業者において、取引の公正、旅行の安全または旅行者の利便を害する事実があると認められるときは、観光庁長官による業務改善命令に対象となる可能性がある（法第18条の3、法第36条）。また、旅行業者、旅行代理業者または旅行手配サービス業者による法令または命令違反行為は、観光庁長官による業務停止命令または登録取消処分の対象となる可能性があるほか（法第19条、法第37条）、刑事罰の対象にもなり得る（法第74条以下）。

　また、2017年6月改正においては、法令違反行為を行った者（無登録業者も含む）について、観光庁長官が、その会社名、法令違反行為の概要等を公表できることにつき明文の根拠規定が置かれた（法第71条）。

# 第4章
# 旅行業のビジネスモデル

## 1. 旅行会社の現状

### (1) 旅行会社数の変化

　2022年の旅行業者数は前年比1.8％の減少であった。第1種、第2種、第3種、旅行業者代理業者は減少したが、地域限定旅行業者は増加している。また、2018年1月の制度化により、数値が追加された旅行サービス手配業者については、前年比5.0％増と数を伸ばしている。新型コロナウイルス感染症の影響がみられるものの、インバウンドの増加を見越して、地域限定や旅行サービス手配業者が増えている。また、バス事業との兼業や、その他企業の旅行事業を事業登録するだけの兼業が多いことにもよる。

図表 4-1　旅行会社数

| 年 | 第1種旅行業者 | 第2種旅行業者 | 第3種旅行業者 | 地域限定旅行業者 | 旅行業者計 | 旅行業者代理業者 | 合計 | 旅行サービス手配業者 | 総数 |
|---|---|---|---|---|---|---|---|---|---|
| 2014 | 696 | 2,777 | 5,625 | 45 | 9,143 | 835 | 9,978 | — | — |
| 2015 | 697 | 2,776 | 5,524 | 77 | 9,074 | 810 | 9,884 | — | — |
| 2016 | 708 | 2,827 | 5,668 | 118 | 9,321 | 779 | 10,100 | — | — |
| 2017 | 704 | 2,914 | 5,789 | 144 | 9,551 | 750 | 10,301 | — | — |
| 2018 | 688 | 2,980 | 5,816 | 200 | 9,684 | 706 | 10,390 | 717 | 11,107 |
| 2019 | 691 | 3,022 | 5,803 | 267 | 9,783 | 675 | 10,458 | 1,102 | 11,560 |
| 2020 | 686 | 3,043 | 5,692 | 369 | 9,790 | 620 | 10,410 | 1,538 | 11,948 |
| 2021 | 670 | 3,036 | 5,451 | 453 | 9,610 | 564 | 10,174 | 1,714 | 11,888 |
| 2022 | 631 | 3,035 | 5,254 | 534 | 9,454 | 537 | 9,991 | 1,800 | 11,791 |

出典：日本交通公社「旅行年報2022」（2022.10）

　中小企業が多い業界の中で、社員数が 500 名を超えるのは JTB、HIS、日本旅行、KNT-CT、阪急交通社、東武トップツアーズ、名鉄観光サービス、びゅうツーリズム＆セールス、ANA X、JR 東海ツアーズ、ジャルパック、農協観光の 12 社で、売上は社員数に比例している。

## （2）主要な旅行会社

　観光庁はかつて取扱高上位 50 社の統計をとっていたが、報告が任意であるため HIS が途中抜けたり（現在は入っている）、楽天トラベルが抜けたり、企業の統廃合があったため、時系列で比較する際は注意が必要である。現在は以下の 43 社（取扱高順）が主要旅行会社とされている。

図表 4-2　主要な旅行会社（取扱額による）

| | |
|---|---|
| JTB（7 社計） | （株）三越伊勢丹ニッコウトラベル |
| HIS（6 社計） | （株）読売旅行 |
| KNT-CT ホールディングス（4 社計） | エムオーツーリスト（株） |
| 日本旅行（4 社計） | 株式会社 HTB-BCD トラベル |
| 阪急交通社（2 社計） | 西鉄旅行（株） |
| （株）ジャルパック | （株）エヌオーイー |
| ANA X（株） | 郵船トラベル（株） |
| 東武トップツアーズ（株） | （株）旅工房 |
| （株）ジェイアール東海ツアーズ | （株）IACE トラベル |
| 名鉄観光サービス（株） | 沖縄ツーリスト（株） |
| （株）農協観光 | T-LIFE ホールディングス（2 社計） |
| ビッグホリデー（株） | WILLER（4 社計） |
| 日新航空サービス（株） | 京王観光（株） |
| （株）JR 東日本びゅうツーリズム＆セールス | （株）トヨタツーリストインターナショナル |
| イオンコンパス（株） | 三菱電機ライフサービス株式会社 |
| （株）南海国際旅行 | 九州旅客鉄道（株） |
| 小田急電鉄（株） | ケイライントラベル（株） |
| 京成トラベルサービス（株） | 名鉄観光バス（株） |
| （株）日産クリエイティブサービス | テック航空サービス（株） |
| （株）フジ・トラベル・サービス | 西武トラベル（株） |
| 菱和ダイヤモンド航空サービス（株） | （株）エスティーエートラベル |
| 富士急トラベル（株） | |

出典：観光庁「主要旅行業者の旅行取扱状況速報」をもとに筆者作成。

　　主要旅行会社を分類してみると、以下のようになる。

・総合旅行会社……JTB、HIS、KNT-CT、日本旅行、東武トップツアーズ、名鉄観光サービス、農協観光など

・メディア販売……阪急交通社、クラブツーリズム、読売旅行など

・航空ホールセラー……ジャルパック、ANA X など

・鉄道系……JR 東日本びゅうツーリズム＆セールス、JR 東海ツアーズなど

・業務渡航系……日新航空サービス、MO ツーリスト、エヌオーイー、郵船トラベル、IACE トラベルなど

・海外企画販売……エスティーワールド、旅工房など

・地域密着……沖縄ツーリスト

・グループ内旅行……イオンコンパス、三越伊勢丹ニッコウトラベルなど


## （3）大手旅行会社の取扱高の推移

　　主要旅行会社 30 社の取り扱いは、2024 年 4 月の速報値でコロナ禍前の 2019 年の 90％まで回復しており、販売構成は国内旅行が 55％、海外旅行が 40％、外国人旅行（インバウンド）は 5％となっている。

　　最大手の旅行会社 JTB の取扱高の推移を見ても、1991 年までは高度成長と旅行の大衆化に比例して成長しているが、それ以降成長カーブが止まっている。これには、テロ、感染症、自然災害などのイベントリスクが多発したこともあるが、事業環境の 3 つの変化が大きな影響を与えている。1 つ目は市場のパイの停滞、2 つ目はデジタルショック（IT の発展による消費行動や流通構造の変化）、3 つ目はインバウンドの成長で、これらの変化に十分対応しきれなかったことが、旅行業界に共通する課題と考えられる。


## （4）成長の停滞要因（デジタルショック）

　　旅行業の成長停滞の要因として、特にデジタル化の影響は大きい。インターネットやスマホの普及で、消費者の情報量は増加し、サプライヤーの流通チャネルは多様化（直販）し、Online Travel Agent（以下 OTA）の新規参入を招き、Airbnb や Uber のような代替サービス（シェアサービス）が出現した。

国内旅行の際に宿泊予約によく使う方法も、インターネットの利用普及によってオンライン予約が一般的になっている。

　こうしたネット予約の伸びは旅行会社のシェアを奪うことになっている。2018 年の日本旅行業協会（以下 JATA）の調べでは、国内宿泊市場 4.3 兆円のうち旅行会社 1.2 兆円、楽天・じゃらん 1 兆円、海外 OTA（エクスペディア、AGODA、ブッキング・ドットコム、C-Trip）9,000 億円、直販 1.2 兆円となっていた。コロナ禍でネット利用が進み、また、コロナ禍後（2023 年 5 月以降）にはインバウンドが拡大していることを考えると、海外 OTA や楽天・じゃらんのシェアが高まっていると推察される。

　日本旅館協会の調査によると、会員の旅館での延べ宿泊人員のうち OTA 経由での宿泊人員の割合は、2018 年度は 26.9％に対し、2021 年度は 45.3％と約半数を占め、旅行会社のシェアは 41.6％から 22.5％に減っている。

　旅行会社は自社店舗や提携する全国の旅行会社でのパッケージ商品販売が主要事業であったため、カニバリズム（共食い）を恐れ、ネット販売への取り組みは遅れた。JTB は自社でシステムを構築し対抗しようとしていたが、今はブッキング・ドットコムと提携して同社の仕組みをネット予約のプラットフォームに採用している。また、エクスペディアは日本の旅行会社にアフィリエイト（成功報酬型広告）を出す形で提携している。なお、海外 OTA のビジネスモデルと日本の旅行会社のビジネスモデルの比較は後述する。

図表 4-3　全宿泊人員に占める各予約経路の比率（延べ宿泊人員）

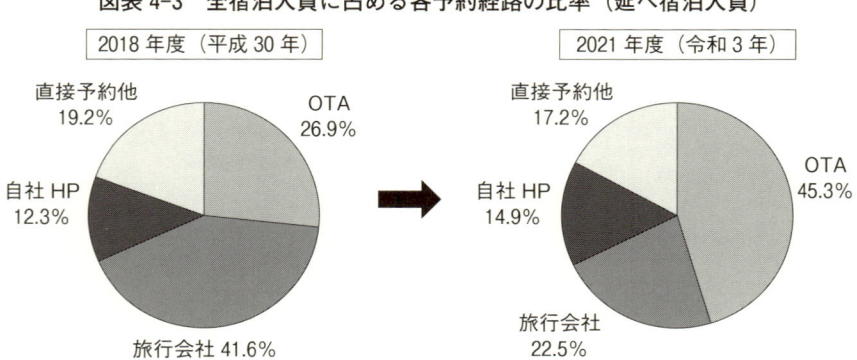

出典：一般社団法人日本旅館協会「令和 4 年度営業状況等統計調査」

## 2. 日本の旅行会社のビジネスモデル

### (1) ビジネスモデルの変遷

　JTB では 1970 年までを「チケット・エージェント」、1970 年から 2000 年までの成長期を「トラベル・カンパニー」、2000 年以降の停滞期を「ソリューション・カンパニー」と位置づけ事業構造改革を進めてきた。まず、チケット・エージェントとトラベル・カンパニーの収益モデルを説明する。

### 1) チケット・エージェント

　チケット・エージェントの収益は販売手数料である。旅行会社では、交通宿泊などの機関と販売契約を結び、航空 4%、鉄道 2%、バスは 10〜20%、旅館・ホテル 10〜12%、飲食施設、テーマパークまで、送客の対価として手数料を収受している。ただし、あくまで「旅行代理店」であって、運賃や料金を「値付け」することはできない。別途、手数料を収受する場合は旅行業約款で金額を明示してお客様からいただく。各機関の予約発券精算ができるシステムを構築して、旅行会社の店舗に行けば、すべての手配が完了する利便性を提供した。しかし、現在は各機関がネットで予約できるサービスを提供し始めたことで、来店する価値は低くなった。

### 2) トラベル・カンパニー

　トラベル・カンパニーの収益は企画料である。旅行の大衆化に対応するために、顧客の要望通り旅行を手配するだけでなく、運送、宿泊、食事、観光施設、体験などをあらかじめ組み合わせて提供する、パッケージツアーが生まれた。旅程管理や安全配慮の責任を果たし、事故の際には補償金等を支払うことを条件に、旅行代金の内訳を開示せず旅行代金を「値付け」する「募集型企画旅行」が認められた。この旅行商品の誕生が、チケット・エージェント（旅行代理店）からトラベル・カンパニー（旅行会社）へ旅行会社を進化させた。

　企画料を自由に裁量できるようになったことから、中小の旅行会社は専門知識を活かした企画旅行をつくり、アフリカ専門、秘境専門、ハイキング専門な

ど30%以上の収益率をあげて経営できるようになった。

　代表的な企画旅行であるパッケージツアーの売上げを示す主要旅行会社30社ブランド商品取扱高は、コロナ前の指標となる2019年で1.4兆円、取扱高の27%を占めているが、国内旅行ブランドが海外旅行ブランドの2.3倍あり、外国人旅行（インバウンド）ブランドは一部の会社しか取り扱っていない。

## (2) ホールセールモデルの確立

　大手旅行会社では約30%の収益率で企画した旅行企画を、全国の自社店舗および他社に10%前後の販売手数料を支払い卸売りする形態をホールセール商品として流通させた。魅力ある現地情報が記載され、交通・宿泊・観光・食事などがセットされて便利なことから消費者にも販売現場にも支持され、国内はエース（JTB）、メイト（近畿日本ツーリスト）、赤い風船（日本旅行）、海外はジャルパック、ルック（JTB）、ホリデイ（近畿日本ツーリスト）、マッハ・ベスト（日本旅行）などが全国に普及した。

　ホールセラーと呼ばれる旅行会社は1年間の取引実績をもとに、交通機関、宿泊機関などと料金を交渉し、座席や部屋をブロック予約する。そして、日程、料金、アピールポイント等を記載した紙のパンフレットを作成し、各店舗にトラックで配送する。店舗はそのパンフレットを方面別や売れ筋別に並べ、来店したお客様にハネムーンや夏の家族旅行の説明をする。説明を受けたお客様が、予約申込書を記入し、申込金を支払い旅行契約が成立する。接客時間の目安は概ね1時間である。パンフレットの発行は基本は年2回だったが、季節ごと、月1回と増えて、さらには、スポットでキャンペーンのチラシが配られるなど頻度は増えていった。

　ホールセールとリテールという流通が確立していくとともに、ランドオペレータ、添乗員派遣会社、パンフレット制作会社、ガイドブック制作会社、配送会社、広告代理店、手続き事務代行会社、保険会社、システム開発運用会社、大量に仕入れた航空座席を中小企業に卸すエアオンホールセラーまで、旅行を核とする産業クラスターが形成された。

　チケット・エージェントからトラベル・カンパニーに変わったことで、収益性は高まった。しかし、大量に安く仕入れて大量に販売するスーパーのような

図表 4-4　ホールセラーを核とする産業クラスター

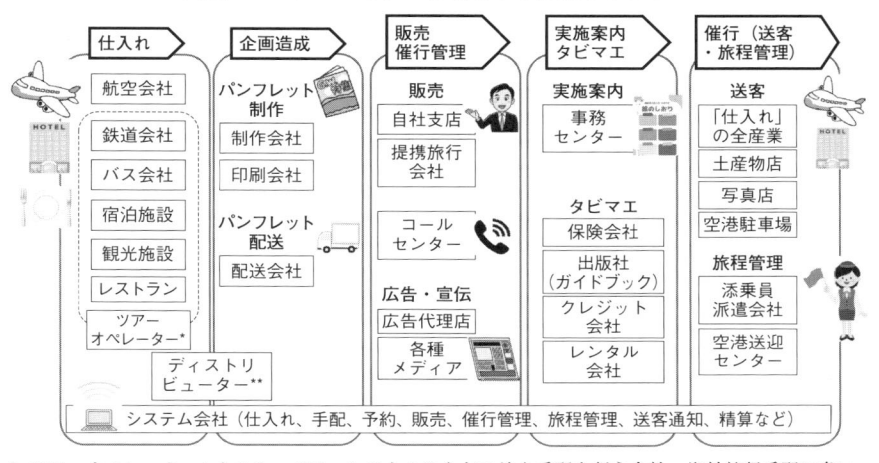

\* ツアーオペレーター：ホテル、バス、レストランなどの地上手配を行う会社。海外旅行手配に多い。
\*\* ディストリビューター：中小旅行会社に航空座席などの卸売りを行う会社。大量仕入れをする大手のグループ会社が多い。

ビジネスモデルとなり、せっかく手に入れた旅行価格の値付け権は、付加価値競争より価格競争の手段となる傾向が強くなった。いわゆる薄利多売である。成長期でインターネットが普及する前は、旅行の大衆化の受け皿になって成功したが、ネット販売の普及とともに利便性や価格訴求力で対抗できなくなっていった。

　コロナ前の大手旅行会社の販売構成は概ね以下の通りであった。個人旅行商品のホールセール商品が3割を占め、団体旅行が4分の1、インバウンドは約1割となっている。

## （3）旅行会社の経営モデル

　旅行会社の収入（付加価値）は企画料と販売手数料である。取扱高の10〜20％の収益に対して、費用は人件費が6割を占め、家賃、システム費用、その他管理費を引いた利益は5〜10％である。取扱高から考えると1％前後の利益となる。観光庁の旅行・観光消費動向調査によると、2023年の旅行消費額は28.1兆円とされる。産業ごとの取扱高は、鉄道業約5兆円、航空業約2兆円、

宿泊業約 4 兆円である。旅行会社の取扱高は 2 つの業界団体の推計で約 10 兆円とされるが、付加価値（収益）は 1.5 兆円程度とされる。

　コスト構造の面では、人件費の割合が多く、設備投資の割合が少ないのが特徴である。また、旅行代金を前受して仕入先には後払いするため、キャッシュフローがよく、回転資金のリスクが少ない経営ができる。このため比較的少ない資本金で開業ができるのも特徴だ。

## (4) 海外 OTA のビジネスモデルとの比較

　JATA では旅行業未来戦略研究会でインタビュー調査を行い、海外 OTA のビジネスモデルとの違いを研究分析した。すると、他の EC（電子商取引）事業者と同じ予約決済手配システムや SNS マーケティングを駆使し、かつ、Amazon のように、倉庫を抱え配送する物流問題がない点が強みである。コスト構造は以下の通りであった。

**海外 OTA の事業モデル（イメージ）**

収入：ホテルの販売手数料　　　　　10%
　　　　サイトへの広告収入　　　　　＋α　　ネット会員数や検索数が魅力
支出：マーケティング費用　　　　　50%
　　　　システム開発・運用、仕入れ要員　15%
　　　　サーバー費用　　　　　　　　5%
　　　　管理費（家賃など）　　　　　15%
利益：　　　　　　　　　　　　　　15%
出典：JATA 旅行業未来戦略研究会

　人件費や家賃にかかるコストが少ない分をマーケティング費用、具体的にはブランド PR、SEO（検索エンジン最適化）、SEM（検索上位にする対策費）、メール、アフィリエイト（成果報酬型広告提携）などに投下している。ローカル（各国支部）では仕入れや最低限の契約を行う少数のスタッフでこなし、中間管理職は置かない。2018 年時点のエクスペディアは全世界で 9 兆円の売上げを 3 万人の社員で上げていた。日本の大手旅行会社の 1 人当たり取扱高は約

5,000 万円とされるので、約 6 倍の販売効率である。

　海外 OTA などグローバルプラットフォーマーは、全世界の予約・事業収益を 1 か所または 2〜3 か所の課税率が低い国で管理計上している。また、サーバーが海外にあるため規制ができないという理由で、日本の旅行業法の適用を受けておらず、旅行業の登録もしていない。したがって、営業保証金も支払っていない。

　当初 JTB は海外 OTA に対抗するため自社でネット販売のシステム開発を行っていたが、現在は自社開発をやめ、ブッキング・ドットコムと提携しそのプラットフォームを使用している。また、エクスペディアは日本の旅行会社のサイトと提携を進めている。EC 事業のアフィリエイト戦略であり、収益でなく取扱シェアを増やす考え方である。世界規模の巨大な薄利多売スーパーともいえる。

## (5) 海外の旅行会社と日本の旅行会社の経営モデル

　アメリカ、オーストラリアには旅行業法はなく、商法の範囲で旅行が取引される。これも広い国土とインターネットの普及に対応しているからで、OTA とクルーズ旅行のコンサルタントなどを扱う小規模のパパママエージェント、業務渡航を行う BTM（ビジネス・トラベル・マネジメント）などがある。日本のような総合旅行会社はない。

　ヨーロッパでは、1841 年創業で、パッケージツアーの発案者でもある近代旅行会社の雄トーマスクック社が 2019 年に経営破綻した。ヨーロッパでは、EU パッケージ旅行指令の制定による ATOL（Air Travel Organizer's License）という、日本の旅行業法より厳しい消費者保護が義務付けられている。トーマスクック社は傘下の 4 航空会社で 100 機以上の航空機を運航して年間 2,000 万人を運び、200 軒 3 万 8,000 室、120 万人の顧客に 920 万泊を提供してきた。倒産した時、約 60 万人が海外から ATOL によって救済され帰国した。

　トーマスクック社は自前の航空機とホテルをもとにパッケージツアーをつくり、店舗で販売していた。しかし、LCC（Low Cost Carrier）と OTA の進歩によって業績が悪化した。2010 年には、エクスペディアに対抗して欧州最大の OTA を目指す戦略を発表するも 2018 年には提携に切り替えるなど迷走し

た。一方でドイツを本拠とする TUI はデジタル化を進め、高付加価値パッケージ旅行の開発、ホテル、クルーズに事業を集中する戦略で、変化に対応している（「トラベルジャーナル」より）。

　日本では、HIS や近畿日本ツーリストが海外チャーター事業を試みたが、いずれも頓挫している。ホテル事業については、JTB はサンルートホテルを 2014 年に売却、近畿日本ツーリストも、箱根、日光、京都、沖縄、札幌、サイパンのホテルを 2000 年前後に売却し、ハードは持たない経営に切り替えている。唯一ハードを持つ戦略を展開し続けている HIS は、2022 年にハウステンボスを売却したが、ホテル事業（ウォーターマークホテルなど）は継続している。

　航空機やホテルやテーマパークなどのインフラの所有は、稼働率が高ければ、採算分岐点を超えた時点から、収益は大きく拡大する。一方、景気変動やコロナのようなイベントリスクで大きな赤字が発生するので、手数料モデルの旅行会社とは全く違う経営が必要となる。日本の旅行会社はハードを持たず、ソフトで勝負するモデルを基本戦略にしている。

## （6）コロナ禍を契機とするビジネスモデル改革

　コロナ禍で 3 年間旅行需要が停滞したことは、観光業界に本業以外の事業に取り組むきっかけを与えた。航空業界はマイル事業、鉄道業界も金融事業や地域共創事業などに取り組んでいる。旅行業界でも本業の回復に取り組むだけでなく、少子高齢化、デジタル化、グローバル・インバウンドという変化に対応した次の時代への事業構造改革の動きがみられる。

　JR 東日本びゅうツーリズム＆セールスでは、主力業務の店頭パッケージツアー販売を取りやめた。JAL 所有分の株式を買い取り JR 東日本の 100％子会社にし、JR 東日本エリアの観光流動作りに舵を切った。社名をびゅうトラベルサービスから JR 東日本びゅうツーリズム＆セールスに変更して、事業の方向性を明確にした。24 の店舗では、地域の観光の魅力を商品企画にして情報発信する。鉄道と宿泊と体験を組み合わせたダイナミックパッケージ商品を企画造成し、ネット販売する。

　羽田空港、成田空港、東京駅、上野駅、新宿駅の駅旅コンシェルジェではイ

ンバウンドを扱い、JR 東日本の台湾子会社と連携してインバウンドの拡大を進める。また、ネット難民といわれる 140 万人の「大人の休日倶楽部」の会員には、添乗員付きの旅行や富裕層向けのサービスを求められる「TRAIN SUITE 四季島」のオペレーションも行い、次の時代のビジネスモデルを打ち出した。

　また、中小のニッチマーケットを扱う旅行会社の例を見てみると、登山・ハイキングに強いアルパイントラベルと、音楽など文化イベントに強いグローバルユースビューローはコロナ期間中、国内旅行の企画販売を行った。両社は提携してインバウンド向けのアドベンチャートラベルを共同開発することを目指している。

　コロナ期間中は、海外のテーマ旅行を手掛けてきた旅行会社が国内旅行のテーマ旅行や長期滞在旅行を企画販売した。ワールド航空のように、建築、工芸、癒しなどのテーマの 20 万円以上のツアーが塾年層に支持された例もある。これらの企画は、インバウンドの高付加価値旅行にも展開が可能である。

## （7）総合旅行会社のソリューション戦略

　総合旅行会社は平均して 3 割前後の人員削減を行い、白紙から事業を見直すことになった。最大のポイントはネット販売の影響を大きく受けた個人旅行事業の再編である。

　近畿日本ツーリストは「メイト」および「ホリデイ」ブランドの募集型企画旅行を 2021 年 3 月に終了し、49 年の歴史に幕を閉じた。また、全国 138 の個人旅行店舗を、2022 年 3 月末までに約 3 分の 1 に縮小し、ダイナミックパッケージを中心とするネット販売へ、添乗員付きツアーはクラブツーリズムへと、個人旅行の抜本的な再編成を行った。

　実は、東武トップツアーズ（当時のトップツアー）は 2006 年にホールセールと店頭販売をやめ、法人営業に特化している。阪急交通社はメディア販売の成功とともに、2000 年代初めにホールセール事業と店頭販売をやめ、メディア販売に選択と集中をしている。両社は個人旅行の再編を済ませていたため、コロナの打撃が比較的少なかった。

　コロナ期間中、旅行の需要がない中で、大手総合旅行会社を支えたのはコロ

ナ関係の自治体からの受託業務であった。これらをイベント・コンベンションで培われた運営力、あっせん力で円滑にこなし、高利益をあげたことで、ソリューション事業（輸送や宿泊の手配力やあっせん力を基に、お客様の課題解決をする事業）が中核事業になった。

　JTB では 2000 年以降を「ソリューション・カンパニー」と位置付けている。日本旅行では「ソリューション事業」と「ツーリズム事業」を両輪とし、ソリューション事業を 7 割まで高めることを掲げている。いずれも、自治体、学校、法人向けにツアーやイベントだけでなく調査、企画や仕組みの提案、業務の運営代行、施設管理代行まで広範囲に手掛けるソリューション事業へのシフトを目指すものである。

## 3. 個人旅行の変化と商品

### (1) 旅行シーンの今昔からみた個人旅行のニーズ

　個人旅行の変化を典型的な旅行シーンの今昔を比較することによって見ていきたい。

### 1) デジタル化以前

　ハワイに行くために、旅行会社の店舗を訪れ、カウンターでベテランのスタッフと相談し、パンフレットを比較しながら、眺めがよくて、買いものに便利なホテルを指定して、ハワイ旅行の申し込みをする。1 か月前に残金を支払うと 2 週間前に旅のしおりと空港での集合場所の案内がくる。空港で、搭乗券とチケットを受け取り、荷物は航空会社のカウンターで預ける。到着すると、荷物はバッゲージトラックに預け、手ぶらでガイドの案内によりバスでハワイ観光をする。15 時にホテルにチェックイン。荷物は部屋までポーターが運んでくれる。ホテルのロビーのツアーデスクで、滞在中のオプショナルツアーやお土産の申し込みもできるので便利。

## 2）デジタル化後

　スマホで航空機を予約、日付や時間帯などから条件に合ったものを選んで予約し、カードで決済する。座席を選べる事前チェックインの案内がメールで届く。当日、荷物は航空会社のカウンターにてセルフでタッグ（CLAIM TAG）をつけて流す。搭乗はスマホをかざせばいい。現地に着くと、ウーバーで予約してあった車に乗り、グーグルマップで検索して Airbnb で予約しておいた民家に泊まる。オプショナルツアーはベルトラで申し込んだ小型ヨットでイルカを見に行くツアー。その送迎車が迎えにきてくれる。自分が買いたいものがある店を検索して、グーグルマップでたどりつく。買い物や食事はスマホの翻訳機能を使って店員とやりとりする。「スマホがあれば旅行ができる」。

　以上のように、人の手を介して行っていたサービスの多くが、デジタル化により旅行者自身で行うことが可能となった。必要がなくなるサービスがある一方で、旅行者が求めるサービスの本質はそれほど変わっていない。

　JATA の 2023 年の調査によれば、旅行者が国内旅行で旅行会社を使うメリットは、安心感、お得感、信頼感であった。2023 年の JATA 経営フォーラム海外旅行分科会でも、安心感、お得感、信頼感が強調された。特に戦争や紛争で航空路線の運航が不安定となっている時は、現地の政情も刻々と変化するため、安心感の比重は高まっている。また、コロナの影響で人気のある美術館、博物館、観光施設は予約がないと入れなくなっている。予約を事前に確保して効率よく観光できる点も安心で、周遊旅行で観光スポットを効率よく回るお得感も旅行会社の強みとされた。特に、貸切企画、優先入場、限定特別公開などの企画は旅行会社ならではの価値であろう。

## （2）パッケージツアーの種類と現状

　ここでは、個人向けの代表的な企画旅行であるパッケージツアーについて、その種類と今後の展望を取り上げる。

## 1）スケルトン型（フリープラン型）パッケージ

　交通と滞在の組み合わせのみによって成るシンプルなパッケージツアー。

「JR と宿」のパッケージは往復の JR 代金で宿にも泊まれるお得さで最大の売れ筋商品となっている。しかし、今後 JR がネットで割引運賃を強化すると優位性が薄れる懸念もある。

　「航空と宿」のパッケージでは、航空会社は販売状況によって運賃を変動して収入を最大化する（イールドコントロール）システムを開発し、2019 年から、往路・復路、行先、時間で細かく運賃を変動させるダイナミック・プライシングを導入した。これにより料金を固定した紙パンフレットは製作不可能となり、ネット販売向けの「ダイナミックパッケージ」に切り替わった。

　2019 年の航空会社へのインタビューでは、航空券の流通は航空会社直販と旅行会社経由が半々で、団体（修学旅行、一般団体）10％、阪急・クラブツーリズムのようなメディア販売 10％、航空＋ホテルのようなスケルトン型パッケージが 30％であった。2019 年以降、旅行会社が事前仕入れできるのは団体とメディア販売だけになった。

　スケルトン型パッケージには、交通を含まない宿泊単品商品もある。「プールのある宿」「ファミリーの宿」「名湯の宿」など宿だけを商品企画にしたものである。事故の際の補償金等を支払う保険を付帯して募集型企画旅行の体裁を整え、独自の切り口や特典をつけて企画料を上乗せして作成した。日本の旅館は繁忙期や週末に需要が偏っており、それ以外は稼働率が 30％しかない。有効な販売チャネルが旅行会社しかなかった時代の企画商品で、最盛期には国内パッケージツアーの半数を占めるほどであったが、現在はネット販売に代替された。

### 2）現地発着ツアー

　現地発着周遊バスの旅「ランドクルーズ JTB」は、個人旅行では周遊しにくいヨーロッパの各国を観光バスで数日をかけて周遊し、乗り降り自由の観光・宿泊付き周遊路線バスで、ツアーのメリットと個人旅行の手軽さを組み合わせした企画である。ツアーグランプリ 2019 で国土交通大臣賞を受賞した。2019 年 4 月～2020 年 3 月まで運行し、コロナで中断していたが、現在再開している。

### 3）添乗員付きツアー（フルパッケージ）

　添乗員が同行し、周遊観光をするツアーである。貸し切りバスを利用するため、催行人数によって、添乗員やバス・ガイド代を参加者の数で割り出し、人員区分の中で一人当たりの料金を算出する（見積もりのブラケット）。最少催行人員として表記される。少ない人数で割れば、ツアー催行の可能性は高まるが料金が高くなって集まりにくくなり、逆に多数で割れば料金は安くなるが、集客できないと赤字になるため催行管理が難しい。

　添乗員付きツアーの中でもユニークな商品の事例をいくつか紹介したい。

### ①メディア直販ツアー商品

　クラブツーリズムが始めた「びっくりバスツアー」は日帰りで食事、観光、お土産が盛りだくさんのバスツアー。45名乗りのバスを使用し、バス・ガイド・添乗員のブラケットを40名で計算して、1万円以下の安さを実現した。新聞広告、会員誌、会員向け web メール、「ハーフタイムツアーズ」のテレビ通販などで広告する。パッケージホールセラーではできないリスクを負った売り切り販売で、添乗員付きツアーの市場はクラブツーリズムと阪急交通社トラピックスがリードした。

　メディア直販は、仕入れ→企画→販売（新聞、ネット、会員誌）→添乗までを一貫して自社でこなすモデルである。コロナ禍では感染症対策で密にならないよう 25 名定員に限定するなど工夫し、テーマ性を高め旅行代金を上げる試みが、GoTo トラベルキャンペーンや国内観光支援を利用して成功した。

　添乗員付きツアーは企画力とマーケティング力が拠り所であるため、最も優れた企画旅行（募集型・受注型）を表彰するツアーグランプリで選ばれることが多い。

### ②クラブツーリズムのビジネスモデル

　テーマ旅行をベースにしたクラブ作りや顧客参加モデルは同社独特のものである。もともと価格訴求型の大量販売大量送客モデルから始まったが、価格競争を勝ち抜く戦略として、テーマ性を志向してきた。たとえば、ベートーベンの交響曲第9を歌うクラブ活動を行い、成果をウイーンの楽聖ホールを貸し切って 200 名のツアー参加者が歌う企画がある。また、女性のハイキング愛好家向けに、初心者ツアーでハイキングの靴選びから準備体操や歩き方などを教え、ツアーごとに徐々にレベルをあげていき、最後は立山の山小屋に泊まって

縦走するツアーで終了する「ステップアップガールズ」という企画もある。同社は毎月発行の会員誌「旅の友」をお客様が居住地で数十冊を配布する制度や、お客様が添乗員をする制度など、顧客がキャストになるコミュニティ作りを実施している。

　富山市八尾町の毎年 50 万人以上が観光する風の盆では、「月見のおわら」として前日を貸し切り 1997 年から毎年 5,000 人を送り続けている。その送客力を見込まれ、各自治体から協力依頼がある。そこで、地域共創事業部を立ち上げ、イベント企画や地域振興の企画提案を行っている。旅行会社の力を活かした地域創生、エリアソリューション事業である。

③中小のニッチ型旅行

　添乗員付きパッケージツアーはメディア型旅行会社だけでなく、中小の旅行会社の企画力が発揮できる事業である。代表的な会社には以下のようなものがあり、総合旅行会社にはない専門性を発揮して、ニッチマーケットを獲得している。

- ・アフリカ、秘境の専門……道祖伸、ユーラシア旅行社、西遊旅行など。異郷の魅力があるが治安が懸念される地域を経験とノウハウで企画している。
- ・クルーズ販売専門……ゆたか倶楽部
- ・サイクリングとハイキングに特化し雑誌も発行……フェロートラベル
- ・山のガイドが作ったハイキングや登山の専門……アルパイントラベルなど
- ・コンサートや文化イベントに強い……グルーバルユースビューロー
- ・フィンランドのライフスタイルショップとツアー企画……フィンコーポレーション
- ・モンゴルとネパールの専門……風の旅行社

　これらの会社は主に海外旅行で力を発揮してきたが、コロナ禍で国内のテーマ旅行にも取り組んだ。今後はその企画力を活かして、インバウンドのアドベンチャーツーリズムなどの担い手になる可能性がある。すでに、自然に強いアルパイントラベルと文化に強いグローバルユースビューローが提携して取り組みを始めている。

　パッケージツアーの傾向をまとめると、スケルトン型パッケージ（国内）は

JR ＋宿泊の企画商品が残っているものの、他はダイナミックパッケージやメディア直販に置き換わりつつある。海外スケルトン型パッケージでも、ランドクルーズのようなインフラを提供できるもの以外はダイナミックパッケージに置き換わっていくと思われる。一方で、添乗員付きパッケージはメディア型旅行会社や中小の専門旅行会社の企画力が発揮できる余地があると考えられる。

## (3) ユニバーサルツーリズムやサステナブルツーリズムの取り組み

　2021 年に改正障害者差別解消法が成立し、2024 年 4 月から民間事業者も「合理的配慮の提供」が義務化された。障害を抱えた人も旅行できる環境作りが幅広く求められている。日本ではユニバーサルツーリズム、海外ではアクセシブル・ツーリズムと呼ばれる。

　HIS のユニバーサルツーリズムデスクでは、聴覚障害者向けのハイキングツアーを聴覚障害を持つスタッフが企画し、また、車椅子の寄贈をするなどの取り組みが評価されている。また、クラブツーリズムは視覚障害者向けに自動車の運転体験ツアーをするなどユニークな活動で知られる。2023 年の観光庁のユニバーサルツーリズムに関する調査では、高齢者と障害者を足したユニバーサル市場の市場規模を 2 兆 2,000 万円まで拡大すると試算している。JATA ではサービスや接遇は旅行会社の本来の力を発揮する機会と考え、すべての旅行会社で対応できるように、ハートフルシートを作成し啓発している。

　個人旅行における持続可能な取り組みについて、ツアーグランプリ 2023 から紹介する。国土交通大臣賞は、JTB の「こころで旅するカナダ Tsunagari Tabi 〜コロナ後のあたらしい旅の提案〜」で、旅行者と訪問地が双方向で共感し、環境保全と経済の活性化の好循環を促すコンセプトを商品化した点が評価された。また、観光庁長官賞の国内・訪日旅行部門は、JR びゅう東日本ツーリズム＆セールスの「共存する人と森・山と人をつなぐ『山の守り人』マタギ文化に触れる旅」が選出された。秋田県阿仁地区で現役のマタギを案内人に独自の文化、食、暮らしを体験できる文化継承、自然との共生をテーマにした内容でインバウンドへの活用ができる点が評価された。いずれも、コロナを契機に高まった持続可能な観光に貢献する企画である。

# 4. 法人旅行の変化

## (1) 法人旅行のビジネスモデル

　法人旅行のビジネスモデルは、たとえば、職場旅行や招待旅行を法人向けに手配することで、交通機関、宿泊施設から手数料を得、顧客から手数料を収受するモデルである。募集型企画旅行契約を結ぶことで、企画料を収受できる点は個人旅行と同じである。違いは、法人の要望に合わせて、オーダーメイドで企画提案をするため、収益率を高く設定できる点である。また、法人の要望に合わせて旅行以外のイベント・コンベンションなどに事業領域を拡大してきた。主なマーケットごとに例をあげて説明したい。主な顧客と取扱事業は以下のとおりである。

- ・学校（修学旅行、校外学習、留学、語学研修）
- ・企業（インセンティブ、職場旅行、周年記念行事、視察旅行、研修旅行、出張）
- ・自治体・公務（文化イベント、スポーツ大会、観光促進）
- ・宗教法人（団体参拝）
- ・その他（文化団体、スポーツ団体、ファンクラブなどの集会）

## (2) 学校法人向けの事業

　コロナ前の 2018 年度の公立学校修学旅行の実施状況を見ると、公立中学校で 102 万 5,391 名が参加している。全国で、いろいろな旅行会社が修学旅行、校外学習、留学、語学研修などを取り扱っている。大手旅行会社にとっては、学校と企業が 2 大マーケットである。

　日本の修学旅行は、東京高等師範学校が実施した 1886 年の長途遠足が起源であり、その後団体訓練としての遠足と地理・歴史の野外学習を組み合わせた修学旅行として普及した。太平洋戦争による中断後、1946 年にはすでに各地で米を持参した修学旅行が再開され、1958 年の学習指導要領で、「学校が計画し、実施する教育活動」と規定されている。1954 年には近畿日本ツーリスト

が貸切臨時列車を始め、1959年に修学旅行専用列車「ひので」が品川と京都間を運航開始し、旅行会社の主要事業として発展してきた。

　修学旅行の訪問先は、学校教育の重点指針の推移を反映して、歴史文化学習を目的とした京都、奈良など近畿圏が半数を占め、次に平和学習を目的とする広島、長崎、沖縄、そして、国際人の育成を目的とする海外修学旅行という割合になっている。2017年改定の新学習指導要領からは、SDGsが重視され、近畿日本ツーリストはSDGs探求マップ「沖縄」「京都、奈良」を発行し、JTBはカーボンオフセット旅行を提案するなど環境問題やフードロス問題、ユニバーサルツーリズムをテーマに企画されている。

　コロナ禍では、修学旅行を含む学校行事は「教育的意義や児童生徒の心情等にも配慮し、中止でなく延期扱いを検討すること」と通達された。2020年7月から実施されたGoToトラベルキャンペーン（旅費の半額上限2万円までの団体補助）の団体枠の対象にもなった結果、全国修学旅行研究協会調査で、中学校の実施率は56％、高校の実施率は31.3％と、コロナ期間中に実施された数少ない団体旅行であった。そして、コロナ禍終了後、直ちに回復している。

　中学校の生徒数は一学年240万人から100万人に減少してきている。学生数の減少という問題に対して、旅行会社は修学旅行以外の、校外学習、留学、語学研修の取り扱いを増やし、スポーツや文化の大会行事の需要を取り扱うことで補ってきた。最近は、少子高齢化の進展と教員の働き方改革などで、PTAや部活動を廃止する動きがあり、学校経営を取り巻く環境は大きく変化している。近畿日本ツーリストでは、PTA活動の代行やオンラインで部活動を支援する事業を始めている。また私立高校では、学生募集において海外修学旅行先や留学先が生徒募集のアピールポイントになるため、提携留学先を斡旋する事業にも取り組んでいる。旅行やイベント・コンベンションを基軸に「学校ソリューション」への取り組みが始まっている。

## （3）企業法人向けの事業

　法人旅行の需要のもとになる都道府県別事業者数は、東京都が69万4,212社で群を抜いて多く、次いで大阪、愛知、神奈川、埼玉、福岡、北海道の順になっている。また、企業内では販売部門からの需要がもっとも多く、約50％

を占めている。

販売部門での需要は、優秀セールスの褒賞旅行、販売店・販売代理店招待、消費者向けのオープンキャンペーン、見本市・商談会参加など販売促進につながる旅行、イベントなどがあり、販売部門が企業の収益を稼ぎ出す花形であることがわかる。

例をあげると、

①優秀セールスの褒賞旅行（インセンティブ）

訪問販売、保険会社、製薬会社の MR、住宅販売などの業界に多い。ある訪問販売の会社の海外での表彰式では 4,000 名でテーマパーク貸切やラスベガスで有名歌手貸切コンサート、豪華クルーズ貸切などがある。

②流通招待（流通）

販売代理店の招待では食品・飲料などの業界に多い。最高ランクはオリンピックやサッカーの W 杯等で、スポンサー企業がトップディーラー夫妻を開会式に特別招待するなどがある。

③学会支援

製薬メーカーの MR（販売員）が医師をサポートするメディカルコンファレンスの運営などがある。

また、製造開発部門では、調査、視察、会議や見本市視察の出張などがあり、新規製品の開発のために国際会議や国際見本市に参加し、情報収集するのが目的である。技能五輪への参加、海外工場の見学など、かつて高度成長期を支えた視察や研修は分野によって健在である。

人事部門では、モチベーション向上のための社員旅行や運動会、社内コミュニケーション向上のチームビルディング活動などがある。コロナ禍以降テレワークが進み、対話が減り、企業への帰属意識が薄まり、離職率が高いことが問題となっており、再びオフラインの社員旅行や運動会が見直されている。産労総合研究所の 2020 年調査では「社員旅行」の実施率は 27.8％と、前回調査（2014 年）36.9％から大幅に下落している。しかし、コロナ禍の 2020 年 1～3 月が含まれているにもかかわらず、299 名以下の会社で 40.9％が実施している点が注目される。

総務部門（管理系）では、出張の手配を効率的かつ費用削減する提案などが求められる。アメリカでは、航空会社やホテルを選択・集中することによって

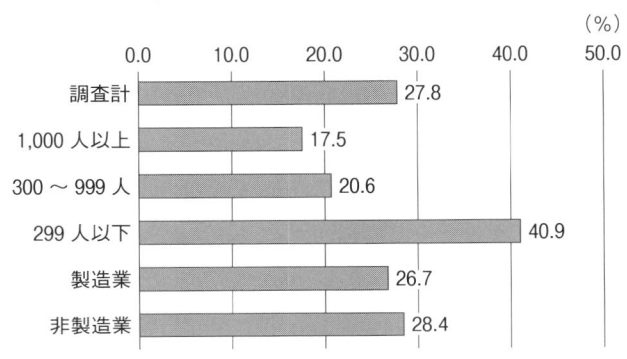

図表 4-5　社員旅行実施率（2020 年）

出典：産労総合研究所 2020 年調査

費用を節減し、レンタカー、書類の配送、ミーティングルームの手配まで行う
BTM（Business Travel Management）の専門会社が発達している。グローバ
ルな取引による仕入力が強みで、日本でも AMEX が日本旅行と合弁会社を
作って、グローバル企業を中心に営業活動している。

　日本では、JTB ビジネスソリューション、阪急阪神ビジネストラベルのよ
うな大手の専門子会社や、日新航空サービス（日新倉庫）、エヌオーイー、
MO ツーリスト（三井グループ）など企業の子会社だけでなく、IACE や日本
橋夢屋のようなきめ細かいサービスをする会社も出張ビジネスで手堅く事業を
行っている。


## (4)　自治体向けの事業

　自治体が主催するスポーツや文化の大会が大きな需要となっている。たとえ
ば、国民体育大会、全国高等学校総合体育大会（インターハイ）、全国高等学
校総合文化祭からマラソン大会まで、各種スポーツ・文化イベントの宿泊とバ
ス輸送、選手関係者の接遇などに加え、会場手配、関連行事の企画、運営、演
出など幅広い業務を担当している。NHK 大河ドラマ館の運営も含まれる。

　少子高齢化に悩む地方において観光振興は主要な解決策である。このため、
国内観光客誘致やインバウンド誘致の調査、企画、実証実験、商談の手配など
の業務がある。また、旅行商品の企画造成を通じて、旅行会社は宿泊・飲食・

交通・観光施設・ガイドなど観光地内の多様な事業者をつなぎ合わせる役割を期待されており、地域と一体になった観光地の魅力向上・発信、そして、誘客によって地域経済への貢献が期待されている。

　クラブツーリズムの地域共創事業部では、コンサルや広告代理店にない送客力の強みを活かして、自治体と協定を結び、調査・企画からツアーやイベントの実施などを行っている。同様の強みをもつ阪急交通社や他の総合旅行会社でも、「地方創生に関する連携協定」や「観光振興に関する連携協定」の例が全国各地でみられる。

　コロナ期間中に取り扱ったのは、誘客を伴わない事務代行業であった。具体的には、コロナワクチン接種の予約コールセンター・案内業務、軽症者宿泊者療養施設運営、コロナ感染対策指導代行など、手配力・あっせん力を活かした業務であり、GoToイート事業電子クーポン・紙クーポン配布、プレミアム商品券、食事券などシステムを活用した業務などもあった。また、コロナ期間中にふるさと納税は、2022年個人向けが9,654億円、企業版が341億円と増えた。JTBのふるさと納税ポータルサイト「ふるぽ」もかなり活用された。東武トップツアーズは一般財団法人地域活性化センターと（株）企業版ふるさと納税マッチングサポートを設立した。

　自治体では少子高齢化で税収が減少することもあり、公共施設の民営化が課題となっている。民間の知恵で収益力をあげ、効率的経営をする。観光施設でいえば、美術館、博物館、イベント施設などが対象となるであろう。近畿日本ツーリストは姫路城を、JTBは熊本城を3年間の受託契約で運営している。姫路城では、コロナ禍で入場者が落ち込む中、ふるさと納税の返礼金で「一日城主体験」を企画して注目を集めた。3,000万円以上を寄付した市外在住者で先着2名、閉城後の城を貸し切りにして非公開エリアを回り、ヘリコプターやハイヤーによる送迎、そしていつでも無料で見学できる「永久入城権」が付与される。旅行会社の企画力を充分に発揮したものである。施設の運営管理は手数料ビジネスとは違う収益モデルで、集客力を活かした新たな収益事業となる。

## (5) エリアソリューション

　自治体に関係する事業を、学校、企業に次ぐ3本目の柱とするために、各社

は地方創生事業とかエリアソリューション事業と名付けて力を入れている。

　デジタルの活用はOTAが優位であるが、JTBエリアソリューション事業部では「スマホ1つで地域を便利に回遊♪」を掲げて、観光DX（デジタルトランスフォーメーション）事業に取り組んでいる。JTBはガイドブック「るるぶ」を発行して、宿泊施設、交通事業者、飲食店、体験アクティビティまで幅広い情報を集め、編集出版してきた。さらに広範な情報を集めて、スマホで予約できるようにし、その販売データ、アンケート、宿泊データ、SNSデータ、移動データなどを収集し、顧客管理やマーケティングのデータベースを築き、コンテンツを開発して、誘客プロモーション策をDMOや観光協会に提案している。

　具体例としては、神戸市の「KOBE観光スマートパスポート」で、神戸港や有馬温泉などの人気スポットを含む、神戸市内最大49の観光施設が一日中、もしくは2日間巡り放題となるデジタル周遊券を一般財団法人神戸観光局で運用している。

　熊本県小国町では、繁忙期のGW、お盆、紅葉の季節に、人気スポット鍋ケ滝公園周辺で日付指定入場券販売システムを導入して、渋滞ゼロを実現した。公益財団法人ながの観光コンベンションビューローとは、善光寺周辺の来訪者

図表4-6　JTBエリアソリューション事業部パンフレット

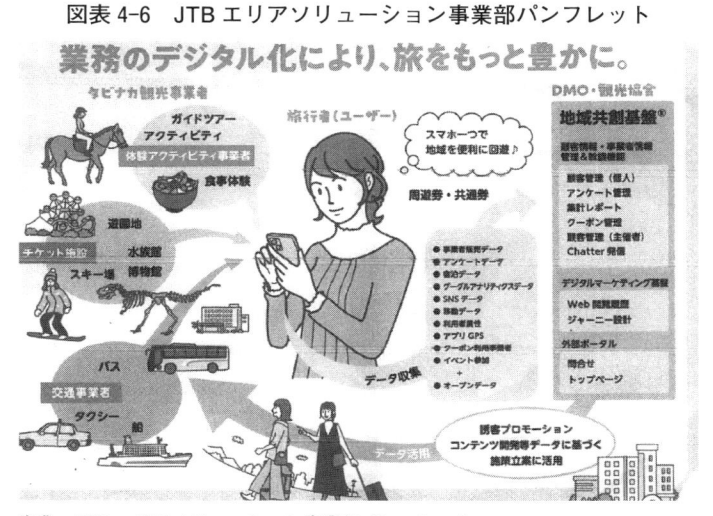

出典：JTBエリアソリューション事業部パンフレット

のデータを一元管理して、「ながのファンくらぶ」会員を拡大してリピーター化する事業を展開している。

　これまでの、仕入力と情報の蓄積をもとにスマホ 1 つで地域を便利に旅する利便性を提供し、地域の観光関係者の課題を解決するエリアソリューション事業である。

## (6) スポーツ事業

　世界の 3 大スポーツイベントはオリンピック・パラリンピック、サッカー W 杯、世界陸上で、いずれも莫大なスポンサー料と放映権収入で運営されている。こうしたイベントの旅行の取扱いは、スポーツイベントに精通し、権利金を支払った公式旅行代理店だけが取り扱える。2021 年東京オリンピック・パラリンピックは JTB、KNT-CT ホールディングス、東武トップツアーズの 3 社が公式代理店で、それ以外の会社がオリンピックの名称を使うことはできなかった（Ambush marketing）。

　大谷選手の所属するドジャースは JTB と契約しているため、野球観戦でチーム名を冠した募集は現状 JTB 以外にはできない。世界陸上 2025 は東京で開催され、近畿日本ツーリストが公式代理店となった。受注にあたり莫大な公式代理店権利金を支払うのは、選手団、関係者の旅行、観戦ツアー、スポンサーの招待旅行・コンベンションなど直接的な需要と、スポーツビジネスにおけるブランド効果があるからだ。

　2024 年はパリでオリンピック・パラリンピックが開催され、オリンピックの競技種目の露出が増え、関心が高まっている。バレーボールやバスケットのようにプロ化されたこともその理由の 1 つである。また、マラソンは地域起こしのイベントとして、幅広く行われ、スイーツマラソン、温泉マラソンなど特色のあるマラソンが各地で行われている。東京マラソンでは外国人エントリー枠が設けられて、インバウンドのコンテンツとして注目されている。そして、自転車競技、トライアスロン、東京オリンピックで新しく採用されたボルダリングまでもが、地域振興とリンクさせたスポーツイベントとして企画されている。神戸 2024 年世界パラ陸上競技、聴覚障害者の国際スポーツ大会デフリンピック 2025 年東京夏季大会が日本で開催され、障害者スポーツ、ユニバーサ

ルツーリズム普及の面でも注目される。旅行会社としては、「する」「見る」「支える」という3つの観点からの需要がビジネスになる。


## (7) これからの法人旅行

### 1) ソリューションビジネスへ

　旅行会社では、イベント・コンベンションの取り扱いの増加とともに、イベント・コンベンション事業部やMICE事業部などでノウハウを蓄積してきた。これまでは、市場調査、構想・計画、スポンサー集め、企画はコンサルタント会社や広告代理店が行い、宿泊・輸送、接遇あっせんを旅行会社、運営はイベント・コンベンション業者や会議運営事業者という役割分担がされてきた。大手旅行会社はすべての業務を扱う総合プロデュースを目指している。

　マーケットごとに見ると、学校関係では、授業を除く学校運営を代行する学校ソリューション事業が始まっている。企業マーケットでは、販売促進のためのインセンティブプランまで提案するインセンティブハウスや、出張手配の最適化を提案するBTM（Business Travel Management）のような業態がアメリカで現れ、日本の旅行会社も専門性を高めている。また、自治体では観光振興やスポーツイベントを利用した地方創生のソリューションビジネスが始まっている。

　以上のように、法人営業ではトラベル・カンパニーからソリューション・カンパニーへの動きが進んでいる。


### 2) インバウンドのビジネスモデルへの対応

　インバウンドの取扱いが主要旅行会社において5%しかないことは、これまで紹介した。その大きな理由は3つ考えられる。1つ目はインバウンドが日本到着から出発までの地上手配を請け負うランドオペレータ業務で、収益が薄いとされてきたことである。2つ目は、インバウンドの7割を占める中国、韓国、台湾、香港、タイなどのアジア各国の取扱いが少ないことである。3つ目は、リピーターの増加とともにFIT化が進み、海外OTAを利用して宿泊や体験を予約する旅行者が増えていることである。

　中国、韓国、台湾、香港、タイなどのアジア各国は経済成長に伴い海外旅行

ブームが到来しており、しかも近隣であるため、コロナ後の回復も牽引している。これらの国の団体旅行は、中国語、韓国語で手配できる手配業者（ランドオペレータ）がおり、日本の旅行会社はインセンティブ旅行や視察旅行などに取扱いが限られている。

　日本の旅行会社は中国をはじめとするアジア市場の成長を見込んで、現地に会社を設立してきたが、自国業者保護のために営業権を制限されたり（中国）、資本割合を制限されてきた（タイ）。このため、アジアでの展開は JTB や HIS などに限られている。これに対して、日本では旅行会社の設立に国籍の制限はなく、またランドオペレータの規制もなかったため、中国系、韓国系ランドオペレータによる不当に安い料金での手配によるバス事故、過剰なショッピングコミッション、白タク問題などが発生した。このため 2018 年には旅行サービス手配業者の登録制度ができた。また、JATA では 2013 年から、ツアーオペレータ品質認証制度を立ち上げ、国の推薦を受けて健全な取引を推進してきた。2024 年 5 月現在 44 社が登録している。中国系では中青旅日本、ドリーム・ジャパン、JC プラン、韓国系ではハナツアージャパンも登録している。

　日本の旅行会社は団体ツアーでは主に欧米豪市場を取り扱っている。JTB も 1912 年に欧米の観光客を誘致するジャパン・ツーリスト・ビューローとして創設されている。かつて日本人海外旅行客の受け入れ拠点であった各社の欧米豪の現地法人は、今では現地の旅行会社や企業を相手に営業している。観光旅行のシリーズ企画、インセンティブ旅行、国際会議、ワールドクルーズの日本での寄港地観光などを取り扱っている。英語能力の高い人材が豊富である点も大きい。

　個人旅行では、JR の周遊割引パス（ジャパンレイルパス）を販売、外国人向けのホテル・旅行予約サイトをつくり、サンライズツアー（JTB　GMT）のようなパッケージツアーで対応している。

　日本のインバウンドは、量から質へ、人数から取扱高へ、ゴールデンルートから地方へ、そして、富裕層への取り組みが強化される段階に入っている。自然や文化の体験を楽しむアドベンチャートラベルが広まれば、大手だけでなくテーマ旅行に強い中小の旅行会社の活躍が期待できる。

## 3) MICE について

　MICE とは、イベント・コンベンションをインバウンドの観点からとらえた
用語で、観光マーケットと並ぶ重要なマーケットを表すものとして使用される。

　日本政府観光局（以下 JNTO）の説明では、MICE とは企業等の会議
（Meeting）、企業等の行う報奨・研修旅行（インセンティブ旅行：Incentive
Travel）、国際機関・団体、学会等が行う国際会議（Convention）、展示会・
見本市・イベント（Exhibition/Event）の頭文字を使った造語で、これらのビ
ジネスイベントの総称を指す。

　JNTO をはじめ各国が MICE の誘致に取り組むのは、観光需要が個人の支
出をベースとするのに対して、法人需要をベースとするため消費額が大きいた
めである。それ以外にも、①ビジネス・イノベーションの機会の創造、②地域
への経済効果、③国・都市の競争力の向上の効果、も期待できるとしている。
各国や地域は MICE 施設（イベント・コンベンションセンター）をつくり誘
致にしのぎを削っている。

　MICE マーケットは、イベント・コンベンションを主要業務とする日本の旅
行会社の本領を発揮できる分野である。すでに M と I については法人旅行の
章で説明したので、ここでは C と E の補足説明をする。

① C（Convention）：国際機関・団体、学会等が主催または後援する会議

　たとえば、IMF 世界銀行総会、国際幹細胞研究会議、APEC 貿易担当大臣
会合、世界地震工学会議などがある。JNTO によれば、2022 年に日本で開催
された国際会議（50 名以上）の開催件数は、前年比 19.1 倍の 553 件となった。
参加者総数は、前年比 5.9 倍の 32 万 5,752 人（うち外国人参加者数 3 万 3,787 人）
で、コロナ禍からの着実な回復を見せた。なお、コロナ前の 2019 年では、開
催件数は 3 万 6,214 件、参加者総数は 199 万 4,000 人でうち外国人は 21 万 3,000
人であった。

　国際会議では、まず日本開催の誘致活動に始まり、長い準備期間と関係者の
協力体制が必要だ。海外の国際会議を主催する本部に対して、国、自治体、コ
ンベンションビューロー、会議場、輸送機関、宿泊施設、旅行会社、会議運営
会社（PCO：Professional Congress Organizer）、料飲・宴会事業者などがチー
ムを編成して誘致にあたる。会議の運営、宿泊輸送の確保と同時に、ユニーク
ベニューでのレセプションやパーティー、会議中の同伴者プログラムや会議後

のツアーの提案も重要な決定要因となる。旅行会社は宿泊輸送手配やレセプション・パーティー、ツアーの企画を主に担っている。IMF 世界銀行会議では、東京駅前から丸の内の一角を特別に貸切り、参加者にサプライズを与えた。迎賓館や浜離宮などの夜間貸切りができるようになり、他国に遜色がない提案ができるようになってきた。地方で開催される花火大会で、無数のドローンによるショーが感動を倍増させている。インバウンドを地方誘致する強力な演出手段として、プロジェクションマッピングとともに普及が見込まれる。

② E（Exhibition/Event）：国際機関・団体、学会、民間企業等が主催または後援する展示会、見本市、イベント

　たとえば、東京モーターショー、オリンピック・パラリンピック、東京国際映画祭などがある。展示会・見本市はその年の新製品・新サービスの商談をするものである。ドイツではメッセと称する見本市が盛んで、会場も世界最大のハノーバーが 46.6 万平方キロメートル（東京ビッグサイトの 5 倍）をはじめ、各都市にある。中国も世界第 2 位の上海に 40.4 万平方キロメートルの会場がある。日本は、自動車関係（東京モーターショー）やアニメ関係（アニメジャパン）が強く、海外からの来訪者も多い。観光関係では、日本観光振興協会、JATA、JNTO が主催する「ツーリズム EXPO ジャパン」が世界的規模のイベントとして 2018 年に 20 万 7,352 人を集めており、観光大臣会合や JNTO 主催の Visit Japan トラベル＆MICE マートなどインバウンド・国際交流に大きな役割を果たしている。旅行業界は主催団体として運営に携わっている。

## 5. 旅行業のビジネスモデルの展望

### (1) インバウンド

　日本の旅行会社はボリュームの大きい中国、韓国、台湾、香港やアジアを取り扱わず、主に欧米豪を扱っていることが弱みと、前述した。逆に、強いマーケットを持っているという見方もできる。欧米豪に強い理由は、現地法人を置く点がある。もともと日本人海外旅行者の手配やサービスの拠点として設立したが、今では、現地での法人や個人の顧客基盤がある。また、英語能力が高い

人材が豊富である点も大きい。取り扱うのは、旅行会社のパッケージツアーや法人のインセンティブ旅行や国際会議である。また、ワールドクルーズの日本での寄港地観光も取り扱っている。

　インバウンドビジネスは、基本的に日本到着から日本出発までを海外の旅行会社から請負い手配するランドオペレータ業務で、旅行業法上は旅行サービス手配業者となる。国内の宿泊、交通、食事、観光施設、アクティビティなどを仕入れ、旅行代金を提示して契約する。各機関からの手数料と仕入れ値との差が収益である。顧客対応は基本的には海外の旅行会社が行うため、企画料による収益はなく、相対的に収益は低くなる。独自の企画提案や手配で差異化をすることで収益率を高めている。インバウンドの急回復によって、バス・レストラン・ガイド・通訳の確保、人気観光地の宿泊の手配が困難となっており、国内旅行の手配実績がある日本の旅行会社が力を発揮しやすくなっている。

　また、個人旅行では、JR の周遊割引パス（ジャパンレイルパス）を販売、外国人向けのホテル・旅行予約サイトを作り販売している。また、日本到着後のパッケージツアーとしては JTB サンライズツアーとジャパングレイラインツアーの 2 つがある。海外 OTA とも提携してネット販売をしている。

　日本のインバウンドは、量から質へ、人数から取扱高へ、ゴールデンルートから地方へ、そして、富裕層への取り組みが強化される段階に入った。日本の旅行会社の企画力や手配力、あっせん力が評価されている。中国、韓国、香港、台湾やアジア市場の成熟化、欧米豪マーケットの伸びなどで、旅行会社のインバウンド部門は最も成長が見込まれている。今後、自然や文化の体験を楽しむアドベンチャートラベルが広まれば、テーマ旅行に強い中小の旅行会社の活躍も期待できる。

## (2) 欧米マーケットと SDGs、環境問題

　日本の旅行会社が主要顧客とする欧米豪マーケットは、国際観光の持続可能性や脱炭素への意識が強い。フランスでは 2021 年 7 月に気候変動対策・レジリエンス法が成立し、2030 年までに二酸化炭素（$CO_2$）を 2005 年比の 50％、2050 年にはゼロとすることを目指している。鉄道を使って 2 時間半未満で行けるところは航空機利用をやめること、自転車利用を促進すること、「グリー

ンキー」などエコラベルのホテルを使用することなどが推奨されている。ドイツでは緑の党が政権に加わり、経済産業省が経済気候保護省となって、公務員の出張は航空機でなく電車の利用が促され、環境負荷の少ない MICE の開催が求められている。

　2021 年 11 月 4 日には観光における気候変動対策に関するグラスゴー宣言が、国連気候変動枠組条約第 26 回締約国会議（COP26）で発表された。この宣言は、観光セクターが観光分野における気候変動対策を加速し、今後 10 年間で観光部門での $CO_2$ 排出量を半減させ、2050 年までに「ネット・ゼロエミッション」を達成するための強力な行動をコミットすることを目的にしたもので、エクスペディアやブッキング・ドットコムも署名している。

　欧米の旅行会社からインバウンドの見積もりが依頼される際には、環境負荷の少ない取り組みができることが必須条件になっている。この流れに備えるために、サステナブルツーリズムの国際認証（Travelife Certified）を取得する動きが活発だ。JTB グローバルマーケティング＆トラベルはが最上位の認証を取得済みで、東武トップツアーズは Travelife Partner、日本旅行は Travelife Engaged から上位取得を目指している。

　日程作成では、航空機が便利でも列車移動が選択される。金沢の兼六園でも美しさを保つための苔の手入れ作業を見学するなど、一般的な観光ではない提案が喜ばれる。日本では SDGs を意識した修学旅行のプログラム作りが盛んで、日本の旅行会社は企画のストックが多いことが、強みになっている。$CO_2$ 削減も SDGs への意識が高いのは欧米だけでなく、世界の富裕層なども同様であり、マーケットの広がりが期待できる。


## （3）価値創造のビジネスモデルへの挑戦

　旅行ビジネスの高付加価値化を考えるにあたり、B・J・パイン II と J・H・ギルモアによる『経験経済—脱コモディティ化のマーケティング戦略—』（ダイヤモンド社、2005 年）を取り上げる。

　経験経済では、図 4-7 のように、商品はまず「コモディティ（素材・材料）」から始まり、「製品（プロダクト）」化され、「サービス」が加わり、最後に「体験の演出」という 4 段階を経て他と差異化ができ、価値が上がると考える。企

図表 4-7　脱コモディティ化のマーケティング戦略

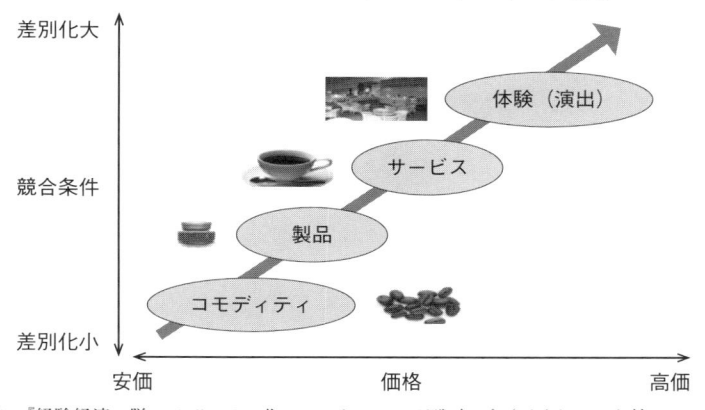

出典：『経験経済―脱コモディティ化のマーケティング戦略―』（ダイヤモンド社、2005 年）

業活動は常に商品のコモディティ化による価格競争との戦いである。星野リ
ゾートの星野社長も社員に「脱コモ山にのぼろう」と説いている。

　具体例として、この本ではコーヒーを例としてあげている。

　第1段階の「コモディティ（素材)」

　　まずコーヒー豆はスーパーでは廉価キャンペーンの対象になる安い材料で
　　ある。

　第2段階の「プロダクト」

　　コーヒー豆をブレンドして、インスタントコーヒーとしてパッケージ化す
　　る。ネスカフェ・ゴールドブレンドのように、テレビで広告も行い、ブラ
　　ンド商品となる。

　第3段階の「サービス」

　　コーヒーショップで煎れたコーヒーを人の手を介して提供する。

　第4段階の「体験の演出」

　　この本では「体験の演出」の例として、アメリカ人の老夫婦が人生の節目
　　に初めて海外旅行でイタリアのベニスを訪れ、「カフェ・フローリアン」
　　でコーヒー体験をする例を紹介している。世界遺産であるサンマルコ広場
　　を目の前に、王宮のような佇まいのカフェで、楽器の伴奏を聞きながら、
　　黒服のウエーターに豪華な器でサービスされた至福の体験は、1 人 1,500
　　円でも納得できるものだった。

　つまり、コーヒー1杯でも、それにふさわしい価値を提供することでコモディティ化の価格競争から脱することができることを説いている。これは、スターバックスの成功にもあてはまる。シアトルで起業されたスターバックスのコンセプトは、本場イタリアのエスプレッソの味・香り、雰囲気を再現して、本物のコーヒーの文化を楽しむというものであった。そのために禁煙にして香りを楽しみ、豆を惹く音、音楽も演出をしてイタリアのエスプレッソを味わう体験を提供した。この「体験の演出」が、薄いコーヒーを飲んでいたアメリカ人に広がり、世界に受け入れられた。

　脱コモディティ化を目指す経験産業論はサービス産業、とりわけ旅行業のビジネスモデルを考える際に有効な手がかりとなる。旅行業に当てはめると以下のようになる。

第1段階の「コモディティ（素材）」

　　デジタルを活用し、スマホやパソコンで航空機や列車、ホテルの手配を提供する。ダイナミックパッケージによる Web 販売への取り組み、OTA との提携などが戦略となる。

第2段階の「プロダクト」

　　テーマ性が高い企画旅行、添乗員付きのツアー。メディア販売の旅行会社や中小のニッチマーケットの旅行会社。特別拝観、限定貸切などの企画は「プロダクト」に「体験の演出」を加味して、価値競争力を高めている。

第3段階の「サービス」

　　要望にオーダーメイドで応える法人旅行があてはまる。オーダーメイドで旅行の手配をするハイエンド層を対象とした旅行会社もある。

第4段階の「体験の演出」

　　インセンティブ旅行のパーティーや国際会議の際のユニークベニューでのレセプションに代表される。「体験の演出」はアイデア次第、企画力の見せ所である。脱コモディティ化をし、プロダクト、サービス、体験の演出とレベルを上げて付加価値を高めることは旅行だけでなく、MICE、イベント・コンベンション、ソリューションビジネスにもあてはまる。


　最後にこれまで説明してきた旅行会社のビジネスモデルの変化を振り返る。旅行会社は手数料モデルのチケットエージェンシーから、企画料モデルのト

図表 4-8　旅行業の高付加価値化マーケティング戦略

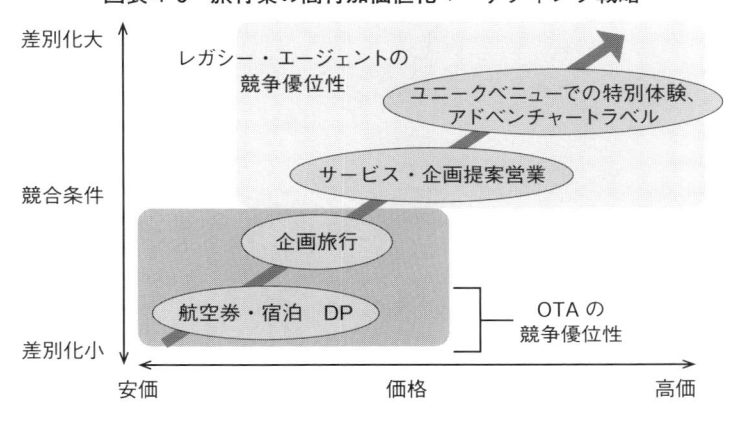

ラベル・カンパニーとなることで大きく発展した。しかし、少子高齢化・経済の停滞によるパイの停滞、デジタルショックによる流通の変革、またグローバル化とインバウンドの波という大きな変化によって、新たなビジネスモデルへの変更を迫られることになった。特に個人旅行のホールセールパッケージツアーと店頭販売というモデルからネット販売への切り替えは、基幹ビジネスであったゆえに時間を有した。しかし、コロナによって一から事業を再構築する機会を得たことで、新たなフェーズ、ソリューション・カンパニーへと踏み出した。

　個人旅行では、OTA とも連携したダイナミックパッケージの企画販売、メディア販売や専門旅行会社によるテーマ旅行の販売が明確になった。クラブツーリズムのクラブ化やコミュニティ作り戦略、地域共創戦略も新しいソリューションといえる。

　法人旅行では団体旅行からイベント・コンベンションに業域を広げ、学校、企業、自治体のソリューションビジネスへ挑戦していることを取り上げた。特に、観光による地方創生は成長分野であり、受託料、管理料、プロデュース料など新たな収益源を生み出すものである。また、JTB の観光 DX による、情報やシステムを使ったプラットフォームを提供するエリアソリューションも成長が期待できる。

　薄利多売の価格競争モデルは、これからの人手不足の時代には適さない。各社は価値創造力を高め、デジタルで省力化をし、本来の企画力、あっせん力を

活かして給与・処遇に反映させる経営を志向している。

　こうして、宿泊輸送など関係機関からの手数料に始まった「チケット・エージェント」、そして、募集型企画旅行による企画料での「トラベル・カンパニー」を経て、「ソリューション・カンパニー」に本格的に取り組む時を迎えている。

〈参考文献〉

内閣府「国民経済計算」

法務省「出入国管理統計」

総務省統計局「国勢調査」および「人口推計」、「都道府県別事業者数」調査

国立社会保障・人口問題研究所「日本の将来推計人口」

日本旅行業協会「旅行業未来戦略研究会」

（一社）日本旅館協会の令和 4 年度営業状況等統計調査」

「トラベルジャーナル」2019 年 10 月 21 日号　特集「トーマスクック破綻の衝撃」

日本交通公社「旅行年報」2014、2019、2022

国土交通省「国土交通月例経済」

観光庁「主要旅行業者の旅行取扱状況速報」

（一社）日本旅行業協会 2023 年「国内旅行の価値観に関する調査」

太田孝著「昭和戦前期の伊勢神宮修学旅行と旅行文化の形成」古今書院、2015 年

（公財）全国修学旅行研究協会「2018 年度全国公私立高等学校海外修学旅行・海外研修実施状況調査報告」

（公財）全国修学旅行研究協会「2020 年度コロナ禍と修学旅行」2022 年

産労総合研究所「社員旅行に関する調査報告」2020 年

日本政府観光局 HP

Ｂ・Ｊ・パイン II ／ Ｊ・Ｈ・ギルモア著、岡本慶一／小高尚子訳『経験経済―脱コモディティ化のマーケティング戦略―』ダイヤモンド社、2005 年

ハワード・シュルツ／ドリー・ジョーンズ・ヤング著、小幡照雄訳『スターバックス成功物語』日経 BP 社、1998 年

# 第5章

# 旅行業の今日的課題

　戦後の経済成長や海外旅行ブームなどを背景に日本の旅行業は順調に業績を伸ばしてきたが、航空規制緩和による事実上の運賃の自由化やデジタル化に伴う予約方法、志向の変化などにより、従来のビジネスモデルが急速に陳腐化し新たな成長が見込めなくなっている。ここでは観光を取り巻く環境変化と、その中で起こっている旅行業の新しい萌芽の概要を見ていきたい。

## 1. 観光を取り巻く環境変化

### (1) デジタル化の進展によるビジネスモデル

　旅行業に限らず、観光に大きな影響を及ぼした社会環境の変化の1つに「デジタル化の進展」があげられる。2000年代に入りインターネットが広く利用されるようになったが、2010年代になると、より個人に利用しやすいスマートフォンが普及し、これにより旅行業の主力業務であった「予約」「情報収集」という2つの役割は個人でも簡単にできるようになり、旅行業の存在意義は急速に失われていった。

　また、WebサイトやSNSなどに掲載される膨大な情報は旅行者の目的や好みの多様化にも拍車をかけ、従来の画一的な団体旅行やパッケージツアーでは対応しきれなくなった。一方で、インターネットという手段を活かしてビジネスモデルを構築したOTAという新たな競合も生まれ、ExpediaやBooking.comなど海外勢の参入も相次いだ。このようにデジタル化の進展は、旅行者の行動と業界のプレイヤーを変え旅行業の役割そのものを揺るがす結果となった。

## （2）日本の人口減少とインバウンドへの期待

　もう 1 つの影響は「人口減少」である。日本人の人口は 2008 年をピークに減少しており、2060 年には 8,700 万人、現在と比較し 3 割以上少なくなる予測だ。消費と生産を最も担う世代である生産年齢人口（15〜64 歳）はさらに減り、現在の半分近くの 4,400 万人となる見込みで、これでは現在と同程度の経済レベルは将来的には維持できない。そこで注目されているのがインバウンド旅行者だ。消滅する日本人の消費を外国からの旅行者で補おうという考え方で、近年の国や自治体の観光政策はこれに基づいている。

　旅行業の視点でこれを見ると、1950 年代から始まる高度経済成長期以降の70 年以上、旅行業が相手とする旅行者は概ね日本人で、日本人の国内旅行、海外旅行が業務範囲であったが、2015 年インバウンド旅行者が日本人の海外旅行者数と逆転し、マーケットは大きく変化した。また、連携するプレイヤーの 1 つである観光地の自治体や DMO などの観光振興組織、観光事業者も今やインバウンド旅行者を対象とした政策が中心となってきており、観光地そのものの在り方も変わってきている。

## （3）環境負荷と観光の責任

　近年では観光そのものが社会に与える影響も取り沙汰されるようになった。各国の経済成長により、日本へのインバウンドのみならず国際観光旅行者は世

**図表 5-1　社会環境の変化と観光ビジネスへの影響**

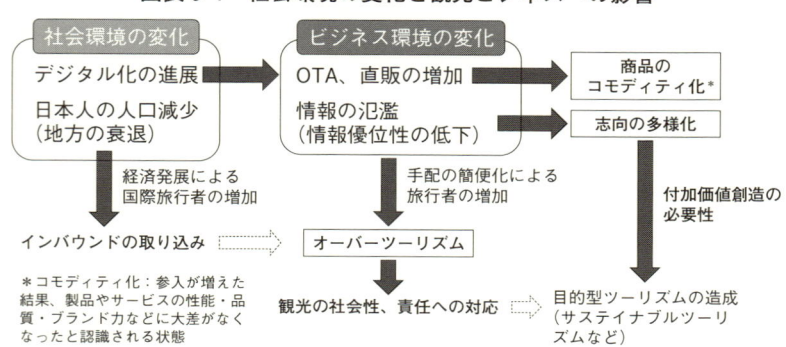

界中で増加しており、今後も成長を続けると見込まれている。こうした旅行者の増加は経済的なプラスの影響が大きい一方で、移動にかかる燃料やゴミ問題など環境にとってはマイナスの負荷もかかり、地域の生活者にとってはオーバーツーリズム（観光公害）となるケースも増えてきている。こうした中で、「持続可能性」「観光の責任」について、観光を"生業"とする旅行会社もより具体的な方策を打ち出さねばならない時期に差し掛かっている。

## 2. 旅行会社の役割と存在意義

　こうした環境変化の中、旅行会社も新しいビジネスモデルを模索しており、新たな萌芽も見られるが、旅行業の新しいビジネスモデルに触れる前に、そもそも旅行業の役割や存在意義とは何なのかをあらためて見ておきたい。

### (1) これまでの旅行業務と機能

　旅行会社の業務は、一般的に旅行者のための行為と考えられがちだが、多くの旅行業務は旅行者だけでなく、サプライヤーと呼ばれる運送・宿泊機関や観光施設など観光事業者のための行為でもあり、双方へサービスを提供するのが旅行会社の役割といえる。たとえば、「旅行者にホテルを販売する」という行為は、旅行者には「条件にあった信頼できるホテルを探し予約する」行為である一方、ホテルに対しては「宿泊客をあっせんする」行為でもある。つまり、旅行会社は旅行者と観光事業者の間に立って、それぞれへのサービスの提供を行っていることになる。こうした旅行業務には以下のようなものがある。

①手配・手続きの代行
　旅行者に代わって旅行会社が宿泊施設や運送機関の予約を行う、空港やホテルのチェックインを代行するなどの業務は、特に海外旅行の場合は、言葉の問題や慣習の違いがあるため、旅行者にとって面倒な手配・手続きとなることも多い。こうした手配・手続きを代行するのも旅行業務の1つである。
　一方、ホテルや運送機関にとっても、本来それぞれの事業者が行うべき予約

の手続きを旅行会社が代わって行うことで業務の省力化になり、また、旅行会社が持つ顧客のあっせんが期待できる。

②コンサルテーション・ソリューション（情報収集と選別・提案）

　Web サイトや SNS などで旅行先のさまざまな情報は誰でも簡単に手に入るようになった。しかし、ネット上に存在する情報には個人的見解も多く、評価が偏っていることもあるが、旅行会社では地域の観光事業者やツアーオペレーター、観光局・協会・DMO、外務省などと連携し精度の高い情報収集を行うとともに、参加者アンケートなどをもとに情報を選り分け、商品企画や旅行者への提案としても利用している。

　また一方で、旅行会社は観光事業者へのコンサルテーション・ソリューションも行っている。旅行会社は数多くの旅行者を扱うためさまざまなニーズを把握できるほか、多くの観光事業者との接点を活用し、他の成功や失敗のケーススタディなどをもとに課題に対する提案を行い、設備・サービス向上や競争力のある価格をサポートすることができる。

③保証

　旅行者は予約をする際、たとえば「このホテルは期待に沿ったサービスを提供してくれるだろうか？」といった不安を少なからず抱えている。これに対し、旅行会社はそのホテルの設備やサービス内容、価格、利用条件などが自社の旅行商品として販売するにふさわしいかどうかを検討した上で契約を行い、旅行者に対して価格に見合った設備やサービスの質の保証を行うほか、企画旅行においては旅行会社に旅程保証、特別補償の責任があるため、万一の日程変更や事故にも、変更手配や金銭補償で対応している。

　一方、観光事業者に対して、宿泊施設やレストランなどは利用後の支払いも多く、費用の未収や直前キャンセルのリスクを負っているが、旅行会社で予約した場合、旅行者は一般に先払いが原則となっており、旅行会社との支払い契約を結ぶことによってサプライヤーは未収を回避することができる。

④費用削減

　商品化にあたり、旅行会社はホテルや運送機関などの観光事業者から大量の仕入れを行うため、スケールメリットが生じ、旅行者が単独で予約するよりも安い価格設定が可能となる。パッケージツアーが往復交通費用よりも安い、といったケースはこのスケールメリットを利用したものが多い。

　また、観光事業者にとって世界中の旅行者に自身を周知させ集客を行うには大きな費用と手間がかかるが、旅行会社と契約し商品化することで一定の集客が見込め、広告費などの削減につながる。

⑤企画の提案

　旅行会社は、旅行に精通したプロが知識と情報を活かした旅程の企画を行うだけでなく、旅行会社独自のサービスやコンテンツの提供も行っている。これは、旅行者のニーズを把握し、それぞれの事業者だけでは出来ないものを実現化するもので、代表的なものには、海外でも日本語対応が可能な現地ツアーデスク、独自ルートのシャトルバスサービス、営業時間外の動物園や博物館の入場見学などがある。

　一方、観光事業者にとっては、こうした企画を旅行会社と共同実施することで集客の上乗せが可能となるほか、旅行商品の一部としてパンフレットなどに掲載されることで、自身の認知度を高める効果も見込める。

⑥快適性の提供

　旅行素材の情報検索や予約はスマートフォンで容易に行えるようになったが、一つ一つの手配を確実に行うことは多くの時間と労力を要する。しかし、旅行会社を利用することで、旅行者には一度で必要なものすべてが揃う、いわ

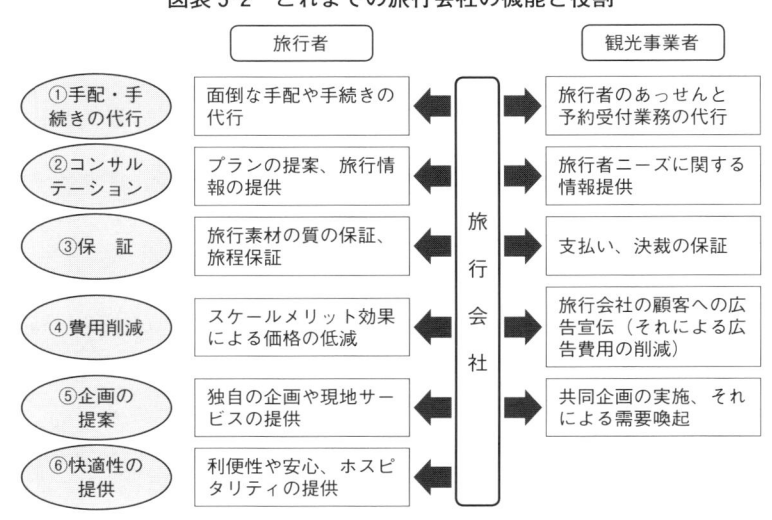

図表 5-2　これまでの旅行会社の機能と役割

ゆるワンストップ・ショッピングが可能となるほか、スタッフや添乗員の心遣いや配慮といったホスピタリティは、旅行者にとって心地よいサービスとなる。「利便性」や「安心」も旅行者への快適性の提供の1つといえる。

## (2) 業務と役割に起きた変化

　以上のような業務と役割が、従前、旅行者と観光事業者にとって旅行会社を利用・提携することの付加価値であった。しかし、前述のようにデジタル化の進展などにより、こうした役割や価値は大幅に低下してきているといえる。

①手配・手続きの代行の価値の低下
　旅行者から見て、言葉の壁があった海外旅行でさえ日本語サイトを持つ事業者が増え、翻訳サイトの精度も高くなったことで、これまでのような不便やわずらわしさを感じずに海外旅行の予約が可能になった。また、事業者にとっても予約管理システムの導入で自身が直接販売を行い管理できるようになったことから、手配・手続き代行の価値は大きく低下した。
②コンサルテーション・ソリューション（情報収集と選別・提案）の価値の低下
　インターネット上には旅行情報が溢れているが、観光協会や自治体など信頼できる機関の情報も多様になった。また、個人旅行者は企業や組織が発信する情報より、利用者のSNSの口コミを好む傾向にあり、旅行会社の情報収集とコンサルテーションの価値は相対的に低下している。また観光事業者にとっても、予約管理システムによって利用者の属性などがわかり旅行会社に頼る必要がなくなったため、情報収集・選別・提案の価値も低下した。
③保証の価値の低下
　サプライヤーが抱える費用の未収や直前キャンセルのリスクについても、Web予約では即時のクレジットカード決済が増えてきており、また、宿泊施設ではチェックイン時に支払いを求めるケースも増えた。これにより未収リスクは低減し支払いの保証に関する価値も低下した。
④費用削減の役割の低下
　スケールメリットによる費用の削減については、志向の多様化や国内の旅行会社以上に集客力のある海外OTAの進出などにより従来のような大量仕入

図表 5-3　旅行会社の機能と役割の変化

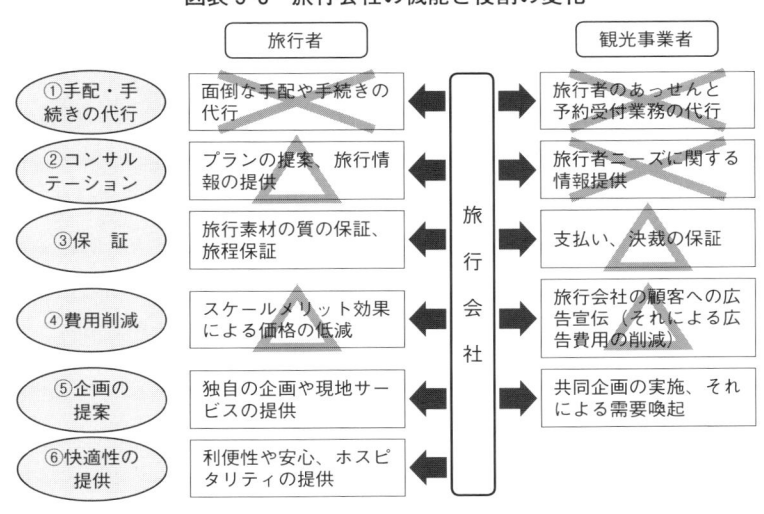

れ・大量送客は難しくなった。また、航空会社や宿泊施設の経営戦略も個人客に向けた自社販売へとシフトしていることから、スケールメリットによる低価格実現も難しくなってきている。また、観光事業者にとっても、Web サイトを利用し世界中の不特定多数の旅行者に向けての PR が安価に出来るようになったことから、広告費用の削減という価値も失われつつある。

　以上からわかるように、これまで旅行者や観光事業者にとって旅行会社の役割・価値と考えられてきた旅行業務は急速にその意味を失いつつある。これからの旅行業においては「企画の提案」や「快適性の提供」にいかに活路を見いだすか、また、旅行業としての新たな付加価値やポジションをいかに創出するかが問われている。

## 3. 旅行会社の業務の広がり

　これまでの業務の価値が失われていく中、旅行業にも自身の事業ドメインを活かした新しい萌芽となるビジネスも登場している。ここでは、DMO/DMC（デスティネーション・マネジメント・オーガナイゼーション／カンパニー）

や BPO（ビジネス・プロセス・アウトソーシング）など代表的なものを紹介する。

## (1) 旅行業の事業（企業）ドメイン

　ドメインというとインターネット上のアドレスを指すこともあるが、本来、ドメインには「領域、領土」の意味があり、事業（企業）ドメインというときは、ある企業にとって得意とする領域や持続・発展性のある領域を指す。事業ドメインは自社の強みや市場ニーズ、ビジョンなどによって考えられるが、将来のあるべき姿を考えるうえでこの設定は重要であり、今、新たなビジネスモデルの創出が必要となっている旅行業にとっては、事業ドメインを改めて考えてみることも重要だ。

　前項の業務と機能をもとに旅行業の事業ドメインを考えてみると、旅行素材を組み合わせたりサービスを考え付加価値を高める「企画」、旅行者の要望に解決策を提案する「ソリューション」、確実に旅行素材を押さえる「手配」、手配した旅程がうまく進むよう調整する「管理」が旅行業にとっての得意分野であることがわかるが、一方、市場ニーズはどうだろうか。従前、旅行業の市場は国内外の旅行者であったが、中でも個人旅行における「手配」や「管理」の

**図表 5-4　従来機能から見る旅行業の事業ドメイン**

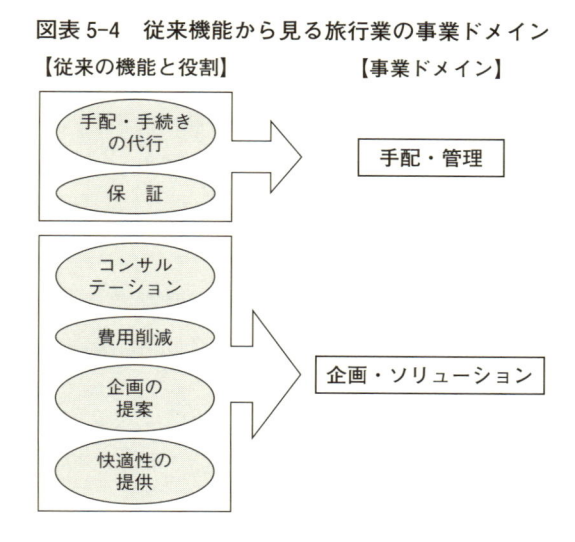

ニーズは減少した。しかし、法人市場に目を向けるとまだ大きなニーズがあり、得意分野を活かした事業ドメインが設定できることがわかる。

## （2）新しいビジネスの萌芽

　従来の業務の価値が低下し、新たなビジネスモデルの創出が求められる中、旅行業の中に見られる新しい萌芽は、いずれも得意分野である「企画」「ソリューション」「手配」「管理」をビジネスの軸としたものであり、法人市場を対象に従来からある慰安旅行などとは違うニーズを捉えた展開となっている。まさに事業ドメインを活かしたビジネスであり、こうした事例をいくつか紹介する。

①地域活性化事業（DMO/DMC、ふるさと納税）
　日本の人口が減少し、地域の衰退が問題視される中、地域活性化の方策として、観光、特に増加しているインバウンドが注目されるようになった。日本の各地域には自然や文化などの観光資源が多く、消費者の方から来訪してくれる観光は大きな財源となり得る。また、経済面だけではなくエコツーリズムを通じた環境意識の啓蒙に代表される地域資源の再発見や保全などにも観光という手段は有効で、地域活性化の筆頭に位置付けられるようになった。
　一方、インバウンド旅行者の増加とともに観光地にとっての競合は国内地域だけでなく世界が相手となり、また、国内においても見るだけの観光からテーマ性や体験が求められるようになったことから、観光地そのものの在り方の設定や地域ならではの観光コンテンツが重要となった。こうした状況を受けて、多くの地域では産業の枠を超えて地域をマーケティング、コーディネート、プロデュースする観光振興組織としてDMO（Destination Management Organization）、DMC（Destination Management Company）が設立され、旅行業者も大手企業を中心にこの事業に携わるようになった。
　これまで、旅行業の市場は旅行者であり川下を対象とした発地型ビジネスであったが、これは観光地そのものを市場とし地域とともに地域の商品化を図るもので、いわゆる川上への市場転換といえる。事業ドメインとしての「企画」とともにこれまでの観光地の知識や関係性を活かしたものである。
　また、観光地の知識や関係性を活かした新しいビジネスにはふるさと納税の

運営事業もある。ふるさと納税とは、任意の自治体に寄付を行うことで居住地の住民税などが控除される制度をいい地方自治体にとっては大きな財源となっている。任意の自治体からは返礼品として地域の特産物などが贈られることが多いため、魅力ある返礼品の選択とスムーズな事務手続き業務が重要となる。旅行業の事業ドメインである「手配」「企画」と観光地の知識・関係性を活かし、自治体を市場ととらえたビジネスで、JTBはふるさと納税のポータルサイト「ふるぽ」を展開している。

**②公共事業サポート・運営受託事業（BPO）**

　地域活性化の方策として観光が重要な位置づけとなると、国や地方自治体による観光政策にも重きが置かれ観光公共事業も飛躍的に数が増えた。多言語表記などの観光インフラ整備をはじめ、DMO設立、観光コンテンツ造成など事業は多岐にわたる。こうした公共事業は、一般的には公募が多く、たとえば、観光庁がインバウンド向けの高付加価値な観光を推進する事業を行うとすると、それに参画しようとする地域の事業者（DMO、自治体、企業、またはその連合体など）が応募し、審査を通り採択されれば助成金や専門家のアドバイスが受けられる仕組みだ。

　近年ではこうした公共事業も多く、地域事業者の募集や助成金の支払いなど本来は行政が行う事務作業をBPO（Business Process Outsourcing）[1] として

図表 5-5　観光政策の事業と BPO

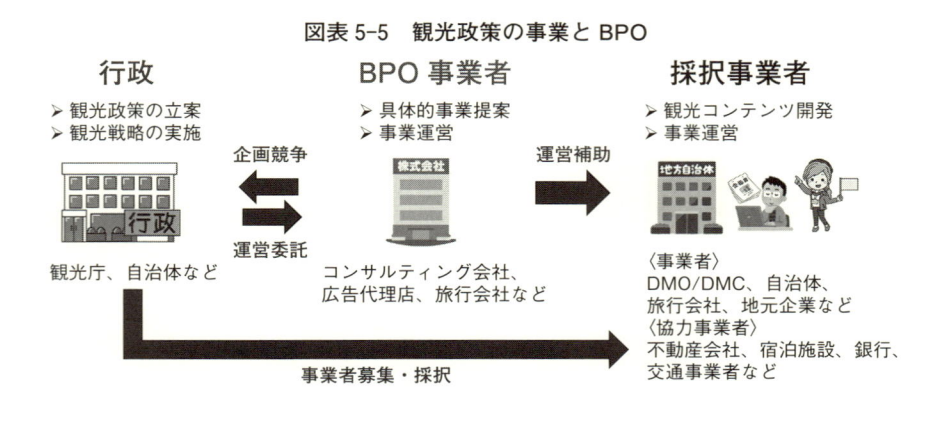

---

1)　BPO（Business Process Outsourcing）
　　事業の一部を一括して専門業者に外部委託すること。一業務の外部委託であるアウトソーシングと違い、業務プロセスの一部を一括して委託するのが特徴。

外部企業に委託するケースも増えた。言ってみれば、行政と地域事業者との間に立って実際の事業運営を行うもので、こうした観光公共事業に旅行業者が携わるケースも増えてきている。

　旅行会社の新しいビジネスとして見られるのは、1つは地域の事業者を市場として事業ドメインである「企画」「ソリューション」を武器に地域づくりを行うビジネス、もう1つは国や地方自治体を市場として「手配」「管理」を事業ドメインに公共事業などの事務局運営を受託するビジネス（BPO）であり、どちらも旅行業の事業ドメインを活かした新しいビジネスといえる。

### ③法人旅行事業

　法人旅行は従前より旅行業の主力事業の1つであり、法人の慰安旅行や招待旅行、学校の教育旅行などを扱ってきたが、観光旅行の個人化が進むと1990年代まで国内の8割を超える多くの企業が実施していた慰安旅行は2019年には27.8％まで実施率が減少した。一方で、旅行の実施目的がチームビルディングやモチベーションの向上、人材育成などは増え、法人旅行の需要が変わりつつある。法人を市場とした分野においては実施企業にとっての手間やコスト、確実性の点から依然として旅行会社への依頼の需要は多く、本来の主力事業である旅行事業にも目的が変化した新たな萌芽や成長性を見ることができる（第4章参照）。

　その新たな需要の1つとして、ワーケーションがある。「ワーク（働く）」と「バケーション（休暇）」を掛け合わせた造語で、旅行先で仕事をするという考

図表5-6　ワーケーション

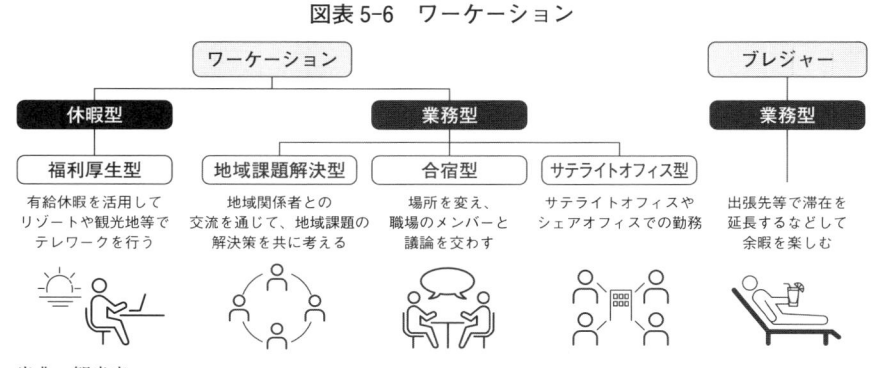

出典：観光庁

91

え方である。コロナ禍でテレワークが普及し、どこにいても仕事ができるようになったことや働き方改革を進めたい企業が増えたことが背景にある。ワーケーションには大きく「休暇型」「業務型」「プレジャー型」があるが、このうち「業務型」はさらに分類され、社内のチームがオフィスを離れて仕事をする「合宿型」、滞在先の地域の人々と交流し地域課題をともに考える「地域課題解決型」、地方に居住しながら仕事をするための拠点をつくる「サテライトオフィス型」があり、特に「合宿型」や「地域課題解決型」は、旅行業にとってはこれまで企業の研修旅行や教育旅行を企画してきたことから、顧客もコンテンツも従来の法人旅行と同じ延長線上にあると考えられ、1つのビジネスチャンスととらえられている。ドメインの中でも「企画」「ソリューション」「手配」が生かせるビジネスである。

　また、MICE は世界的にも市場規模が大きく、政府もインバウンド政策の1つとして力を入れていることから将来性が高いと見られている。旅行業はこれまでもスポーツやビジネスイベントの運営などに携わってきたが、ドメインである「手配」「管理」が活かせる分野であることから旅行業の中でも成長分野と考えられる。

　以上のように、個人旅行者にとっての「手配」「管理」の価値は薄れたが、市場を法人（行政組織や企業）ととらえると同じ事業ドメインである「手配」「管理」に大きなニーズが存在しており、「企画」「ソリューション」とあわせてこれからの旅行業の成長基盤として考えることができる。

## 4. 今日の課題

　デジタル化の進展やインバウンド旅行者の増加などを背景に、従来の旅行業のビジネスモデルは市場価値を失いつつあるが、一方で新たな萌芽も各所で見られるようになってきており、まさに新しいビジネスモデルを模索中というのが旅行業の現状といえる。これから新しいビジネスモデルを構築し再び発展をしていくために、ここでもう一度、旅行業の今日的課題をまとめておきたい。

## (1) 大量送客と画一性を前提としたビジネスモデルからの脱却

　従来の旅行業ビジネスは、ホテルや運送機関などの提携する観光事業者に大量送客することによって手配をしやすくし、価格を下げるモデルが基盤であった。それは法人旅行やパッケージツアーのように、同じパターンを繰り返すことで一定期間に多人数を扱い、それにより手配をパターン化し、扱う人数を武器に観光事業者と価格や条件交渉を行うというものであった。

　しかし、デジタル化の進展により旅行者がそれぞれの観光事業者と直接つながったことで、事業者にとっての旅行業の存在価値が失われたこと、OTAのように世界的な規模で膨大な旅行者数を武器に価格交渉に臨む業態が現れたことで、国内旅行会社のビジネスモデルは大きく崩れた。

　また、情報量が膨大になった現代においては旅行者の好みが多様化し、レディメイドであるパッケージツアーでは旅行者のニーズに完全に応えるのは難しくなってきている。

　特にコロナ禍後においては、インターネット利用者がさらに増える一方で旅行者は確実性を求め、個人旅行でありながらもサポートやイレギュラー対応を求めるようになってきている。また、デジタル化は予約利用のみならず、情報収集や選択、観光行動決定など旅行のあらゆる場面で使われるようになってきており、こうしたデジタル化とニーズの多様化にどのように対応していくかが旅行業の今日の課題の1つといえる。労働人口の不足も加速することが予測されており、その意味でもデジタル化は必須といえるが、一方でテーマ型ツーリズムに代表されるように人が手間をかけなければ魅力が生み出せないものもあり、デジタルとアナログの上手な融合利用が求められる。また、ホテルや運送機関など提携する観光事業者とのあり方を見直し、新たな関係構築も重要だろう。

## (2) 地域との連携と観光コンテンツ開発

　旅行業はこれまで発地型ともいわれ、旅行者のために旅行素材のアセンブリ（組み立て）を行い観光地へ送客することを業務としており、受け手である観光地でのコンテンツを実際に作ることはほとんど行っていなかった。しかし、

インバウンド旅行者の増加とともに国内の観光地の魅力を十二分に生かしたコンテンツ開発の重要性が指摘され、旅行者のニーズも体験重視へとシフトしつつある中、アセンブリや送客だけでなく観光地での魅力ある企画提案が求められている。

　また観光そのものの価値についても、旅行者のレジャーとしてのみならず、受け入れ地域の経済活性化や文化継承、自然保護などの役割も重視されるようになっており、またオーバーツーリズムによる弊害などを鑑みると「旅行者」「観光事業者」「地域」「環境」のすべてがウィンウィンの関係となる"四方良し"の観光の実現が重要となっている。そのためには従来の観光事業者だけでなく、自治体や他業種、保護団体、研究機関などさまざまなプレイヤーと連携し、旅行会社自らが観光コンテンツを開発していく必要がある。すでにこうした取り組みも各地域で始まっており、本書第2部において詳しく紹介していく。

## （3）インバウンドの取り込み

　2012年以降インバウンド旅行者数は大きく伸び、日本人の海外旅行者数を大きく上回るようになった。また、少子化を背景とした経済政策の一環としても政府の観光政策はインバウンドが主力となってきている。

　しかし、日本の旅行業者のインバウンド取扱額は2,079億円で、旅行業者取扱額全体の5.7%（2023年）しかない。旅行会社の企画は個人のインバウンド旅行者向けの着地型パッケージツアーなどが存在するものの、インバウンド旅行者の多くは自国の旅行会社やOTAを使って日本を旅行しており、インバウンドを送り出す海外の旅行会社向けのツアーオペレーター業務の依頼を取り込めていないことが大きい。

　国によっては自国の関連業者で手配をすべて完結するともいわれているが、日本の旅行会社はこれまで日本人の海外旅行と国内旅行にしか目を向けてきておらず、海外の旅行会社との関係構築を行って来なかったことも原因の1つとなっている。国内の少子化や経済情勢を鑑みると旅行市場はインバウンドが優位であり、海外の旅行会社のツアーオペレーター業務をいかに取り込んで行けるかは今後の旅行業の大きな課題といえる。

## （4）観光の脆弱性への備え

　2020 年初めから猛威を振るった新型コロナウイルスは、観光業にとっても未曾有の出来事となった。そもそも観光は戦乱や自然災害の中では成り立たないが、平和産業といわれるだけに社会環境に大きく左右される脆弱性もはらんでいる。交流人口の増加によりコロナウイルスのような感染症は短期間に世界規模に達するとともに、世界情勢はますます混とんとし、自然災害もいつ起こるかわからない。こうしたいわゆる有事そのものを避けることはできないが、起こった時にいかに的確に対応するか、そのための想定と準備を普段から行うことが重要である。

　特に、有事の後にいかに早くダメージから回復できるかは、地域にとっても産業にとっても生命線となる。コロナ禍の後、他国と比較して日本人旅行者の戻りは遅く、震災の際には地域によっては風評被害といわれる現象も起きた。有事の後、いかに安全性を確保するかはもちろん、その安全性について詳しく発信することが重要でそれが風評被害を防ぐことにもなる。

　コロナ禍や震災の後、政府は Go to トラベルや旅行割など需要喚起策を行ったが、こうした公費に依存することなく、産業や地域として備えと対応を強化すること、そのためには産業・地域・国が連携して有事への体制を構築することも課題の 1 つといえるだろう。特にこれまでの旅行業の発展はむしろ市場の好調さにけん引された結果によるものが多く、これからは自らが市場を作り出し、危機を管理できるような自律性が求められている。

# 第2部

# 旅行業の新しい形と方向性

　第1部では、歴史、定義、商品形態、その現状など旅行業を学ぶにあたって基盤となる根幹的項目を確認してきた。第2部では、第1部の「旅行業の今日的課題」を受けた、新しい形と方向性に関して触れていく。
　まずは、旅行業に関連する市場に関して、定量的な数値を基に現状を把握していく。

# 第6章
## 旅行業の市場変化と現状

## 1. 市場全体

　観光庁による旅行・観光消費動向調査によれば、2023 年の日本国内での旅行消費額は、日本人の国内旅行、海外旅行（国内消費分）と、外国人の訪日旅行の合計で 28.1 兆円と算出された。

　それぞれが全体に占める割合は、日本人の国内宿泊旅行 17.8 兆円（63.4％）、日本人の国内日帰り旅行 4.1 兆円（14.7％）、日本人の海外旅行〈国内消費分〉0.9 兆円（3.1％）、訪日外国人旅行 5.3 兆円（18.9％）となっている。

　訪日外国人旅行消費額は 5.3 兆円と過去最高を記録し、日本人国内旅行消費額（宿泊・日帰り合計）も 21.9 兆円で、2019 年に次ぐ過去 2 番目の数値となった。コロナ禍や世界で発生したさまざまな事象を経て、内外の旅行者のマインドや傾向も変化があったが、市場全体としての数値ベースでは環境自体は 2019 年に近い状態に回復しつつあると言える。

### (1) 日本人国内旅行市場

　2023 年の日本人の国内宿泊旅行延べ人数は 2 億 8,135 万人となり、日帰り旅行延べ人数は 2 億 1,623 万人となり、コロナの影響がなかった 2019 年と比較し、それぞれ 9.7％、21.5％減となっている。

　人数ベースでの国内旅行が 2019 年水準まで回復しない要因に関しては、コロナ期間中に、旅行を差し控える必要があった中、旅行以外のことに余暇を活用するようになったなどの意識の変化があったこと、そしてインバウンドの急激な回復に伴う、宿泊費等の物価上昇や旅行地の混雑などを受けて、旅行自体

図表 6-1　日本人国内宿泊旅行延べ人数、国内日帰り旅行延べ人数の推移（単位：万人）

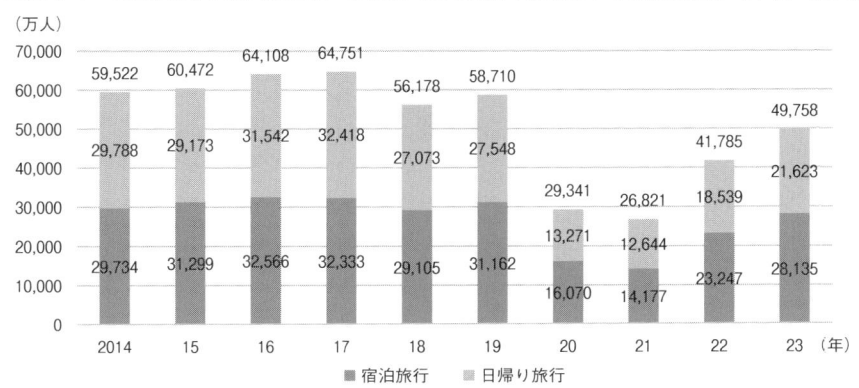

出典：令和 6 年版「観光白書」（概要版）

図表 6-2　日本人国内旅行消費額の推移（単位：兆円）

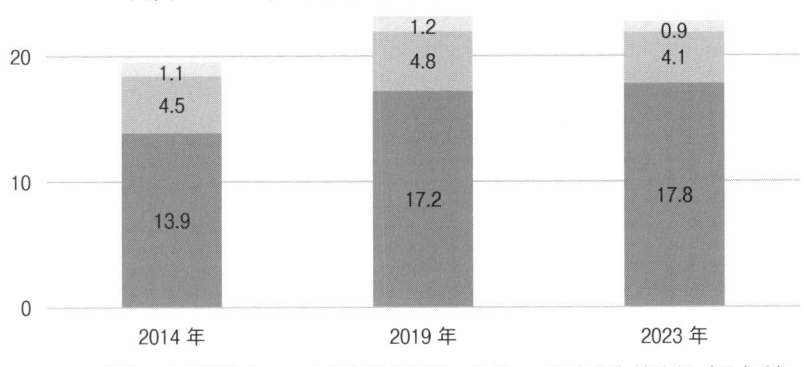

出典：令和 6 年「版観光白書」（概要版）

の実施に慎重になっていることなどが推測される。

　同様に 2023 年の日本人国内旅行消費額は 21.9 兆円（2019 年比 0.1％減）とほぼコロナ禍前の水準まで回復した。2023 年の国内宿泊旅行消費額は 17.8 兆円となり、2019 年の 17.2 兆円を上回る水準となっている。

　この要因としては先に述べた通り、旅行実施に慎重になる中、旅行を差し控えていた分 1 回あたりの旅行に費用をかけるようになったこと、需要回復とインバウンドの拡大による宿泊費等の物価上昇が重なったこと等が要因として考

えられる。

## (2) 日本人海外旅行市場

　2023 年の出国日本人数は、962 万人であり、2019 年比 52.1％減と半分にも満たない水準となっており、対象市場の中では、最も落ち込んだ状態が続いた。要因としては、コロナ禍において、入国・出国手続きや各種の規制、旅行そのものに対して、慎重になっていることも想定される。また、同時に急激な円安による相対的な旅行費用の上昇、中東・欧州・アジア等での政治的不安定要素なども要因と考えられる。

　また、コロナ禍で外出を控えざるを得なかった際に、動画・画像・SNS 他デジタルコンテンツに触れる機会がさらに増え、そうした海外旅行関連のコンテンツ等の視聴で満足（時に不安を覚えた）した結果、実際の旅行にまで至らないことなども一定の影響を与えていると想定される。

　あわせて国内での旅行の魅力・楽しみ方も、関係者の継続的な努力や、関連省庁・組織の支援等により、より洗練され、かつ選択肢も増えた。結果的に、海外旅行より国内旅行を選ぶ旅行者も一定以上存在すると思われる。そうした複合的な要因の結果、最も回復が遅くなっていると考えられる。

## (3) インバウンド／訪日外国人市場

　2023 年の訪日外国人旅行者数は、約 2,507 万人とコロナ前と比べ 79％まで回復した。しかしながら特筆すべきはそれまで多くの割合を占めていた「中国」を除くと、すでに 2019 年を超え 102％の回復となる点である。

　どの国も重要な顧客に変わりないが、市場が一国に集中することなく、多様化することは望ましい現象であると言える。

　国籍・地域別内訳をみると、韓国が最も多く、次いで台湾、中国、香港、アメリカの順となる。

　ここまで市場全体、日本人の国内旅行市場、海外旅行市場、インバウンド／訪日外国人市場の推移とその現状を確認した。次項では、こうした現状の背景にある日本の経済・社会の変化や人口動態等に触れていく。

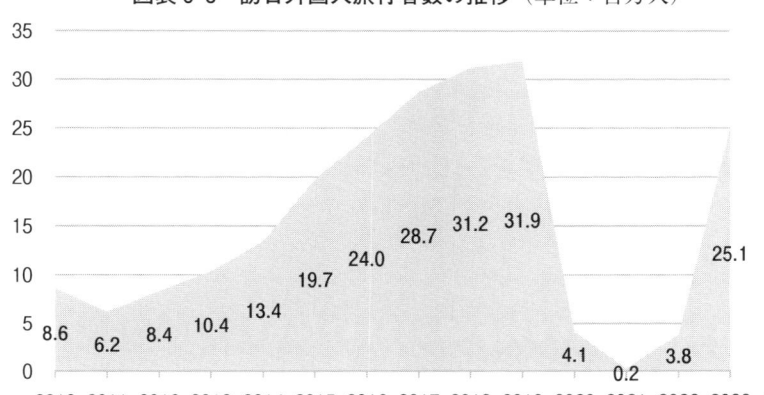

図表 6-3　訪日外国人旅行者数の推移（単位：百万人）

出典：令和 6 年版「観光白書」（概要版）

## 2. 観光立国推進基本計画から見る課題の確認

　2023 年 3 月 31 日に閣議決定された「観光立国推進基本計画」において、観光立国の持続可能な形での復活に向け、観光の質的向上を象徴する「持続可能な観光」「消費額拡大」「地方誘客促進」の 3 つをキーワードに、「持続可能な観光地域づくり」、「インバウンド回復」、「国内交流拡大」の 3 つの戦略に取り組むこととし、以下の方針に基づいて、政府をあげて施策を推進することとしている。以下キーワードごとの概要を示す。

### (1) 持続可能な観光地域づくり戦略

　①観光振興が地域社会・経済に好循環を生み、インバウンド回復と国内交流拡大の両方を支えるために、持続可能な観光地域づくりを推進。
　②大きな打撃を受けた観光地・観光産業の再生・高付加価値化を図るため、滞在型旅行の拠点である宿泊施設や観光施設の改修を支援し、観光産業の収益力を向上させる。
　③観光 DX（デジタルトランスフォーメーション）を推進し、観光産業の生

産性向上と観光地経営の高度化を目指す。

④地球環境に配慮した旅行を推進し、地域の観光資源の保全と観光との両立を図る。

⑤観光地域づくり法人（DMO）を核として、適切な観光地マネジメント体制を構築し、持続的な観光戦略を推進する。

⑥全国の観光地で持続可能な観光地域づくりを展開し、日本が「持続可能な観光」の先進地域として世界にアピールすることを目指す。

## (2) インバウンド回復戦略

①インバウンド観光の本格的な回復を促進するために、特別な体験やイベントの提供、観光の再始動をインパクトのある形で訴え、日本の魅力を世界にアピールする。

②高付加価値旅行者の地方誘客や消費額拡大を図りつつ、観光コンテンツの充実、地方へのアクセス改善、IR 整備などに取り組む。

③環境負荷が少ない形で地域の自然や文化を活用し、地域における理解増進と消費額拡大を図る取り組みを強化する。

④関係省庁の施策を総動員し、円安のメリットを活かして早期の訪日外国人旅行消費額 5 兆円の達成を目指す。

⑤観光の質を重視し、デジタルマーケティングを活用したきめ細かい訪日プロモーションや大型イベントの戦略的活用を行う。

⑥インバウンドだけでなく、MICE や外国人留学生受入れなど多様な国際的な人的交流の機会を創出し、アウトバウンド（日本人の海外旅行）にも取り組む。

## (3) 国内交流拡大戦略

①人口減少の影響を受けつつも、地域の魅力向上や休暇取得促進などで国民の旅行実施率向上や滞在長期化を図る。

②交流需要の拡大を図るため、テレワークを活用したワーケーションや「何度も地域に通う旅、帰る旅」などの新しい旅行スタイルを推進する。

③高齢者等の旅行需要の喚起やユニバーサルツーリズムの推進など、旅行市場の多様化を図る。

上記を大きくまとめると、以下のように整理できる。

1　**特別な体験、高付加価値化、消費額拡大**

2　**サステナビリティ**

3　**地方誘客、地域資源のさらなる活用、地域マネジメント高度化**

4　**生産性・収益性向上、デジタル化**

5　**休暇取得、テレワーク推進**

6　**高齢者、ユニバーサルツーリズム推進**

上記は順不同であり、またそれぞれが相互に深く関係し、一概に括ることは困難ではあるが、あくまで一案として整理したものである点に留意してほしい。

同時にここに挙げられた課題は決して、旅行業のみに限られることではなく、**日本全体の課題**ともいえる。本書を手に取る皆さんが、観光産業以外も含め、どのような道に進むと望ましいかという問いへのヒントともなり得るものであり、解決が必要な課題と捉えてほしい。

次項からは、旅行業をより深く紐解く前段の整理として、日本の経済や人口動態、そして社会変化等を整理していく。

## 3.　日本の経済・人口動態の変化

### (1)　過去 40 年間に未曽有の変化を経験した日本

2000 年初頭から現在までの 20 年間は、世界、そして日本の社会・経済の変化が、政治、社会、経済、テクノロジーなどにおいて、もっとも進んだ期間の1つであったといっても過言ではない。

さらにその前の 1980 年代から 2000 年代にかけては、第二次世界大戦後の高度経済成長期を経た日本が、「Japan as No.1」といわれ、製造業を中心に「日本経済が世界を制する」ともいわれていたと聞いても、2000 年以降に生まれた方には実感がわかないのではないかと思う。

その要因については、内外でも専門家によるさまざまな研究がなされている

が、ここでは「人口ボーナス期の終焉」と、「変化への対応の遅れ」を取り上げる。

### 1)　人口ボーナス期の終焉

「人口ボーナス期」とは、総人口に占める生産年齢（15 歳以上 65 歳未満）人口の割合が上昇もしくは絶対的に多い時期、若年人口（15 歳未満）と老齢人口（65 歳以上）の総数いわゆる従属人口比率の低下が続くもしくは絶対的に少ない時期を指す。これは生産に携わる人口が増加することで経済の労働供給力を高めることが成長につながるからである。また、高齢者の比率が低いこの期間は社会保障費なども抑制しやすい。つまり、「稼ぐ人が多く、支えられる人が少ない時期」ということになる。

消費面では働く世代の拡大により、住宅費や消費支出全般の増加が見込まれる。

図表 6-4 にある通り、生産年齢人口が 1995 年にピークを迎え、その後縮小

#### 図表 6-4　年齢 3 区分別人口の推移（1880〜2110 年）

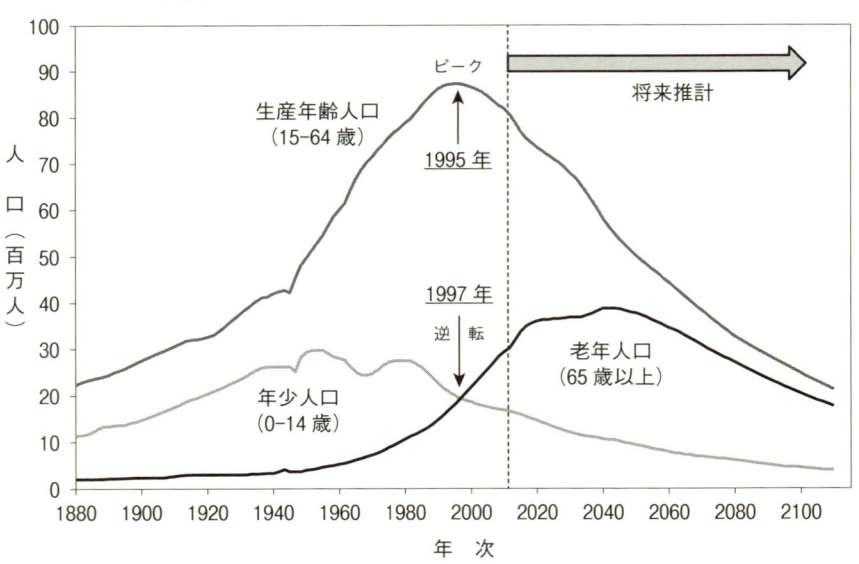

資料：旧内閣統計局推計、総務省統計局「国勢調査」「推計人口」、国立社会保障・人口問題研究所
　　　「日本の将来推計人口」（平成 24 年 1 月推計［出生中位・死亡中位推計］）
出典：「人口問題研究」第 71 巻第 2 号、2015 年

を続け、老年人口が拡大する今の日本が活力を失っていくことは避けられないことだ。

　こうした課題に対して、後述する AI をはじめとしたデジタル技術等の改革に世界に先んじて取り組んでいくことが重要である。

　このことは、図表 6-5 の通り、他のアジア諸国にもあてはまり、中国や韓国、そしてシンガポールやタイなども、2020～2030 年を境に今後生産年齢人口比率の減少が始まり、今までほどの活力維持は困難となっていくと思われる（各国の政策や、地理・政治的要因、イノベーションの活用等によって、一概には当てはまらない点に留意）。

### 図表 6-5　主要国・地域の人口ボーナス期

| 国名 | 人口<br>（2015 年） | 老齢化指数 | | | | 人口ボーナス<br>活発期終了年 | 人口ボーナス<br>期終了年 |
|---|---|---|---|---|---|---|---|
| | | 2015 | 2020 | 2030 | 2040 | | |
| 日本 | 12,682 | 2.1 | 2.3 | 2.5 | 2.8 | 1992 | 2005 |
| 米国 | 32,513 | 0.8 | 0.9 | 1.1 | 1.2 | 2008 | 2014 |
| フランス | 6,498 | 1 | 1.1 | 1.3 | 1.5 | 1989 | 1989 |
| 英国 | 6,384 | 1 | 1.1 | 1.3 | 1.5 | 2007 | 2007 |
| ドイツ | 8,256 | 1.7 | 1.8 | 2.2 | 2.6 | 1986 | 2007 |
| 中国 | 140,159 | 0.5 | 0.6 | 1 | 1.5 | 2010 | 2034 |
| 韓国 | 2,516 | 0.5 | 0.4 | 0.6 | 1 | 2020 | 2034 |
| シンガポール | 562 | 0.7 | 1 | 1.4 | 2 | 2012 | 2028 |
| タイ | 6,740 | 0.6 | 0.8 | 1.4 | 2 | 2014 | 2031 |
| ベトナム | 9,339 | 0.3 | 0.4 | 0.7 | 1.2 | 2016 | 2041 |
| インドネシア | 25,571 | 0.2 | 0.2 | 0.4 | 0.6 | 2026 | 2044 |
| マレーシア | 3,065 | 0.2 | 0.3 | 0.4 | 0.7 | 2040 | 2050 |
| ミャンマー | 5,416 | 0.2 | 0.3 | 0.5 | 0.7 | 2029 | 2053 |
| フィリピン | 10,180 | 0.1 | 0.2 | 0.2 | 0.3 | 2050 | 2062 |
| インド | 128,239 | 0.2 | 0.2 | 0.3 | 0.5 | 2040 | 2060 |
| トルコ | 7,669 | 0.3 | 0.4 | 0.6 | 0.9 | 2022 | 2037 |
| イラン | 7,948 | 0.2 | 0.3 | 0.5 | 0.8 | 2031 | 2044 |
| サウジアラビア | 2,990 | 0.1 | 0.2 | 0.4 | 0.8 | 2034 | 2049 |
| メキシコ | 12,524 | 0.2 | 0.3 | 0.5 | 0.9 | 2027 | 2037 |
| ブラジル | 20,366 | 0.3 | 0.5 | 0.7 | 1.1 | 2022 | 2038 |
| エジプト | 8,471 | 0.2 | 0.2 | 0.3 | 0.4 | 2041 | 2048 |
| 南アフリカ共和国 | 5,349 | 0.2 | 0.2 | 0.3 | 0.4 | 2044 | 2070 |

出典：「ジェトロセンサー」2015 年 3 月号より著者作成。

　今後はアジアやアフリカ、中南米地域の新興国・途上国である「グローバル
サウス」と呼ばれるベトナム、インドネシア、バングラデシュ、インド、メキ
シコ、ブラジル、エジプト、ナイジェリア等の地域に経済の重心が移っていく
と考えられる。10〜20 年後の近い将来にはこうした国々の旅行者が日本にあ
ふれていることも十分にあり得る。

　旅行業もその事象と連動し、常に中長期で市場と顧客を柔軟に見定めて、そ
の提供価値を最大化していく不断の努力が重要ということである。


## 2)　変化への対応の遅れ

　第二次世界大戦後から 1990 年代ごろまでは、日本人の特徴でもあり、かつ
長所ともいえる「協調性」や「勤勉さ」は、当時の製造業を中心とした経済活
動に大きく活かされ、既述の通り、一時は「Japan as No.1」と言われるまで
に発展することに貢献した。

　この特徴は、所得格差の少なさ、健康保険の普及、犯罪率の低さ、人々の礼
儀正しさ、生活環境の清潔さ等、安心して暮らせる社会を生み出し、誇るべき
ものである。

　同時に、調和を重んじ、周囲と歩調を合わせ、時に個が目立つことを良しと
しない日本人の特徴は、言葉を換えれば、何事にも時間をかけ、慎重かつ保守
的になるともいえる。それゆえに、世界でイノベーションを取り入れることに
遅れ、競争力と生産性の低下を招く要因の 1 つにもなったと考えられる。

　また、日本は、明治維新以降、先人たちの不断の努力により、欧米諸国以外
では数少ない「高等教育を母国語のみでほぼ完結できる国」となり、そのこと
が過去に例を見ない高度経済成長を成し遂げることができた一因ともなった。
高等教育を日本語で学べるがゆえに、英語を学ぶ意義を、他国に比べ感じづら
かった日本にとっては、インターネットの発展、グローバル化等により加速し
た世界との競争に伍していくことを難しくした。

　1995 年頃から本格的に始まったとされるインターネットの普及とそれに伴
う情報化・グローバル化により、全世界での競争が劇的に加速していく中、日
本が乗り遅れる原因の 1 つとなったと考える。

　また日本の 1990 年代までの世界にも例を見ない経済成長が、日本人に強固
な成功体験を刷り込んでしまい、同時に顕在化した少子高齢化に伴い、柔軟な

発想でのイノベーションへの対応が遅れてしまったのは避けられない部分も
あったと思われる。

　近年の研究では、日本の経済停滞は投資の不足もあったとも指摘されてい
る。これも周囲との歩調を合わせる特徴が、結果的に、未来への投資への判断
に時間がかかってしまったとも言える。

　このような一連の「変化への対応の遅れ」は、「人口ボーナス期の終焉」と
あわせ、日本の経済停滞を招いた一因といえる。

## （2）世界最高水準の競争力、GDP、所得水準は先進諸国で最下位水準へ

　図表 6-6 にある IMD（国際経営開発研究所）が作成する「世界競争力年鑑」
の日本の総合順位を見ると、1989〜1992 年まで世界 1 位であった日本の競争力
は、わずか 30 年で 38 位まで凋落した。「失われた 30 年」とピタリと一致する。

### 1）世界最高水準の 1 人当たり GDP、平均賃金は、先進諸国では最下位クラスへ

　日本経済は 1980 年代にその黄金期を迎え、続く 1986 年 12 月から 1991 年 2
月頃までの期間は、一般的に「バブル」と呼ばれた時代であり、日本製の家電、
自動車、半導体等が世界を席巻し、冒頭でも触れた「Japan as No.1」という

図表 6-6　IMD「世界競争力年鑑」日本の総合順位の推移

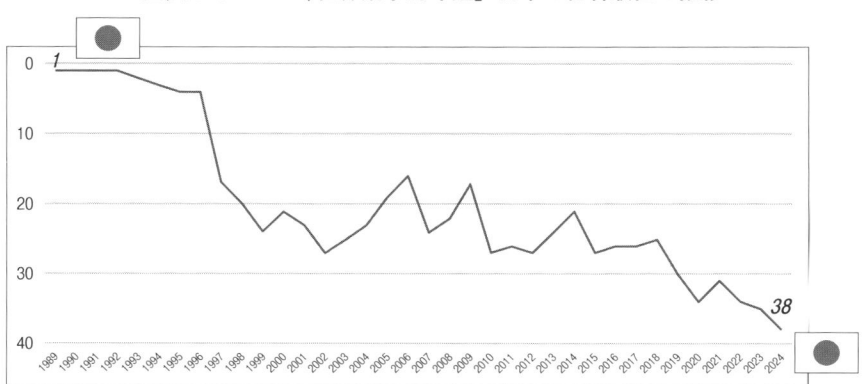

出典：IMD「世界競争力年鑑」2024 年版より著者作成。

心地良い言葉に、日本中が酔いしれていた。日本人が世界的に金持ちの代名詞とされた時代であり、筆者も当時、ニュースを見ていた母親から「東京の土地は世界一高く、アメリカ全土が買えるくらいの価値がある」と聞かされ、日本の土地は何と高いのかと驚いたことを覚えている。今、ニューヨーク、ロンドン、シンガポール等世界の主要都市の不動産物件価格とその家賃の高騰が話題となっているが、当時東京は世界で最も物価の高い都市であった。

　しかし、そうした時期も長くは続かなかった。2000 年時点では 1 人当たりGDP で世界 2 位（1 位は現在同様ルクセンブルク）だったが、世界競争力年鑑のランキングと同様に、およそ四半世紀を経た 2023 年には 34 位まで落ちている。

　2023 年の日本の 1 人当たり GDP は 3 万 3,950 米ドルと、トップのルクセンブルク 13 万 5,605 米ドルの 4 分の 1、アメリカ 8 万 412 米ドルの 4 割強、アジアトップのシンガポール 8 万 7,884 米ドルの 4 割弱の水準に過ぎない。

　賃金の水準も同様である。長期的なトレンドで見るとこの 30 年、まったく上がっていないといってよい。他の先進国諸国やアジア主要国と比較しても全く伸びていないのは日本だけである。日本で生活していると実感できないが、周りの国はどんどん豊かに、そして逆に日本は相対的に貧しくなっていったと言える。

　近年、日本も物価の上昇とあわせ、賃金水準も上昇傾向を見せている。一概には言えないが、経済活動が活発化している兆しとも捉えられる。

## 2)　世界時価総額ランキング TOP50 で日本企業はわずか 1 社に

　日経平均株価の史上最高値（終値）は 3 万 8,915 円。1989（平成元）年に記録され、その後長らく最高値は更新されず「失われた 30 年」を象徴していた。この年の世界時価総額ランキングを見ると、トップ 50 のうち 32 社を日本企業が占めていた。

　これを、生活に身近な製品を扱う企業群に例えれば、Apple、Google、Samsung、Microsoft、intel、Meta、TSMC、テスラも日本企業であるような状態というイメージである。

　今、多くの訪日外国人は「（国民性やおもてなし等のサービス、インフラ、コンテンツも高く評価してくれているが）物価が安くて旅行先として素晴らし

図表 6-7　世界時価総額ランキングの比較

| 1989 年 | | | | 2024 年 8 月 1 日時点 | | | |
|---|---|---|---|---|---|---|---|
| 順位 | 拠点 | 社名 | 時価総額<br>（億ドル） | 順位 | 拠点 | 社名 | 時価総額<br>（億ドル） |
| 1 位 | | NTT | 1,639 | 1 位 | | アップル | 33,550 |
| 2 位 | | 日本興業銀行 | 715 | 2 位 | | マイクロソフト | 31,430 |
| 3 位 | | 住友銀行 | 695 | 3 位 | | NVIDIA コーポレーション | 25,520 |
| 4 位 | | 富士銀行 | 670 | 4 位 | | アルファベット | 20,960 |
| 5 位 | | 第一勧業銀行 | 660 | 5 位 | | アマゾン・ドットコム | 18,910 |
| 6 位 | | IBM | 646 | 6 位 | | サウジアラムコ | 17,840 |
| 7 位 | | 三菱銀行 | 592 | 7 位 | | メタ・プラットフォームズ | 11,750 |
| 8 位 | | エクソン | 549 | 8 位 | | バークシャーハサウェイ | 9,510 |
| 9 位 | | 東京電力 | 544 | 9 位 | | イーライリリー | 7,510 |
| 10 位 | | ロイヤル・ダッチ・シェル | 543 | 10 位 | | TSMC | 7,420 |
| 11 位 | | トヨタ自動車 | 542 | 11 位 | | テスラ | 7,110 |
| | | | | 35 位 | | トヨタ自動車 | 2.610 |

出典：ビジネスウィーク誌を元にしたダイヤモンド社作成データ、ライト・インベスターズ・サービ
スデータより著者作成。

い」と日本を評価する。しかし、今でこそ日本と比較して物価水準が格段に上
がった欧米豪へ、当時は多くの日本人が赴き、「物価が安い」と買い物を楽し
んでいたのである。

## 4. 観光・旅行を取り巻く環境と行動の変化

　ここまで、日本の経済、社会、そして観光・旅行業を取り巻く状況について
触れてきた。決して明るい内容ではなかったかもしれない。しかしながら世界
で類を見ない急激な変化を経験し、さまざまな課題に直面しているからこそ、
今後の 10 年間は、日本がその課題に世界に先行して取り組み、新しい日本を
築いていく好機ともいえる。

　日本が抱える多くの課題は、世界に先んじて、少子高齢化や環境問題等を踏
まえて、持続可能な未来を保証する経済成長の強化に取り組むことの重要性を
浮き彫りにしている。

　IMF（国際通貨基金）の研究によると、デジタル投資を増やすとともに成長

を促す改革を全面的に実行することで労働供給と生産性が増大し、国内総生産を押し上げる効果が期待できるとされる。なによりもデジタル化は、失われた30年を経て再成長する日本社会に拍車をかける可能性を持つ。

　世界と比較して日本のテクノロジーの活用にはばらつきがあることが、パンデミックによって改めて明らかになった。日本は世界有数の産業用ロボット使用国であり、主要なエレクトロニクス産業の拠点であるにも関わらず、いまだITをシステムとして使いこなせているとは言えず、企業、政府、金融セクターにおけるデジタル化の導入が他の経済圏と比べて遅れを取っている。

　このことは、逆にとらえれば、改善の余地があり、伸びしろが大きいともいえる。こうした急激な変化を踏まえて、未来を見据え、近年生まれた変化の萌芽を確認していく。


## （1）旅行におけるデジタル化の影響と、価値創出コアの変化

　ここであげる影響と変化は、2節（103頁）であげた課題のうち、

1　特別な体験、高付加価値化、消費額拡大
2　サステナビリティ
3　地方誘客、地域資源のさらなる活用、地域マネジメント高度化
4　生産性・収益性向上、デジタル化
5　休暇取得、テレワーク推進

との関係性が特に高い。


### 1）デジタル化による時間の創出

　2019年12月に見つかった新型感染症、COVID-19、通称コロナウイルスは、世界中を未曽有の混乱に陥れた。日本では2023年5月にインフルエンザと同等の「5類感染症」に指定され、一旦落ち着きを見せた。コロナショックとも言われたこのパンデミックは、多くの貴重な人命が失われただけでなく、世界経済のグレート・ロックダウンを招き、経済活動と人流を停止させ、世界中に大きな影響を与えた。

　しかしながらコロナショックは、負の影響だけではなく、日本社会にとってポジティブな一面もあったと思われる。新しいことに取り組むことに対し、慎

重で保守的といわれる日本社会と日本人、そして旅行業にも大きなインパクトを与えた。デジタル化（テクノロジーの受容）もその 1 つである。

たとえばリモートワークは、オフィスに行くことが制限された結果、自宅での勤務を可能とした。従来必要であった通勤時間や、身支度の時間を最小限とし、対面での朝礼・会議、印鑑の捺印や請求書・契約書原本のやりとり、突然訪問する営業担当や来客の対応等を劇的に減らして、デジタルでのコミュニケーションに置き換えることができた。

もしコロナショックがなければ、さらに数十年かかったかもしれないデジタルによる業務全般の効率化は、デジタル活用の機会と重要性を知らしめ、その結果、今まででは考えられない時間の創出につながった。

---

### 【参考】デジタル化への期待と課題

（「公益財団法人日本生産性本部　労働生産性の国際比較 2023」より引用）

日本の労働生産性をアメリカと比較すると、1 人あたり 53％（2022 年）、時間あたりでも 58％でしかない。2000 年には 1 人あたり 72％・時間あたり 71％で、ともにアメリカの 7 割を超えていたことからすると、1 人当たりで 19 ポイント、時間当たりで 13 ポイントも格差が拡大したことになる。日本生産性本部が行ったアンケート調査によると、日本の労働生産性が主要国より低い状況に「危機感がある」と認識する管理職や経営層は 7 割を超えている。

ただ、危機意識を持つ人の割合は、会長や社長などトップマネジメントを中心に昨年から低下しているのが実情だ。これから日本の労働生産性を向上させていくにはどうしたらよいのだろうか。

1 つには、生成 AI に代表される**デジタル技術を積極的に活用すること**で、**新たな付加価値を生み出すとともに、不足する労働力を補完**していくことが挙げられる。

生成 AI の普及によって雇用が奪われるといった懸念も国内外で根強く指摘される。しかし、前述の日本生産性本部調査によると、「自分の仕事が代替される脅威を感じる」といった回答は 1 割以下でしかなく、「ムダな作業・業務が減り、ワークライフバランスが改善する」が 3 割弱、「より付加価値の高い仕事に集中できるようになる」が 2 割前後を占めている。

　これは、生成 AI が雇用に脅威を及ぼす存在というよりも、生産性を改善する手段として捉える企業人が多いことを示している。また、生成 AI が業務の一部を担ってくれれば、深刻化する人手不足を緩和することにもなる。雇用が奪われることを懸念しながらも、**諸外国よりも、日本の方が生成 AI をはじめとするデジタル化を受け入れやすい土壌にある**といってよい。こうした状況をチャンスとして捉え、生産性向上につなげていくことが重要だ。

　また、デジタル技術のさらなる活用には、それを担う人材の育成も欠かせない。「リスキリング」への取り組みが政府や企業で進んでいるが、そうした取り組みを着実に加速させていくことも、**日本の生産性向上を進める上でカギになる**だろう。

## 2）旅行における価値創出コアの変化

　日本における旅行の大衆化は 1970 年の大阪万博が契機と言われている。当時の日本人にとって、旅行は今以上に「ハレの日の特別なイベント」という位置づけであった。今と比べて旅行費用も相対的に高額であり、その手配・準備も多大な労力と時間を必要とし、その分事前に旅行会社、TV、雑誌、ガイドブック、パンフレット、絵葉書等で得た旅行先のイメージを、極力忠実に再現しようとした。

　私事ではあるが 1980 年代に、私の祖母がハワイ旅行に行くと聞いて、「お金持ちだけが行けると思っていた憧れのハワイに、祖母が旅行するなんてすごい」と子供心に感じたことを覚えている。

　誰もが知る有名な観光地へ赴き、風光明媚な景色や有名な施設を背景に、記念写真を撮り、名物を味わい、お土産を購入する。当時も今も変わらない楽しみではあるが、今よりも機会が限定される分「事前にイメージしている活動の再現を行うこと」への優先順位がより高かったと想像される。また今以上に休暇が取りづらく、航空路線や現地交通等の調整も今より困難であったと思われ、ツアーの時間的な制約もある中、タイトな詰め込み型のツアーにならざるを得なかったことも事実である。しかしながら旅行者は「ハレの日の特別なイベント」に胸を躍らせ、心から楽しんだことだろう。

　これまでも触れてきた社会や経済の変化や、旅行者の価値観の多様化は、「旅行」という概念そのものを変えた。その目的、手段の多様化、個人化、旅行計画・予約の直前化、オンライントラベルエージェントの台頭、団体旅行の減少、航空会社・ホテル等サプライヤーのマーチャンダイジングの進化など数々の変化が、既述のコロナ禍で社会環境の変動とあいまって、加速度的に旅行の構造を変革させ、今もそれは継続している。

　そうした中で、「旅行」において、従来の価値創出の担い手であり、コアであった従来型旅行会社や関係機関の役割を大きく変えた。

　図表6-8は、旅行者が旅行先である地域に興味関心を持ち、情報を調べ、旅行の申し込み・検討を行い、地域体験・消費していく流れの中で、関与する事業者・関係者をイメージしている。

　既述の通り従来の旅行は、旅行会社、TV、雑誌、ガイドブック、パンフレット、絵葉書などで得たイメージを忠実に再現するために、旅行会社が入念な準備・手配を行い、現地で具現化するという要素が強かった。これは決してネガティブな意味ではなく、その時代にあわせて提供されていた価値だといえる。あわせて当時もさまざまなテーマ・アクティビティ特化型旅行も存在したということが大前提である。旅行者の目的に沿って、「旅行前のデスティネーションに対するイメージを忠実に再現する」といった意味合いもより強かったと考

## 図表 6-8　旅行業の構造イメージ　従来

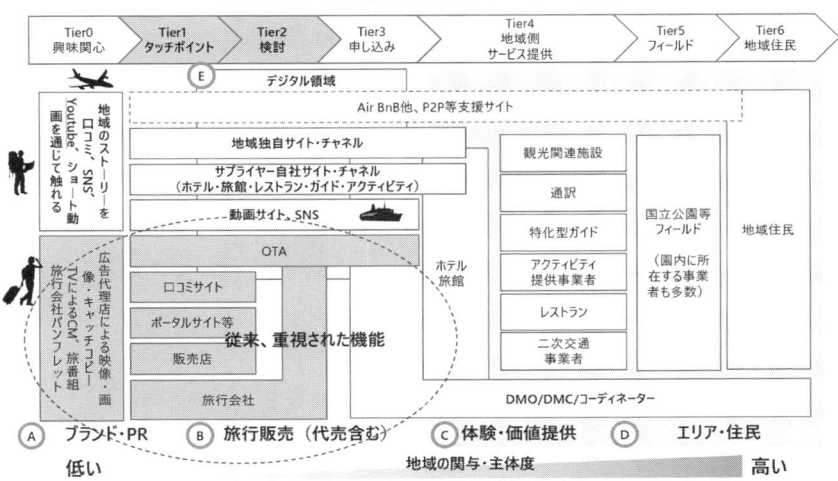

えられる。

　一方、図表6-8と構成は同じであるが、図表6-9は、近年注目が高まっているアドベンチャーツーリズム、サステナブルツーリズム、エコツーリズム等高付加価値な旅行市場において、旅行者が地域体験・消費していく流れの中で、関与する事業者・関係者をイメージしている。

　旅行者側も旅行を通じて自分自身が具現化したいものが、個人化し、一層多種多様となり、情報収集も個々の興味に応じて細分化され、より現地に近い情報も重視するようになっている。旅行者の「今だけ、あなただけ、そこだけでしかできない体験」を求める傾向がより強まる中、地域側サプライヤーの生の情報に触れたり、地域住民との交流を地域拠点となっている宿泊施設や国立公園などで楽しみたいという意向もより強まっている。

　また旅行を通じて、地域の環境・コミュニティ保全、経済活性化等を理解し、何かしら貢献したいという志向も強まっており、これによって求められる旅行の形態が変わりつつある。こうしたことが旅行の目的地である地域側に価値創出の比重を高めている。

　こうした旅行者側の変化と同時に、観光庁、経済産業省、環境省、総務省、JNTO等の関係機関、そして地域行政でも、従来の商品造成とPRとをあわせ、旅行の目的地でもありその価値創出の主役となった「地域」側での取り組み支

図表 6-9　高付加価値な旅行市場における旅行業の構造イメージ

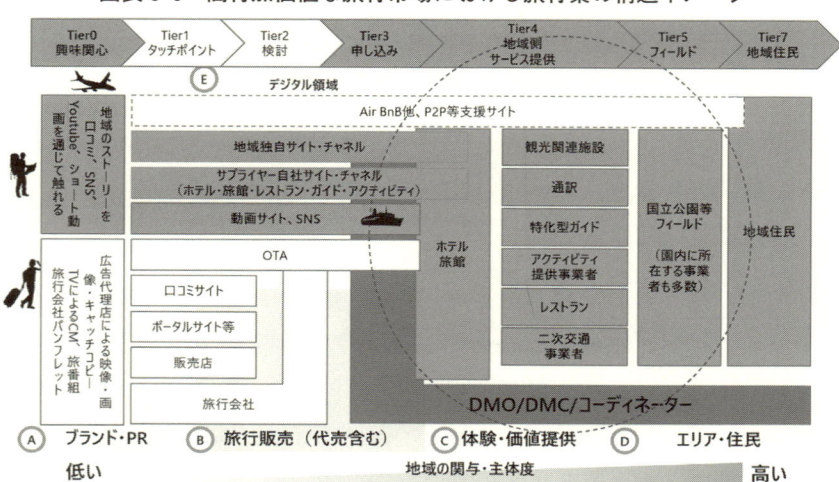

援もより重点的に行われており、そのレベルも劇的に向上している。旅行における価値創出の重心が、ますます地域側に移ってきており、今後体制や人材育成などがさらに求められる。

　このことは、高度経済成長期から 20 世紀まで日本の観光を牽引した従来型旅行会社がビジネスモデルの改革をさらに急ぐことを迫られ、「地域」へとその取り組みの重心が移りつつあることにつながっている。

　ここまで、旅行業を取り巻く、市場推移や政策の現状、そして外部環境や、旅行業の構造変化、旅行者の求めるものの変動などを確認してきた。

　ケーススタディ①では、「旅行業」を主語として、未来を見据えた課題を、運輸省（現国土交通省）、地域行政、JNTO 等を経て、現在国土交通省航空局次長として、さまざまな政策立案・戦略構築を担う蔵持氏の寄稿から包括的にひもとき、理解を深めてほしい。

---

**ケース スタディ❶**── 政府のインバウンド観光政策の立案に携わった経験から──

# 新たな価値を生み出す旅行業とは

国土交通省航空局次長　蔵持京治

## （1）2050 年の日本の姿と地域の状況

　2050 年の日本の姿がどうなっているか、想像したことはあるだろうか。まだあと 20 年以上先の話だが、20 歳の人は 50 歳になる前ということになる。どこかで働いているのか、悠々自適の生活をしているのか、日本にいるかどうかもわからないと思う。

　外務省「海外在留邦人数調査統計」によれば、2022 年の海外在留邦人（日本人）は 130 万 8,515 人で、2020 年の 141 万人をピークに漸減傾向にある。現時点では、総人口の約 1％が海外で生活する道を選んでいる。逆に言うと、総人口の 99％は日本国内で生活しているということになる。

　となると、日本がこの先どうなるのかということは、この海外居住割合が変わらなければ、ほとんどの日本人の生活に直結する問題となる。ここでいくつか 2050 年の予測に関する数値を紹介したい。

### 1）2050 年の総人口と人口構造について

　2023 年 5 月に発表された『日本の将来推計人口』（国立社会保障・人口問題研究所）によると、2008 年に 1 億 2,808 万人でピークとなった総人口は2050 年には 1 億 467 万人（25.5％減）に、高齢化率は 37.1％になると予測されている。15 歳未満の若年層が半減し、生産年齢人口（15〜64 歳）も4 割減、他方で高齢人口は約 1.5 倍になる。

　さまざまな見方ができると思うが、外国人労働者の受入れや高齢者の雇用に関する政策の見直しがなければ、企業でこれまでと同じ生産力を維持しようと思っても、同じ人数を確保することは極めて難しくなる。自然体でいけば 6割程度の人数で対応しないといけなくなる。

　具体的には、2020 年代では 10 人のチームで働いていたのに、6 人で同レベルのパフォーマンスを求められる。そのチームにはリーダーが 1 人いて指揮する（＝作業しない）役割だとすると、実質的には 9 人で作業すればよかったのが 5 人になる。1 人でほぼ 2 人分の作業をこなさなければならなくなるのである。また、新入社員が現在よりも 2 割減るという予測もある。これは国内のどの産業でも生じる問題であるが、人による作業が多い労働集約型産業である宿泊業などでは、本当に厳しい状況になってくる。

　皆さんは DX という言葉を聞いたことがあるだろうか。IT を活用して組織の経営を効率化する DX（Digital Transformation）が日本社会の至るところで進められている。中には DX そのものが目的になってしまっているような取り組みもあるが、この人口減少社会の中でどうやって人手に頼らずに同等以上

### 資料 1　日本の将来推計人口（2020〜2070 年）

| 年　　次 | 人　口（単位：千人） | | | | 割　合（単位：％） | | |
|---|---|---|---|---|---|---|---|
| | 総　　数 | 0〜14 歳 | 15〜64 歳 | 65 歳以上 | 0〜14 歳 | 15〜64 歳 | 65 歳以上 |
| 2020 | 126,146 | 15,032 | 75,088 | 36,027 | 11.9 | 59.5 | 28.6 |
| 2030 | 120,116 | 12,397 | 70,757 | 36,962 | 10.3 | 58.9 | 30.8 |
| 2040 | 112,837 | 11,419 | 62,133 | 39,285 | 10.1 | 55.1 | 34.8 |
| 2050 | 104,686 | 10,406 | 55,402 | 38,878 | 9.9 | 52.9 | 37.1 |
| 2060 | 96,148 | 8,930 | 50,781 | 36,437 | 9.3 | 52.8 | 37.9 |
| 2070 | 86,996 | 7,975 | 45,350 | 33,671 | 9.2 | 52.1 | 38.7 |

注：各年 10 月 1 日現在の総人口（日本における外国人を含む）。令和 2 年(2020)年は、総務省
　　統計局『令和 2 年国勢調査　参考表：不詳補完結果』による。
出典：国立社会保障・人口問題研究所「日本の将来推計人口（令和 5 年推計）」（2023 年 4 月）

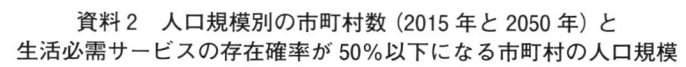

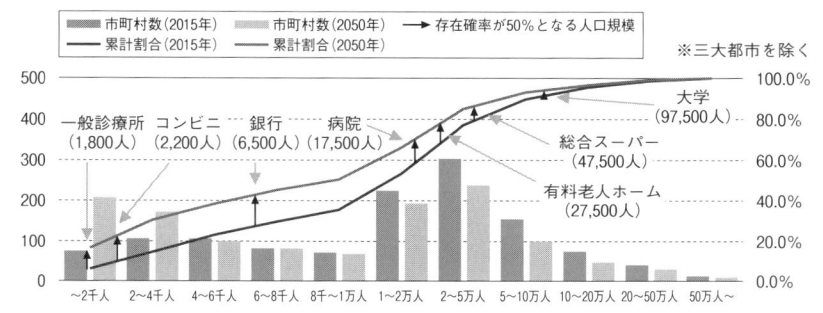

資料2　人口規模別の市町村数（2015年と2050年）と
生活必需サービスの存在確率が50％以下になる市町村の人口規模

注：3大都市圏（埼玉県、千葉県、東京都、神奈川県、岐阜県、愛知県、三重県、京都府、大阪府、兵庫県、奈良県）を除く
出典：国土交通省

　の成果を出せるかを考えることが重要であり、このDXを使い組織の魅力を高めていかないと、組織として生き残れない。日本の企業や行政組織全体について、生産効率を飛躍的に向上させることが待ったなしの課題となっている。

　また、2023年7月に閣議決定された政府の「第三次国土形成計画（全国計画）」によると、人が住む場所も大きく変化することが指摘されている。現在人が居住している地域の約2割が無居住化し、6割以上の地点で現在の半分以下に人口が減少するという予測がある。過疎化はこれまでも進んできているが、それがさらに進み、今はそれなりに行政サービスや商業サービスが提供されている中小都市においても人口減少が進み、生活に必要となる基礎的なサービスが提供されなくなる恐れがある。

　2021年の「国土交通白書」によると、具体的には、大学は、9万7,500人の人口規模がないと存在確率が50％を下回ると推計されている。総合スーパーは4万7,500人、コンビニエンスストアは2,200人が存在確率50％の下限値である。今あるさまざまな官民のサービスは、それなりの人口規模がないと成り立たないということを示している。

　人口が減るとその地域での消費が減る。消費が減れば仕事が減り、雇用も減る。雇用が減れば雇用のある地域に人が移っていく。一部の大都市を除けば、各地域で負のスパイラルが起こることにもなりかねない状況にある。

### 2）2050 年の姿をどのように変えていくか

　このような厳しい状況にある日本の地方部は、今後どうあるべきだろうか。日本の地方部には、美しい山々や海浜、森林や河川、里山などの豊かな自然、古くから続く街並みや歴史的な建造物、伝統を受け継いできた工芸や美術、芸能やお祭り、料理などの無形の文化など、貴重で守るべき財産が数多く存在する。地域のコミュニティ、居住する人々が力を合わせてこれらの財産を守ってきた。

　地方部に人がいなくなるということは、これらの貴重な財産を放置するということである。放置すれば荒廃する。一度荒廃したら元に戻すことはできない。それを避けるには人が居住し続けて守っていくしかない。このため、日本の各地域で人口を減少させないようにしないといけないのである。

　地域で子供から老人までが暮らせるように仕事を作らなければならない。地域に仕事を作るという課題に対して、どのように対応すればいいのだろうか。政府は、これまでもさまざまな切り口から施策を講じてきた。

　具体的には、

- ・道路やダムの整備、農地の基盤整備などの公共的なインフラ整備事業で地域に仕事と雇用を産み出す取り組み
- ・工場や倉庫やトラックターミナルなどの流通団地を地方に誘致する取り組み
- ・都市部と地方部の両方での居住を増やす取り組み
- ・IT を活用して地方部に居住しながら世界中の人とビジネスを展開する取り組み

などである。

　これらの政策は、主に、地方自治体の取り組みを政府が財政的な支援を行う方法で、その時代の社会情勢やニーズに対応したさまざまな施策が展開されてきており、現在でも継続している。もちろん、それぞれの事業は、地域における生活の質の向上や治水、地域の産業振興などの目的があり、実施されてきたものであるが、地方部での産業や雇用を産み出すための側面も強く、地域側もそれを望んでさまざまな事業を行ってきた。このような中、2010 年代に光が当たったのが観光産業、特にインバウンド関連産業の力である。

## （2）観光産業に対する政府の期待と取り組み

　「観光は、まさに「地方創生」への切り札、GDP600 兆円への成長戦略の柱。」
　「全国津々浦々その土地ごとに日常的に外国人旅行者をもてなし、我が国を

舞台とした活発な異文化交流が育まれる、真に世界へ開かれた国。そこでは、次々と新たなサービスの創造やイノベーションが起こり、地域の産業・経済の足腰が強化されるといった好循環が創出される。」

「観光の力で、地域に雇用を生み出し、人を育て、国際競争力のある生産性の高い観光産業へと変革していく必要がある。」

これらの文章は、2016 年 3 月に政府が発表した「明日の日本を支える観光ビジョン」に書かれたものである。このビジョンは、政府のこれまでの観光政策に関する計画を大幅に見直し、さまざまな有識者の提言を基に 2030 年に向けた方針をまとめたものであり、その後の観光政策に大きな影響を与えた。

このビジョンの内容については、2030 年に 6,000 万人といった訪日外国人旅客数に関する目標値が注目されることが多いが、「訪日外国人旅行者の国内での消費総額（2030 年で 15 兆円）」、「訪日外国人旅行者の地方部でののべ宿泊者数（2030 年で 1 億 3,000 万人泊）」など、人数以外にもさまざまな目標値が設定されており、それを実現するための施策として、国立公園や文化財の活用などが記載され、これまで政府を挙げて実行に移されてきた。

政府がこのようなビジョンを作ったのは、前述の通り、観光産業が地方の消費や雇用に大きなインパクトを与える力を持っているからである。自分の地域の人口が減少していく中で仕事を産み出すためには、外の人に来てもらって地域で生産したものを消費してもらう。これを可能にするのが観光の力である（地域で生産したものを地域の外の人に買ってもらうようにするためには、輸出することも手段として当然あり、これは農産品の輸出政策として別途政府として目標を立てて取り組んでいる）。

具体的には、2023 年の訪日外国人旅行消費額は 5 兆 2,923 億円となっており、過去最高の額となった。これは、2023 年の日本からの輸出と比較すると、自動車（17.3 兆円、財務省貿易統計による）、半導体等電子部品（5.5 兆円）の次に当たり、鉄鋼（4.5 兆円）を上回る額に相当する。この訪日外国人旅行者の国内での消費により、これまでの傾向を踏まえて考えると、日本国内での生産波及効果は約 2 倍となる約 10 兆円、雇用も相当数創出しているものと想定される。インバウンドは、新型コロナウイルス感染症の影響で 2020 年から 2022 年までは壊滅的な状況だったが、2022 年 10 月の入国規制の緩和以来、急速に回復し、日本国内の景気回復に寄与している。

現在の課題は、この消費が東京、京都、大阪などの主要観光地に集中している点である。オーバーツーリズムの問題は、主に観光客が想定以上に集中して

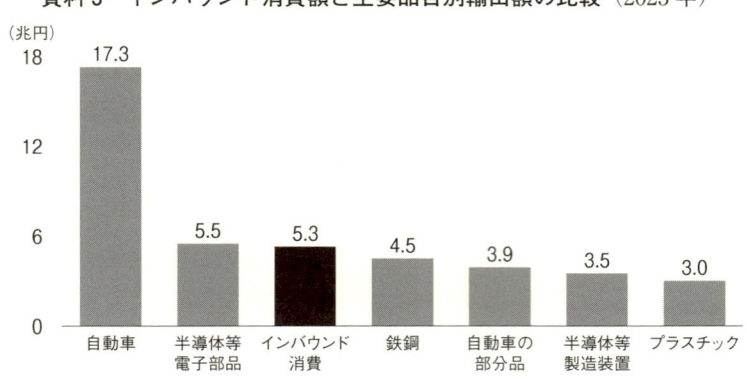

資料3　インバウンド消費額と主要品目別輸出額の比較（2023年）

出典：観光庁「訪日外国人消費動向調査」、「財務省貿易統計」より訪日ラボ作成。

地域住民の生活に影響を与えている面などが注目されやすいが、地域経済の活性化の面からもインバウンド観光を振興しようとしている各地域に旅行者が訪れるようにすることがより一層求められている。

　このような背景の中で、近年注目が集まっているのが持続可能な観光（サステナブルツーリズム）やアドベンチャートラベルなどである。政府の観光政策を立案、制度化する国土交通省観光庁や、観光庁の下で実際に全世界に向けて訪日旅行に関するマーケティングを行う独立行政法人日本政府観光局（JNTO）では、持続可能な観光、アドベンチャートラベルのそれぞれについて、先進事例の調査、意欲ある地域での挑戦やビジネスモデル化の支援、世界的な組織の中での日本の地位向上、取り組みが進んでいる地域を優先的に採り上げた情報発信と旅行者の認知度向上などを進めており、徐々に実績が出ている地域もある。

　たとえば、愛媛県大洲市では、市役所と観光の専門機関（DMO）である一般社団法人キタ・マネジメントなどが連携し、街の中心部にある大洲城（復元天守）と空き家になった古民家を再生・活用して、1泊1人100万円のキャッスルステイや古民家ステイなどを実現している。

　この大洲市の取り組みは、世界の持続可能な観光地100選を毎年選出しているオランダの非営利団体 Green Destinations に高く評価され、2022年にはその100選に選ばれた。さらに、2023年には100選に加えて、「Green Destinations Story Awards ITB Berlin」の「Culture & Tradition」部門の

資料 4　キャッスルステイが体験できる大洲城

出典：大洲城 HP（https://ozucastle.jp/）

世界 1 位として日本で初めて表彰された。多くの市民がこの取り組みに賛同してさまざまな協力のもと各事業が行われており、日本各地からの視察はもとより、世界のメディアからの取材も多くなるなど、高い注目を集めている。

## （3）旅行業に求められる対応

　実際に旅行者に交通や宿泊サービスを手配する旅行業も、このような流れの中で日本人の国内・海外旅行中心のビジネスモデルに加えて、訪日外国人を魅力ある地域に送客するための受入側のコンテンツの整備や商流の確立を含め、外国人旅行者が各地域に消費をもたらすようなビジネスを本格的に展開することが求められている。具体的には、

- ・地方自治体や地域の観光協会、DMO（Destination Management/ Marketing Organization）では把握することが困難な外国人旅行者の特性やニーズを把握して、ターゲットとなる旅行者層の選定を支援すること
- ・ターゲットとなる旅行者層がどの媒体を見て旅行先を決定し、どのツールを利用して旅行商品を購入しているかを調べて地域と共有し、その地域にどのようにすれば旅行者を導けるかを商流の観点から考えること
- ・ターゲットとなる旅行者がその地域に求める可能性があるアクティビティやガイドのあり方を検討し、地域の人とともに地域の観光資源をコンテンツとして磨き上げ、ローカルガイドの育成にも積極的に参加してマネタイズするための方策を実現すること
- ・世界各地で行われているサービスの価格などを調査して、その地域の各

　　　　　サービスがどの程度の価格であることが妥当かをアドバイスすること、
　・地域の産品を旅行者の満足度の高い土産物として販売するようにプロ
　　デュースすること
　・その商流に具体的に地域のサービス（宿泊、ガイド、アクティビティなど）
　　を載せ、旅行者にその商品を購買してもらうよう促すこと
などが考えられる。これは、マーケティングでは 4P 分析（Product, Price,
Place, Promotion）と呼んでいる企業の機能を、観光産業に置き換えて簡単
に記したものである。
　　これまでは、多くの旅行会社が国内市場を対象に、航空券、鉄道の乗車券、
観光バス等の交通サービスやホテル、旅館など宿泊施設の宿泊予約を組み合わ
せることで、国内旅行、海外旅行の商品を作成し、販売してきた。それぞれの
サービスは他の主体が提供するので、旅行業は一種のプラットフォーマーであ
ると位置づけることができる。
　　それぞれのサービスはどの旅行会社も扱うことができるため激しい競争が発
生することになり、旅行会社は仕入価格と販売価格を下げることで自らの商品
の優位を確立しようとした。できる限り多くの旅行者を扱うようにしてシェア
を確保するのが旅行会社の生き残りに必要な戦略だったと言える。消費者に
とっては便益が最大化されるが、宿泊や交通、アクティビティなどのサービス
提供者からすると絶えず価格を下げる圧力がかかることになり、競争が厳しく
なると宿泊施設や交通手段などの設備投資等に必要な資金の留保ができなくな
る。このような構図を変え、地域の観光産業を持続可能にしていくことが必要
不可欠になってきている。
　　国内旅行市場は、これまでも新型コロナウイルス感染症の影響があった
2020 年から 2022 年を除けば概ね 20 兆円程度の消費額で推移しており、最
初に書いた通り、人口減少が進んでいく中では今後大きく成長する見込みは少
ないが、訪日外国人旅行はまだまだこの先大きな成長が見込まれる。
　　このインバウンドの分野により多くの機会と価値が眠っていることを認識
し、世界のマーケットとつながりながら地域の力となることがより強く求めら
れる。この産業に必要な人材に求められる要素としては、
　・地域に対して観光を通じて貢献したいという熱意
　・マーケティングに関する基本的な理解
　・英語をはじめとする外国語の習得とコミュニケーション能力
　・インバウンドのターゲット主要国の旅行業界とのコネクション

　・訪日の可能性がある旅行者層の生活や旅行意欲に関する深い理解

などがある。これは旅行業だけでなく、地域で訪日外国人旅行者の誘致を中心
に行う DMO や、地方自治体の観光行政担当者にも求められる資質である。

# 第7章

# インバウンド／訪日外国人市場の変化と対応

　本章では、インバウンド／訪日外国人市場（以下インバウンド市場）に焦点を当て、その変化と対応を確認し、近年のインバウンド戦略の変遷とあわせて確認する。

　日本人の国内旅行市場や海外旅行市場も、インバウンド市場と等しく重要である。しかし将来、政治や天災、物価高騰、感染症などさまざまな事由で、インバウンド市場に不確定要素が出てくる可能性は常に考慮しておく必要がある。そのため決してインバウンド市場のみを重視し、日本人市場を軽視するという意図ではない。

　同時に日本人市場も含め、観光産業全体を、今後もさらに活性化させていくためにも、訪問者数の急拡大により多くの課題が、すでに明確に顕在化しているインバウンド市場に焦点をあてることで、日本の観光産業全体の活性化、市場拡大、水準向上を図れるものと考える。

## 1. インバウンド市場はアジアでトップクラス

　インバウンド／訪日外国人市場という言葉が、さまざまなメディアでも盛んに聞かれ、日々の生活圏内でも、外国人観光客を目にする機会も多い。

　いまでこそ、オーバーツーリズムの懸念まで出るほどに活況を呈する市場は、2003年時点では521万人であった。そこから2019年には3,188万人と6倍に拡大した。わずか16年で6倍以上に拡大したことになり、その勢いは今も継続している。

　UNWTO（国連世界観光機関）によると、図表7-2の通り、新型コロナウイルス感染症拡大の影響を受ける前の2019年の外国人旅行者受入数は、日本は

図表 7-1　**訪日外国人旅行者数・出国日本人数**（単位：万人）

出典：観光庁

3,188 万人であり、世界で 12 位（アジアで 3 位）だった。

　日本は島国であり、訪日は空路と水路に限られる一方、日本より上位に位置する多くの国は、英国を除き、隣国と陸続きで鉄道、自動車、徒歩等の陸路による入国も多いために一概に比較が困難な部分もある。

　空路または水路による外国人旅行者受入数を比較したのが図表 7-2 右の表で、2019 年はスペインが 7,041 万人で 1 位、アメリカが 5,079 万人で 2 位、トルコが 4,128 万人で 3 位となり、日本は 8 位（アジアで 2 位）となる。

　空路または水路での訪問に限定すると日本を訪れる外国人旅行者の数では、スペイン、アメリカ、トルコ、イタリア、イギリス、フランス、タイ等の錚々たる観光先進国に並ぶ、世界でもトップクラスの国になりつつある。

　特に欧州諸国に関しては、近隣諸国間のビジネス移動とあわせ、日本より多くの移民も擁しているため VFR（Visit Friends and Relatives：友人・親族訪問を意味する略語で、海外で観光統計の旅行目的の分類に用いられる）の割合も大きいと考えられる。また LCC など格安航空会社が日本以上により発達しているため、移動もしやすい。こうしたことを鑑みた場合、いわゆる純粋な「旅行」という観点では、日本の訪問者数はすでに世界のトップクラスとなっていることが想定される。

**図表 7-2　外国人旅行者受入数ランキング（2019 年）**

| 順位 | 外国人旅行者受入数ランキング | | 空路又は水路による外国人旅行者受入数ランキング | |
|---|---|---|---|---|
| 1 | フランス | 8,932 | スペイン | 7,041 |
| 2 | スペイン | 8,351 | 米国 | 5,079 |
| 3 | 米国 | 7,926 | トルコ | 4,128 |
| 4 | 中国 | 6,573 | イタリア | 4,112 |
| 5 | イタリア | 6,451 | 英国 | 3,660 |
| 6 | トルコ | 5,119 | フランス（2018 年） | 3,465 |
| 7 | メキシコ | 4,502 | タイ | 3,424 |
| 8 | タイ | 3,992 | 日本 | 3,188 |
| 9 | ドイツ | 3,956 | 中国 | 2,953 |
| 10 | 英国 | 3,942 | ギリシャ | 2,175 |
| 11 | オーストリア | 3,188 | メキシコ | 1,963 |
| 12 | 日本 | 3,188 | アラブ首長国連邦 | 1,816 |
| 13 | ギリシャ | 3,135 | 韓国 | 1,750 |
| 14 | マレーシア | 2,610 | シンガポール | 1,709 |
| 15 | ロシア | 2,442 | 香港 | 1,479 |
| 16 | 香港 | 2,375 | ベトナム | 1,464 |
| 17 | カナダ | 2,215 | サウジアラビア | 1,418 |
| 18 | アラブ首長国連邦 | 2,155 | インドネシア | 1,400 |
| 19 | ポーランド | 2,116 | カナダ | 1,211 |
| 20 | オランダ | 2,013 | 台湾 | 1,186 |
| 21 | マカオ | 1,863 | エジプト | 1,142 |
| 22 | ベトナム | 1,801 | モロッコ | 1,140 |
| 23 | インド | 1,791 | マレーシア | 1,090 |
| 24 | サウジアラビア | 1,753 | マカオ | 1,012 |
| 25 | 韓国 | 1,750 | オーストラリア | 947 |

出典：観光庁　令和 2 年「観光の動向」より著者作成。

　2004 年の 614 万人から、わずか 15 年で 5 倍を超える 3,188 万人まで拡大したことは、観光庁、経済産業省、環境省、農水省、内閣府、文化庁、スポーツ庁等の各省庁や、JNTO、地域行政、観光関連事業者、日本の魅力を伝え続けてきた一次産業他関連産業に加えて、環境・コミュニティ保全組織や地域住民等、日本総体としての尽力の賜物であると考えられる。

　訪問者数に関して、すでに世界観光先進国に伍する水準まで達しつつある中、今後ますます関連インフラストラクチャー整備、言語対応、入出国時旅行者の利便性向上等とあわせ、さらなる商品や対応人材の「質の向上」、オーバー

ツーリズム等を見据えた「環境・コミュニティ保全」、より価値の創出の重心となりつつある「地域への送客」が求められる。これまで見てきた通り、世界の変革スピードは極めて速く、日本が観光において、世界のトップクラスでいられる期間が短期で終わる可能性も否定はできない。

　観光は、その市場規模から自動車、半導体に続く期待の産業とされる。自動車、半導体も海外との激しい競争にさらされている中、観光が日本を支え、けん引していく主要産業になるためにも、そのさらなる変革に猶予はない。

## 2. 近年のインバウンド市場動向と観光戦略

　本書の第6章2.で触れた通り、2023年3月31日に閣議決定された「観光立国推進基本計画」において、インバウンド回復戦略として、日本政府は大きく以下の6つを掲げている。

①特別な体験やイベントの提供

②高付加価値旅行者の地方誘客

③環境負荷が少ない形で地域の自然や文化を活用

④訪日外国人旅行消費額5兆円の達成

⑤観光の質を重視

⑥国際的な人的交流の機会を創出

ここでインバウンドに限定した、近年の旅行業の観光戦略を振り返ると、戦前・戦後の黎明期を経て、1970年代に、日本のインバウンドビジネスは一旦衰退し始める。これは、日本の高度経済成長に伴い、観光業界が急激に拡大する国内市場に焦点を当てたことや、海外渡航の自由化により日本人の海外旅行が増加したことと、また当時の日本がまだデスティネーションとして認知されておらず、その受け入れ態勢等の整備も十分でなかったこと等が要因と想定される。その後、停滞期を経て、1996年に当時の運輸省が「ウェルカムプラン21」を策定し、訪日外国人旅行者数の増加を目指し、続く2002年の日韓ワールドカップサッカー大会の開催もインバウンド市場にプラスの影響を与えた。

　2003年からは「観光立国」を標榜し、ビジット・ジャパン・キャンペーンをはじめ、観光立国を目指す方針を示す。その後、2015年には訪日外国人客数が

1,973万7,000人に達し、45年ぶりに訪日外国人旅行者が出国日本人数を上回る。

2018年には3,000万人を突破するなど、順調な成長を続けていたが2019年には、ラグビー・ワールドカップの開催で欧米豪の訪日客が増えると同時に、日韓関係の悪化等の影響で訪日客数の伸びが鈍化し、2020年に東京オリンピックの効果を期待しつつも、世界的なコロナウイルスの拡大により、急激な落ち込みを見せた。

2023年には訪日客数が回復しつつあり、2019年の水準を上回るようになったことは、観光業界にとっては、コロナ禍からの復興が進んでいる兆しと言える。コロナ禍でも訪日客の受け入れ体制やサービスの向上に努めてきた観光業界は、サービスや商品品質の向上を着実に実現し、また昨今の円安の影響もあり、新しいステージに差し掛かっている。

これは日本の観光地や伝統的な文化のみならず、現代文化や高く評価される食や、ライフスタイルそのものに対する世界の関心がさらに高まっているということでもあり、今後も安全な環境づくりや魅力的な観光プランの提供など、さらなる観光振興に向けた戦略が期待される。

次のケーススタディ②では、①と同様に蔵持氏より、インバウンド市場に向けたマーケティングの重要性とその具体的な手法を学び、そしてケーススタディ③では、同じく国土交通省から北海道運輸局に出向し、日本の高付加価値市場の取り組みの先進地である北海道のインバウンド推進に携わった渡延氏（現内閣府地方創生推進事務局）より、北海道におけるインバウンド戦略を学ぶ。

---

**ケース スタディ❷**──政府のインバウンド観光政策の立案に携わった経験から──

## インバウンド旅行者を例とした
## 地域におけるマーケティング

国土交通省航空局次長　蔵持京治

### （1）観光産業におけるマーケティングの重要性

#### 1）マーケティングとは

　旅行会社は旅行商品を販売する。では、旅行商品とは何なのか。主に、

・出発地と旅行地間の往復や旅行先で移動するための交通手段の手配

・旅行先での宿泊施設の手配

・旅行先でのアクティビティ、体験などの手配

・旅行の行程中に随行する添乗員や、観光施設で説明を行うガイドの手配

・その旅行に関する事前の準備に必要な情報提供

・その旅行中に何かが生じた場合への対応（保険など）

に分解できる。一つ一つは個別のサービスとして成り立つものが多いが、旅行者の視点に立って安心して旅行できるようにパッケージにするところに旅行会社としての付加価値が生じる。

　この旅行商品をどのように旅行者に購入してもらうのか。これがマーケティングの原点になる。マーケティングの定義はさまざまあるが、以下のようなものが代表的である。

「マーケティングとは、顧客、依頼人、パートナー、社会全体にとって、価値のある提供物を想像・伝達・配達・交換するための活動であり、一連の制度、そしてプロセスである。」（アメリカマーケティング協会のマーケティングの定義（2007年改訂））

「マーケティングとは、ニーズに応えて利益を上げること。」（『コトラー＆ケラーのマーケティング・マネジメント』P. コトラー・K. ケラー著、2008年、ピアソン・エデュケーション）

「マーケティングの理想は、販売を不要にすることである。マーケティングが目指すものは、顧客を理解し、製品とサービスを顧客に合わせ、おのずから売れるようにすることである。」（『マネジメント』（第49版）P. F. ドラッカー著、2001年、ダイヤモンド社）

　これらの定義で共通するのは、サービスを提供する側のみならず、顧客の視点に立って価値を生み出し、販売して利益を得るようにする取り組みを「マーケティング」と位置づけるということである。「いいものをつくればモノは売れる」という考え方とは違うことを認識していただきたい。

　学問としてのマーケティングは、その経緯として企業が作る有形の商品について研究が進められたので、旅行商品のような無形のサービスについて説明がなされる場合が少ない。しかしながら、非常に競争が激しい観光産業だからこそ、マーケティングの理解とマーケティングの視点に立った取り組みが重要になってくる。

### 2) 観光地の観光産業におけるマーケティングの特性

　観光地で観光産業に従事する者から見て、「旅行者にどうやって自分の地域に来てもらうか」ということは大変切実な問題である。知名度が高い観光地であれば情報発信などをしなくても旅行者が来訪するが、全国のほとんどの地域は旅行者からしてみると無名の地域である。無名ということは、旅行者の選択肢の中にないということに等しい。

　ただし、ここで「旅行者」として誰を想像するかが問題である。近隣の大都市の住民にとってみればよく知っている観光地でも、国内であっても遠く離れた地域の住民にとっては無名であることはよくある。各地の桜の名所、地元で人気がある温泉施設などはそのよい例である。さらに、その旅行者が外国人である場合は、各旅行地に対する認知度はさらに低下する。そもそも、都道府県の名称も、台湾や香港などの近隣地域ではそれなりに認知されているが、欧州各国、米国、豪州といった地域での知名度はかなり低い。外国人と一言で言っても、国によって大きな違いがある。

　また、国が同じであっても、旅行者の年代や所得、嗜好などにより、旅行に何を求めるか、どの程度旅行地で消費するか、何を見て旅行先を選定するか、何を使って旅行の手配を行うかなどは大きく異なってくる。それを理解しているかどうかで確実に旅行者の誘致への成功率は変わってくる。

　インバウンド旅行者が急増する前は日本人の国内旅行のみを対象としていればよく、国内旅行者はその多くが旅行会社や日本のオンライン宿泊予約サイトなどから予約が入るため、旅行者に対するアプローチを直接行う必要性はそれほど高くなかったと考えられる。しかしながら、近年では国内旅行においても若年層を中心に旅行をする場合の情報収集手段が多様化し、国内、海外の両方において旅行者に対する理解がより一層重要となってくる。

## (2) 地域におけるインバウンドマーケティング①
### 〜旅行者を「知る」ことについて〜

### 1) 旅行者を「知る」ことの重要性

　旅行者を理解するためには、いくつかの視点が必要となる。具体的には、「全体像を把握するマクロの視点」、「ある程度のグループ分けをしたセグメントの視点」、さらに「一人一人の旅行者の視点」の 3 つである。

### ①マクロの視点〜市場規模を知る

　現在の世界の人口が何人か、ご存じだろうか。また、その中で日本に旅行に

来る可能性がある人が何人いるのかについても。これがわからないと、インバウンド旅行市場が果たして今後も有望なマーケットなのかどうかが不明になる。

　世界の人口は、国連人口基金（UNFPA）が 2023 年 4 月に公表した『世界人口白書 2023』によると、2022 年 11 月 15 日に 80 億人に達したとのことである。また、その中で日本に来る可能性がある人の数については、日本政府観光局（以下 JNTO）が 2024 年 1 月 25 日に公表した「VJ 重点市場基礎調査」（以下「基礎調査」）の中で独自に試算している。

　JNTO は、世界全体の中で日本がターゲットとすべき国・地域を 22 に絞っており、その 22 の国・地域の人口の合計が 45 億 4,833 万人（2022 年）である。そのうち、国外旅行を実施した旅行者が 3 億 8,300 万人いると推計している。これが現時点のインバウンド旅行の市場規模である。なお、JNTO はインバウンド旅行の経験者数も推計しており、こちらは 1 億 1,800 万人と見込んでいる。

　3 億 8,300 万人を多いと見るか少ないと見るかはそれぞれの判断だが、まだ市場全体の 3 分の 1 しか日本旅行を経験していないとなれば、まだまだ市場としての可能性は大きいと考えられる。

②セグメントの視点〜旅行者層の概要を知る

　世界全体で日本に来る可能性がある旅行者が 3 億人以上いるということは前記で明らかとなった。では、それぞれの国ごとにどのような違いがあるのだろうか。

　JNTO の基礎調査では、それぞれの国ごとの国外旅行実施者の中での日本旅行経験率も推計している。近隣諸国・地域は経験率が高く、遠方の国・地域は低いと推測できるが、結果その通りとなっており、香港が 9 割以上、台湾やシンガポールが 8 割以上と最も高く、アメリカやオーストラリアが 4 割弱、イギリスやフランス、タイが 2 割弱となっている。

　日本旅行経験率が高い国・地域では日本の観光地に関する情報量も多いことが想定されることから、日本の各観光地にとっては情報発信などが届きやすい反面、経験率が低い国・地域では各観光地の地名を伝えてもそもそも関心の対象外となってしまう可能性がある点に注意する必要がある。

　また、たとえば日本旅行経験が極めて高い香港や台湾、シンガポールといった各国・地域でも、旅行者の属するグループ（セグメント）によって大きく市場規模や旅行のスタイルが異なる。

　具体的に台湾を例に挙げると、JNTO の調査によれば、有望なセグメント

として最も人数が多い 20〜40 代の夫婦・パートナーや友人のグループは、420 万人程度の市場規模があると推計されている。豊かな自然や街並みなどをみることが好きで、地方の人気も高い。旅行の手配は個人でしてしまう場合が多く、旅行単価は 1 人当たり 20 万円程度となっている。

　他方で、50 歳代以上の所得上位層だと、市場規模としては 40 万人程度で前者の 1 割程度だが、旅行単価は 1 人当たり 25 万円程度であり、地方の豊かな食文化やショッピング、温泉などの体験が好まれる。手配の手法もオンラインも含めた旅行会社のパッケージを好む層が一定程度存在する。この両セグメントは JNTO のターゲットとして両方とも選定されているが、このようにさまざまな差異があるため、情報発信の手法や内容などについてはしっかりと差をつけていくことが求められる。

　国内各地域でも、現在では多くの地域が台湾をターゲットとしているが、基本的には台湾の旅行会社や航空会社に情報提供を行ったり、台湾で実施される旅行に関する博覧会などで情報提供を行うにとどまっている場合が多い。実際に若い世代をターゲットとするには、情報発信の手法を変えていくことが求められている。

　以上、台湾を例にしてセグメントの特徴を話したが、それぞれの国・地域のそれぞれのセグメントに特徴がある。これを知るかどうかで、インバウンド旅行市場に対する取り組み方に大きな違いが出てくるものと考えている。しかしながら、多くの国内の地域や旅行会社において、このようなセグメントへの理解はそれほど深まっていないものと考えられる。セグメントの個性をある程度把握した上で、最も地域側が来てもらいたい旅行者層を「ターゲット」として選定し、さまざまな施策や取り組みを集中的に行う。成功する確率を高めるためには、この点への理解が必要不可欠である。

### ③一人一人の旅行者の視点〜旅行者の旅行商品購入行動を推測する〜

　セグメントへの理解が深まり、1 つのセグメントをターゲットとして絞ったら、今度はそのターゲットとなるセグメントの一人一人の旅行者の立場に立って考えることが重要である。たとえば、以下のような疑問から考えてみたい。

　〈ターゲット……台湾台北市に住む 10 代後半の学生〉

　・毎日の生活の中でどのようにして情報収集をしているのか

　・日常生活でよく見ているメディアは何で、発信に用いている SNS は何か

　・生活の中で大事にしているものは何か

　・どのようなことをきっかけに旅行しようという気持ちになるのか

・旅行シーズンはいつ頃か、またその何か月前から旅行の計画を立てるのか
・旅行先の決定は誰の意見が最も強く反映されるのか
・日本の旅行に何を求め、日本以外の旅行に求めるものと何が違うのか
・旅行の行程を考える際に最も重視することは何か

　これらは、世代が違うだけで答えがまったく異なってくる。そのことが理解できると、実際に観光地で何を提供すればいいのかがわかってくる。

　情報提供の仕方も、単に先方の旅行会社に観光地の美しい写真や定番のサービスの紹介をすればいいという訳ではなく、どの SNS にどの程度の情報を出し、それを基にホームページなどでどの程度の情報を提供すると旅行地の選定につながるか、さらに効果的、効率的な手法が明確になってくる。SNS にしても、動画で情報を提供するのがいいか静止画がいいか、画像はきらびやかなものがいいかシンプルなものがいいか、文章は長い方がいいか短い方がいいか、ハッシュタグはどのように付けると効果的かなど、デジタルマーケティングの領域でさまざまな検討が必要となる。インバウンドのデジタルマーケティングに関心がある場合は、ぜひ JNTO の日本語サイトで各種のガイドラインを読んでほしい。

　マーケティングにおける消費者心理の分析手法の 1 つに「カスタマージャーニーマップ」がある。インバウンド旅行で考えると、セグメントの 1 人を主人公（ペルソナ）として想定し、実際に生活しているところから旅行に行くまでの行程の中で、どのようにすれば世界中の観光地の中から日本を選択してもらえるか、また、日本の中で自分のいる地域に訪問してくれるかについて、情報提供の仕方などを検討する手法である。このように分析の解像度を上げることにより、より効果が高く効率的な情報提供が可能となる。日本国内の 1 つの地域が旅行者の認知をどう獲得し、どのようにして自分の地域まで導くかについて、このような分析手法で具体的に推測することが極めて効果的である。

　仮に、インバウンド旅行者の誘致に日本国内や先方の旅行会社を用いる場合でも、しっかりとしたターゲットを示した上で交渉すれば、より誘致の成功率が高くなる。さらには、本当に国内の旅行会社が誘致できる能力があるのかどうかも、その旅行会社の理解度の深さを確認することでわかると考えている。

　さらに、実際にその地域を訪れたインバウンド旅行者は、最も貴重なペルソナである。どのようにその地域を認知したか、何に魅力を感じたか、どういう交通手段を使ったか、どのような基準で宿泊施設を選んだか、実際に訪れてみてどう思ったかなど、さまざまな情報を引き出すことで今後のマーケティング

に大きな示唆を得ることができる。旅行者と地域とのタッチポイントであるガイドや添乗員、観光案内所、宿泊施設やレストランなどでの旅行者の行動様式や旅行者心理などに関するヒアリングが極めて有効であり、リピーターの獲得につながる契機ともなる。

### 2）旅行者に関する洞察に基づいたサービスの造成と価格付け

　旅行者の旅行に対するニーズが明確になると、旅行中に何を求めるかということについてもより理解が深まり、地域の中でどのようなサービスを提供すればいいのかが見えてくるようになる。最初は「このようにすれば旅行者が喜んでくれるのではないか？　ビジネスとして成り立つのではないか？」と仮説を立てて事業化し、実際に事業の中で修正を繰り返してより洗練されたサービスに成長させていくことが必要になる。事業化に当たっては資金、人材、設備などが必要になるが、それも旅行者に対する洞察が的確であればあるほど有利になる場合が多い。

　具体的には、
　・旅行者の欲求に沿い、感動が与えられるような工夫ができているか
　・ターゲットが使用する言語でサービスが提供されているか
　・特に、日本の文化や慣習など諸外国とは異なる点について理解が深まるような工夫ができているか
　・宗教などによる旅行者側のさまざまな制約をクリアできているか
　・個人客やファミリー層など、ターゲットによって異なるニーズを想定してサービス内容を構成できているか
　・リピーターになってもらうようなフォロー体制ができているか
などである。

　さらに、価格についても、日本国内での価格水準と諸外国の価格水準が大幅に異なることがある。インバウンド旅行者の場合は、価格が高いことをもってちゃんとしたサービスが提供されるはずという安心感を得る場合も多い。単に安ければいいというわけではなく、サービス提供にかかるコストを回収し、再投資に回せるような価格設定にすることも必要不可欠である。

### 3）旅行者にサービスを購入してもらうための取り組み
### 　〜商品の提供方法と情報発信〜

　実際に、旅行者が旅行する際にどうやってさまざまなサービスを購入するの

か。これは、団体旅行か個人旅行か、個人旅行であってもパッケージ旅行か完全な個別手配かに分けられ、さらにオンラインかオフラインかに分けられるが、いずれにしても旅行者の目に商品が触れない限り、その旅行者にとって商品がないことと同じになる。

　具体的に言うと、ターゲットがシンガポールの 20 歳代前半の友人グループだと仮定すると、そのターゲットが旅行に行く際に見る情報は Instagram、航空券はスカイスキャナー経由で航空会社の販売サイトにダイレクトで購入、ホテルや旅館の手配は Air b&b を利用することがほとんど、旅行中に情報収集するのは Google Map と Trip Advisor である。

　しかし、地域の宿泊施設のほとんどが国内の宿泊予約サイトとしか提携しておらず、Google Map や Trip Advisor に地域の観光施設やレストランなどの情報が掲載されていなかったら、シンガポールの友人グループはその地域にたどり着くことができるだろうか。

　仮に、そのグループの 1 人が YouTube でその地域のお祭りに関する素晴らしい動画を見たり、Instagram で美しい風景写真を見てそこに行きたいと強く思い、その他の友達に「ここに行こうよ！」と強く誘ったとしても、友人グループのメンバーが使うメディアやデバイスの中にその地域に関連する旅行商品が置いていなければ、残念ながらその地域を訪れる可能性は限りなく低く、他の観光地に行ってしまうこととなる。このように、ターゲットに対してどのようにその地域のサービスに関する情報を提供するかは、相手の視点に立って考えなければならない、極めて重要な問題なのである。

　また、情報発信については、旅行者に詳細な情報を提供するインターネットサイトの整備のほか、旅行地としての認知を高める動画の作成と YouTube アカウントへの登録などが地方自治体や地域の DMO などで進められているが、それでは旅行者に情報が届くことにはならない。旅行者がその地域に行くまでの認知を示したものをマーケティングの用語で「ファネル」と言うが、認知から予約するまで、状況に応じた情報提供をしなければならない。まったくその旅行地に対する認知がない相手に対して、個別の施設の具体的な情報を提供しても関心を示す可能性は低い。反対に、日本を含む複数の旅行先の選択肢の中でどこに行くか迷っている旅行者に対しては、より地域の魅力を他国との優位性を示しながら具体的な情報を伝え、選択してもらうようにする必要がある。そのようなファネルの状況を想定しながら、そのサイトやアカウントへの来訪を誘引するデジタル広告、特にターゲティングを明確にした施策を展開するこ

とが求められる。

## （3）地域におけるインバウンドマーケティング②
### ～ターゲット選定と競合との差別化について～

### 1）ターゲティングの重要性と取り組みに必要なリーダー組織

　これまでも、市場をグループ化してその中で有望なセグメントをターゲットとして選定し、そのターゲットのことを想定してサービスの造成や情報提供などの取組を行うべきだと記してきた。

　JNTO は、前述したとおり、インバウンド旅行市場の中で重要な国・地域を選定しており、それぞれの国・地域の中でターゲティングを実施、インターネットサイト上で公表している（https://www.jnto.go.jp/projects/overseas-promotion/marketing-stratagy/）。

　このターゲットは、それなりの人数がいて、旅行中の消費額も高く、地方にも興味が高い層として、JNTO の海外事務所の知見も踏まえてそれぞれの市場の中で選ばれたものである。海外の市場調査を民間企業や地方自治体が実施するためには資金面をはじめさまざまな障害があり、実施できていない場合が多い。どの国や地域をターゲットにするかというところまでは地域でも決めていることが多いが、国・地域の中でもセグメントによって嗜好や情報入手方法が異なるため、より深いターゲティングを、それなりの市場規模があるかどうかを踏まえつつ実施することがその市場での成功につながると考えられる。まずはこのターゲットの中からいくつかを選択することが効果的である。

　地域におけるターゲティングでは、地域のインバウンド施策を実施する地方自治体、DMO、宿泊施設などの各主体が同じターゲットにすることが重要である。各主体の意識が揃い、それぞれが的確なサービスを提供することができるようになると、（2）③で箇条書きしたような内容について地域内で統一感のあるサービスを展開できる。その取り組みが実際に訪れた旅行者に評価されるとその地域に対する信頼感の醸成につながり、その地域がブランドとして評価されるようになる。

　実際に地域の中で意識を統一するためには、各組織から信頼が得られている、主体的に動くリーダー組織の存在が必要である。しかしながら、そのような組織はまだ少なく、そのような組織を作ることが地域の取り組みを強力に推進できるかどうかの試金石となる。ただ、そのような組織が地域の持続可能性を強化する観点からターゲティングを含むマーケティングを行い、プロモー

ションなどを効果的かつ効率的に実施できれば、地域住民などの納得感も得られることとなる。

　しっかりとした取り組みを行うにはそれなりの人財が必要となる。人財の確保には安定的な財源が必要であり、地方自治体が負担する場合には、住民税のような住民が支払うものから宿泊税のような宿泊者が支払うもの、安定的な運用ができるのであればふるさと納税の税収なども考えられる。

　いずれにしても、その財源を活用して取り組んだ施策が地域にどれだけの消費や雇用を産み出し、税収の増加につながっているか、また、その税収で旅行者も使う地域のインフラがどの程度維持できているかなど、観光客の来訪がどの程度地域に貢献しているかを検証しつつ、長い目で地域においてリーダー組織を育てていくことが今後より一層求められることとなる。

### 2）差別化を行うために必要な取り組み

　ターゲティングが行われたとしても、自分の地域が旅行者から見てどのような地域であるかを客観的に見ることができなければ、独りよがりになってしまう。そうならないためにも、ターゲットから自分の地域がどのように見えているのか、どのように見せていくのかを他の地域との関係性も考慮に入れながら検討することが必要となる。

　この点に関しては、旅行者の行動履歴のビッグデータから旅行地としての自分のポジション、タイプを判断するという、じゃらんリサーチセンターの研究が興味深い。具体的には、全国の主要周遊ルートに入っているか、入っていないとすれば日帰り圏内かなどを実際の国別の旅行者の移動データを基に自ら診断し、自分の地域がどのようなポジションにいて旅行者に対してどのような訴求を行うべきかを考えて行くべきだとするものである（「地図で読み解くインバウンド地方分散研究」松本百加里「とーりまかし」vol.75、2024 年 3 月発行、じゃらんリサーチセンター）。

　実際のインバウンド旅行者は、近隣国から短い日数で来る場合と欧米諸国のような国から長い日数で来る場合とでは周遊の仕方が異なる場合が多い。また、クルーズ船で寄港する場合に至っては、寄港地で数時間滞在するだけというケースもある。自分たちが「このようなサービスを提供すればインバウンド旅行者が喜ぶだろう」と考えて造成しても、より大きな観光拠点で同様のことが行われていれば旅行者に認知される可能性は少なくなる。どこかで成功したから自分たちの地域もやってみる、という二番煎じの場合、サービス提供にあ

たり集客を優先するあまりどうしても価格を低くしてしまうこととなり、結果として厳しい経営を迫られることになりかねない。そうならないためにも、他と違うことを実施し、旅行者から選ばれ、訪れてもらうような取り組みを地域全体で考えていくことが重要である。

　インバウンド旅行者の誘致の成功率を上げていくためには、上記のことをはじめとしてさまざまな仮説を立てて施策を実施し、トライアンドエラーを繰り返していく中で真に旅行者が求めるニーズをくみ取り、サービスとして具体化することが必要である。

　これからの旅行業で、インバウンド・マーケティングのプロとして活動する場合、地域の取り組みに寄り添い、人財の輩出を含めてともに地域の繁栄に貢献していくことが求められる。

**ケース スタディ❸──国土交通省北海道運輸局から見た地域の分析と取り組み──**

# 北海道におけるインバウンド戦略

北海道運輸局（執筆当時）　渡延悠里

## 1.　国内における北海道の位置づけとミッション

　あなたは「北海道」という地名から何を想起するだろうか。それは多種多様な農産物・海産物・乳製品・菓子などに代表される食、豊かな自然とそこに暮らす野生動物、一面の雪原や広大な牧草地など他では見られない景色といったさまざまな特色のいずれかかもしれないし、そしてまた、それらを総合した「国内有数の観光地」というブランドかもしれない。日本で暮らした経験を持つ人の多くは、「北海道」に何かしらのポジティブな、そして「観光で訪れたい場所」としてのイメージを持っているのではないか。

　北海道が誇る農業、漁業などの多様な産業の中でも、観光は主要産業の1つと位置付けられている。北海道における資源の総合的な開発に向けた方針を示す「北海道開発計画」の第9期計画（2024年3月閣議決定）においても、「北海道がその資源・特性を活かして我が国が直面する課題の解決に貢献するためには、従来の北海道の強みである『食』、『観光』を一層強化する必要がある」として、主要施策として「観光立国を先導する世界トップクラスの観光地

域づくり」に取り組んでいくこととしている。

　国内で屈指の人気と認知度を誇る観光地である北海道は、日本全体のインバウンド戦略においても最も重要なエリアの 1 つである。現行の「観光立国推進基本計画」（2023 年 3 月閣議決定）では、旅行消費額単価の向上に向け、「地方部への誘客強化」を目標の 1 つとし、そのための新たな指標として「訪日外国人旅行者 1 人当たり地方部宿泊数を 2 泊とする」こと等を設定している。観光立国推進基本計画においては、「地方部」とは三大都市圏（埼玉県、千葉県、東京都、神奈川県、愛知県、京都府、大阪府、兵庫県）以外の地域であり、「地方部」への誘客を強化するにあたっては、すでに訪日外国人旅行者（インバウンド）から高い評価を得ており、かつまだインバウンドの受入れを強化する余地がある北海道への誘客が重要である。

資料 1　都道府県別外国人延べ宿泊者数 （2023 年）

| 三大都市圏[※]トップ5 | | | 地方部　トップ5 | | |
|---|---|---|---|---|---|
| | シェア | 延べ宿泊者数 | | シェア | 延べ宿泊者数 |
| 東京都 | 37.4% | 4,273 万人泊 | 北海道 | 5.9% | 678 万人泊 |
| 大阪府 | 16.2% | 1,848 万人泊 | 福岡県 | 4.1% | 474 万人泊 |
| 京都府 | 10.6% | 1,212 万人泊 | 沖縄県 | 3.6% | 415 万人泊 |
| 千葉県 | 2.8% | 324 万人泊 | 長野県 | 1.24% | 142 万人泊 |
| 神奈川県 | 2.3% | 267 万人泊 | 山梨県 | 1.16% | 133 万人泊 |

※埼玉県、千葉県、東京都、神奈川県、愛知県、京都府、大阪府、兵庫県
出典：観光庁「宿泊旅行統計調査」。

　本稿では、国土交通省北海道運輸局という国の立場から、北海道の観光、特にインバウンドを巡る状況と戦略を示す。具体的には、まず北海道へのインバウンドの入込の特徴を確認し、次に新型コロナウイルス感染症の流行（以下「コロナ禍」）の以前から国が中心的に携わってきたインバウンドの取り組みに向けた施策 2 つを紹介し、最後に現下の状況と表面化しつつある課題について述べる。

## 2.　北海道のインバウンドの傾向と課題

　これまでの北海道のインバウンドの変遷と課題を通覧する。

　東日本大震災や胆振東部地震といった震災による影響もありつつ、訪日ビザの拡大や免税制度の改正等を追い風として、2010 年度には約 74 万人であった訪日外国人来道者数は、2014 年度には倍以上の約 154 万人、2018 年度には 4 倍以上の約 312 万人と飛躍的に増加した。

**資料 2　訪日外国人来道者数（実人数）の推移**（2007〜2022 年度）

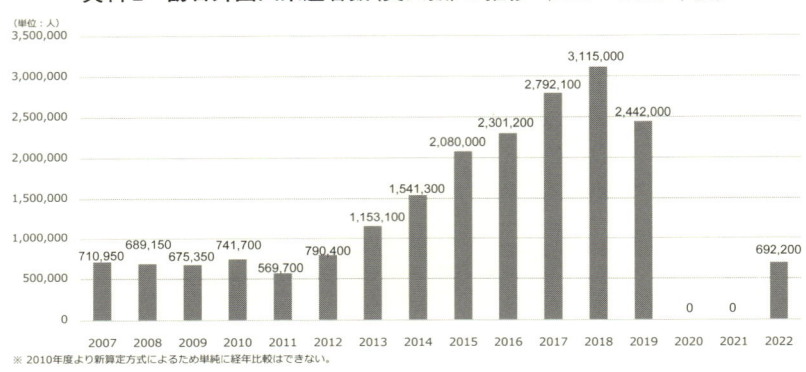

※ 2010年度より新算定方式によるため単純に経年比較はできない。

出典：北海道経済部「訪日外国人来道者数（実人数）の推移」。

　新型コロナウイルス感染症の世界的流行により 2020 年度・2021 年度の訪日外国人来道者数はほぼ 0 であったが、2022 年 10 月の水際対策の緩和後は回復を続け、2023 年 11 月には 2019 年同月の数値を上回るに至った。
　コロナ禍前後で共通する北海道のインバウンド入込の特徴として、以下の 3 点が挙げられる。

### 〈特徴①〉アジア系の比率の高さ

　訪日外国人来道者数に占めるアジア系の比率は、コロナ禍前で 8〜9 割、水際対策緩和後も 7〜8 割と高い水準で推移している。全国の訪日外国人観光客の総数に占めるアジア系の比率は、コロナ禍前である 2019 年時点で 70％程度、水際対策緩和後は概ね 60％程度で推移していることに比べるとかなり高い。
　さらに詳細を見ると、特に韓国、台湾、香港からの来道者数が多い。中でも、スノーシーズンにおける台湾からの人気は非常に高い。

## 〈特徴②〉道央圏への集中

　同じくコロナ禍前から共通する傾向として、道央圏への集中が挙げられる。訪日外国人来道者数の70%超が道央圏（札幌、小樽、千歳）に宿泊している。その一方で、国際線就航空港である函館空港を擁するにもかかわらず道南の宿泊者数は全体の6.6%に過ぎず、また十勝圏・釧路・根室圏・オホーツク圏をあわせても6%にも満たない。

### 資料3　北海道の地域別の訪日外国人宿泊延べ数

2019年度 訪日外国人宿泊延べ数（北海道全体）753.6万人
2022年度 訪日外国人宿泊延べ数（北海道全体）195.0万人

**道北圏**

| | | |
|---|---|---|
| 19年度 | 92.3万人 | 12.3% |
| 22年度 | 31.8万人 | 16.3% |

**道央圏**

| | | |
|---|---|---|
| 19年度 | 548.0万人 | 72.7% |
| 22年度 | 138.9万人 | 71.2% |

**オホーツク圏**

| | | |
|---|---|---|
| 19年度 | 12.0万人 | 1.6% |
| 22年度 | 2.5万人 | 1.3% |

**釧路・根室圏**

| | | |
|---|---|---|
| 19年度 | 17.6万人 | 2.3% |
| 22年度 | 5.2万人 | 2.7% |

**十勝圏**

| | | |
|---|---|---|
| 19年度 | 16.3万人 | 2.2% |
| 22年度 | 3.7万人 | 1.9% |

**道南圏**

| | | |
|---|---|---|
| 19年度 | 67.4万人 | 8.9% |
| 22年度 | 12.8万人 | 6.6% |

出典：北海道経済部「北海道観光入込客数調査」。

## 〈特徴③〉入込客数の繁閑差

　もう1点、これも長期的な傾向であるが、入込客数の繁閑差の大きさが挙げられる。北海道はその気候的特性もあって、旅行しやすい4〜9月とスノースポーツに適する12〜2月に人気が集中しており、他の地域と比較しても繁閑差が大きい。

　以上の傾向を踏まえ、北海道として取り組むべき主要な課題は、以下の2点に集約される。

### 〈課題①〉幅広い地域からの誘客の強化

　１つが、幅広い地域からの誘客の強化である。北海道は、韓国、台湾、香港といったアジア圏では高く評価されており、コロナ禍前から水際対策緩和後の今現在に至るまで、多くの観光客が来道している。これらの国や地域では旅行先としての「北海道」が十分に認識されており、今後も引き続きの来道が期待できる。

　しかしながら、来訪する観光客が特定地域に偏ってしまうことはリスクも大きい。観光客の入込数は当該地域そのものの情勢、日本と当該地域の関係、為替レートといった周辺状況に左右される。たとえば、2019 年には日韓関係の冷え込み等の影響で韓国からの旅行者が全国的に減少し、北海道でも大きな減少をみた。幸い、水際対策緩和後は韓国からの旅行者も順調に回復しつつあるが、他にもコロナ禍後も長らく団体旅行が解禁されず往来の回復が大きく遅れた中国の例もあり、特定の地域に依存するのではなく、幅広い地域からの誘客に取り組むことが重要である。

　また、幅広い地域からの誘客を促進することで、地域ごとに異なる時期の来道を増やすことにつながり、特徴③の繁閑差の縮小も期待できる。したがって、すでに多くの旅行者が訪れているアジア圏からの誘客を継続しつつ、これらの地域に加えて欧米豪等をはじめとする幅広い地域からの誘客を図るため、まだ誘客の余地がある国・地域に向けたプロモーションを強化していく必要がある。

### 〈課題②〉道央圏以外への誘客の強化

　もう１つが、道央圏以外への誘客の強化である。先ほど見た通り、来道する外国人観光客の７割超が道央圏に宿泊しているが、これは札幌、小樽、ニセコ、登別といった大きな観光地があること、これらの観光地では早くから多言語化や Wi-Fi の整備といった受入環境の整備が進められてきたこと、宿泊施設の数も多いこと、そして道内の国際線の９割超が発着する空港である新千歳空港からアクセスがしやすいこと等が理由である。

　北海道の空の玄関口としての新千歳空港があり、また公共交通での移動が比較的容易な道央圏は今後もインバウンド受入の要であることに変わりはない。その一方で、北海道には、函館をはじめ北海道の中でも特に歴史の長い道南、多様な国立公園に代表される豊かな自然を誇る道東、旭川や富良野、美瑛といった名の知れた観光地から日本最北端までを含む道北といった多様な地域があり、それぞれが独自の魅力を有している。これらの地域への誘客を強化し、

またこれらの地域と道央圏を結びつけ、道内での周遊を打ち出すことで、道内における、ひいては日本における滞在期間の伸長につながることが期待される。

　北海道としてこれらの課題に対応していくとともに、現行の「観光立国推進基本計画」において示された、旅行の高付加価値化・滞在期間の伸長にも取り組んでいく必要がある。

## 3.　これまでの取り組みと成果

　以上の問題意識に基づき、コロナ禍前から北海道運輸局はさまざまな取り組みを行ってきた。その中でも力を入れて取り組んできた 2 つの施策について紹介する。

### (1)　スキープロモーション

　北海道が誇る観光資源の 1 つが雪である。北海道に降る雪は、日本国内の他の地域で降る雪と比べても水分が少なく、柔らかい手触りが特徴の「パウダースノー」と呼ばれ、非常に高い評価を受けている。また、北海道の特質は雪質だけではない。北海道は、フランスが誇るスノーリゾート「シャモニー」と同じような緯度にありながら、毎年安定した積雪量、幅広い年代が安心して楽しめる標高の低さ、約半年に及ぶ長いシーズンという世界でも類い希なスキー環境を有している。

　また北海道の大きな特徴の 1 つとして、「都市部で相当量の降雪を得られる」ことが挙げられる。たとえば、札幌は人口 195 万人の大都市でありながら、年間積雪量は約 480cm と同緯度地域の他の都市と比較しても多く、世界屈指の豪雪地帯である。近郊の複数のスキー場には札幌中心部から容易にアクセスすることができ、日中はスキーを、夜は都市部での飲食をそれぞれ楽しむといった多様な遊び方が可能である。このほかにも、2024 年現在において世界的にも有名なスノーリゾートであるニセコ、また海外からも注目が集まりつつある富良野もこのような特徴を共有している。

　インバウンド誘客の強化に向けて、北海道運輸局ではコロナ禍前からスキープロモーションに取り組んできた。その端緒が 2007 年 3 月に行った、ワールドスノーボードガイド誌の招請である。北海道のスノーリゾートは世界に通用するという感触を得て、本格的にインバウンド向けのスキープロモーションに乗り出した。

　長らく、北海道内のスキー場の主なターゲットは国内スキー客であった。国

内スキー客が複数のスキー場を巡ることはあまり想定されないことから、それぞれのスキー場はお互いに同じターゲットを奪い合う競争相手とみなし、差別化を図っていた。しかしながら、インバウンドをターゲットとした誘客に取り組む上では、個別のスキー場を売り込むよりも前に、目的地としての「Hokkaido」を印象付ける必要がある。まずは「日本には優れたスキー場がたくさんあり、中でもパウダースノーを楽しめる北海道は素晴らしいスノーリゾートである」ことを売り込むべきであり、そのためには北海道内の複数のスキー場が連携してプロモーションに取り組むことが欠かせない。

そこで、北海道運輸局として、まずはスノーリゾートとしての「Hokkaido」のイメージを定着させるべく、以下の取り組みを行った。

1 つ目が旅行博におけるプロモーションである。海外に向けて「Hokkaido」を印象付けるべく、2007 年にロンドンで開催されたスキー専門の旅行博覧会に出展して PR を行った。当時は北海道に訪れるためにはトランジットが必須であったことから、逆にこれを活かし、京都市と連携して、北海道のスキーと日本の伝統文化の両方を楽しめる旅をアピールした。

2 つ目がポータルサイトの整備である。海外に向けて道内スキーリゾートの情報をひとまとめで発信するべく、英語のポータルサイトを整備し、13 のスキー場を掲載するとともに、エリアからも検索できるよう整えている。

これらの取り組みを主導するべく、2008 年に道内の官民スキー関係者や京都市で「北海道スキープロモーション協議会」を設立した。2024 年現在も北海道内の市町村やスキー場、関係する業界団体等を構成員として活動を継続している。

### (2) アドベンチャートラベル（AT）推進と ATWS 開催

近年の北海道観光を議論する上で欠かせない存在がアドベンチャートラベル（AT）である。AT について、ここでは「身体的活動（アクティビティ）を通じて自然や異文化を体験する旅行」と定義する。

「アドベンチャー」という語感から特に難易度の高いアクティビティを想定されがちだが、重要な要素は「自然や異文化の体験」、すなわち「訪れた地域そのものについて学ぶこと」にある。たとえば、「地域に詳しいガイドの案内で、その地域の山に登り、山の自然を知るとともに、その山が当該地域の歴史にもたらした影響を学ぶ」ツアーがあるとしよう。この山が峻岳でなくとも、ガイドの案内で地域の自然や文化、そしてそれらを筋道立てて説明するストー

リーについて学ぶことができるのであれば、これは立派な AT である。

## 資料4　AT の 3 要素・5 つの価値

**AT を構成する 3 要素**

**ATTA が提唱する AT の 5 つの体験価値**

| ①The Novel and Unique<br>新しくユニークな体験 | 他の場所では得られない、新しい体験 |
| --- | --- |
| ②Transformation<br>自己変革 | AT を通じての自分自身の変化 |
| ③Wellness<br>心身の健康 | AT を通じて心身ともに健康になったという実感 |
| ④Challenge<br>挑戦 | 身体面・精神面を問わない挑戦 |
| ⑤Low Impact<br>環境負荷の低減 | 訪問先の地域社会や環境への負荷を最小限に留めること |

出典：ATTA「ADVENTURE TOURISM DEVEL-OPMENT INDEX2018」より北海道運輸局作成

出典：北海道運輸局資料。

　AT の特徴として、以下の 3 点が挙げられる。

　第 1 は、欧米豪を中心に人気が高いことである。近年は中東やアジアといったさまざまなマーケットでも人気が高まりつつあるが、AT はアメリカを中心に発展してきた旅行形態であり、やはり AT 市場の中心は欧米豪である。

　第 2 は、旅行者の動機に占める「内面の変化」の大きさである。世界の AT 旅行者を対象に行われた調査の結果では、半分以上が AT の目的として「自分自身が変化すること」「自分の視野を広げる」「学ぶ」ことを挙げている。したがって、AT の本質を端的に述べるなら、「自然の中でのアクティビティや異文化体験を通じて自分の内面が変わっていく旅行」とするのが最も正確かもしれない。

　第 3 は、他の旅行形態に比較して滞在日数や 1 人当たり旅行消費額が多いこと、また旅行消費額のうち地域に還元される割合が大きいことである。地域の自然や文化を深く知ることを目的とする AT 旅行者は、海外の旅行会社だけでは企画・手配できない地域ならではの旅行を好むため、地域の観光関係者が各地域の良い素材・良いガイドを組み込んだ旅行商品を企画することで、価格競争になりにくく、価値に応じた対価を受け取ることができる。また地域を理解することを重視するため、必然的に地域における滞在日数が長くなり、旅行消費額も大きくなる。

　日本国内ではまだ新しい旅行形態である AT だが、北海道として AT の推進

### 資料 5　AT 旅行者の目的

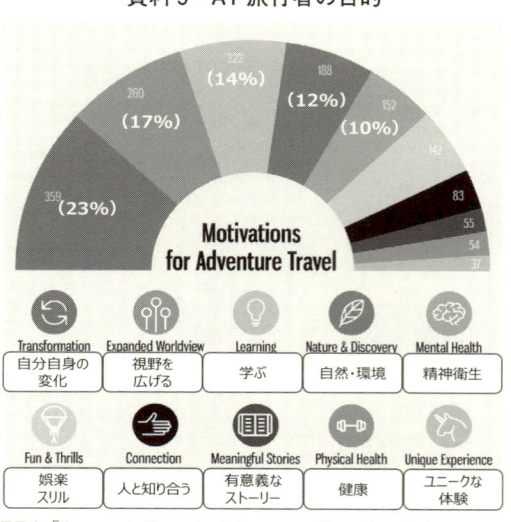

出典：ATTA「Research Reveals Adventure Travelers Primarily Motivated by Transformation」より、執筆者にて一部加工。

に取り組み始めたのは 2015 年頃のことである。海外の有識者から「北海道の自然や文化は AT に向いている」と助言を受けたことを契機に、AT 市場への参入について検討を開始した。

　世界の AT 市場は、AT 関係の旅行会社やメディア等で構成された世界最大の AT 関係の組織である Adventure Travel Trade Association（ATTA）が主導していると言ってよい。ATTA はさまざまなイベントを開催しているが、中でも最も大きなイベントが、年に 1 回、世界各地で開催される、商談会を兼ねた年次総会「アドベンチャートラベル・ワールドサミット」（ATWS）である。

　北海道が AT 市場に参入する最初の足掛かりとして、北海道運輸局を含む北海道の関係者が集まり、アラスカで開催された 2016 年の ATWS に参加した。世界の AT 関係者との交流を通じて北海道における AT の可能性を確信した参加各機関が中心となり、翌年以降も ATWS への出展を継続しつつ、ATTA の幹部を視察に招いたり、ATTA の小規模なイベントを北海道内に誘致したりと積極的な取り組みを進めた。これにより世界の AT 市場における北海道のプレゼンスが高まるとともに、北海道での人材育成やツアーの造成が進み、

2021 年の ATWS を北海道に誘致することに成功した。コロナ禍の影響で 2021 年はバーチャル開催となったものの、参加者から北海道への期待は大きく、2023 年 9 月に改めて北海道で実地開催をした。

　ATWS の大きな特徴が、開催国でのツアーである。公式プログラムとして PSA（Pre-Summit Adventure：会議の前に行われる 4〜5 日程度のツアー）、DOA（Day of Adventure：会議初日に行われる日帰りのツアー）がそれぞれ数十本用意され、参加者はツアーを通じて開催国の AT 資源を知った上で商談に臨む。北海道ではこれを好機と捉え、PSA を道内 15 本（道外 7 本）、DOA を 31 本造成し、いずれも高い水準で催行できるよう、長い時間をかけて磨き上げた。また、ATWS 本体も、北海道の内外の関係者が連携し、北海道・日本の自然や文化をより効果的にアピールできるよう取り組んだ。その結果、過去の ATWS の中でも高い評価を得ることができ、また旅行事業者からは北海道の AT 商品を造成したいという声も多く聞かれるなど、北海道の AT への高い期待を確認することができた。

　資料 4 にある通り、地域社会や自然への影響を抑えることを重要視する AT は、「持続可能な観光」のあり方の 1 つであり、今後もその重要性は増していくことが期待できる。北海道での ATWS は成功をおさめたが、それはあくまで通過点に過ぎない。北海道の知名度が高まったこの機会を活かし、拡大しつつある世界の AT 市場で重要な地位を持ち続けるため、今後も継続したアピールと、北海道内での AT 商品のレベルの向上が必要である。

## 4.　今後の北海道観光を考えるために

　今後の日本全体の観光を考える上で重要な 2 つのキーワードとして、「観光立国推進基本計画」にも掲げられている「観光の高付加価値化」「持続可能な観光の実現」が挙げられる。この両者は密接に関連しており、「観光の高付加価値化」を進めることで、旅行者の満足度を向上させるだけでなく地域に還元される額が増え、それにより環境保全や設備の改修といった将来に向けた投資がされ、「持続可能な観光の実現」につながる。

　これまで見た通り、海外からの北海道への評価は総じて高く、今後もインバウンドの入込が増えていくことが期待される。しかしながら、その過程で留意するべき課題も生起しつつある。

### （1）オーバーツーリズムの懸念

　その 1 つがオーバーツーリズムの懸念である。ここでは、オーバーツーリズムを「特定の観光地において、訪問客の著しい増加等が、市民生活や自然環境、景観等に対して大きな負の影響を生ぜしめたり、旅行者の満足度を大きく低下させたりするような事態」と定義する。

　オーバーツーリズムの懸念が生じている地域の例として、観光庁の令和 5 （2023）年補正予算事業「オーバーツーリズムの未然防止・抑制による持続可能な観光推進事業」の一次公募で「先駆型地域」として採択された 2 地域を取り上げる。

　1 つ目がニセコエリアである。先述のスキープロモーション等の取り組みの結果、ニセコは世界的なスノーリゾートとしての地位を確立しつつあり、オーストラリアを中心に、欧米圏からも多くの旅行者が訪れている。特筆すべきは、欧米圏でも特に富裕層が多く訪れていることである。価格よりもサービスの質を重視する旅行者が多く、また滞在の期間が長い。中には、ニセコの別荘を一棟借り上げたり、自ら不動産を所有したりする例もあるが、同時にその影響でニセコ全体の物価が高騰しており、地域住民や、日本人観光客への影響が生じている。また交通面の課題としては、域内の道路のキャパシティを超えた車両が往来することによる混雑や、旅行者が移動の足として滞在期間中ずっとタクシーを借り上げてしまい、地域住民が移動手段に窮してしまうこと等が挙げられる。タクシー車両不足に関しては、冬季限定で地域外からタクシー車両と乗務員を応援派遣する取り組みも行っているが、引き続きの対応が必要である。さらに、外国人観光客の増加に伴い、海外からのニセコへの投資も増えている。同様の事態は同じく優れたスキーリゾートである富良野などでも生じている。投資自体は否定されるべきものではないが、地域全体で協調した形での開発が行われるよう留意する必要がある。

　2 つ目は美瑛町である。「青い池」「セブンスターの木」などに代表される優れた景観が多く、また札幌からも日帰りできる距離であることから、主にバスツアーの団体客が多く訪れている。しかし、美しい景観を写真に収めようと道に広がって写真撮影を行い交通の支障になったり、勝手に私有地である農地に立ち入ったりという事態が多々生じている。これにより、交通渋滞による緊急車両の通行の阻害や、農地への立入による病原菌の持ち込みなどが懸念され、地域に与える悪影響が大きい。過去には、観光客の立入による被害等を理由に「哲学の木」として親しまれた木が持ち主によって伐採された例もある。

　また課題として、観光客の訪問が必ずしも地域への経済的な裨益になっていないことが挙げられる。例に挙げた景観はいずれも無料で楽しめてしまうため、多くの観光客の訪問が金銭的な利益に十分につながっていない一方、無断立入や混雑を防ぐために立入禁止を示す看板や混雑状況を示すライブカメラなどを設置する必要が生じ、地域に負担が生じてしまっている。

　これらの事例、特に美瑛町の例から浮かび上がってくるのは、観光客の入込数を無暗に増やすのではなく、時間帯やエリアを分散し、バランスを取っていくことの必要性だ。たとえば入域料を設定するなどして、特に混雑するエリアに費用を払ってでも訪れたいと思う観光客をスクリーニングするとともに、入域料による収入でもって現に生じている外部不経済を内部化するといった方策が考えられる。

　オーバーツーリズムへの未然防止・抑制に向けた対策はまだ途上にあるが、有効な方策を全国的に模索し、優良事例の横展開等を通じて協力して取り組んでいく必要がある。

### (2) 人手不足対策

　人手不足もまた大きな課題である。全業種的な人手不足が深刻化する中、広義の観光関連産業、すなわち旅行業、宿泊業だけでなく、公共交通なども含め、全般的に人手不足が進んでいる。外国人材の受入や、北海道としては道外からの北海道への移住希望者を募る方法もあるが、全国的、全業種的な人手不足の中ではそれも絶対的な解決策とは言い難い。今後の人口減少局面において、少ない人数でどの程度のサービスの質を保てるか、どの部分を維持しどの部分を縮減するのか、あるいは先進機器の導入等によりコストを減らせるのか、引き続きの検討が必要であろう。

　そして、人数といういわば「量」の確保と同時に「質」の担保も必要である。先述の ATWS2023 では北海道に高い評価が寄せられる一方で、課題として「英語でのガイド能力の向上」が挙げられた。英語を母語とする者とそうでない者との間で英語の水準にある程度差があるのはやむを得ないことではあるが、しかし今後海外に向けて北海道を売り出していくための足懸りとして、英語でのガイドは欠かせない。

　これまでは、来道者数の大部分を国内客が占めていた。しかし今後の国内人口が減少していく局面においては、今後も成長が期待される外国人観光客のさらなる受入拡大が重要であり、そのためには、英語など他の言語で北海道の魅

力を的確に伝えていくことが必要となる。

### 資料 6　北海道観光入込客数（実人数）の推移（2007〜2022 年度）

（単位：万人）

道内客
道外客（国内）
訪日外国人客

※ 2010年度より新算定方式によるため単純に経年比較はできない。　　　※ 北海道のオープンデータを改変して利用

出典：北海道経済部「北海道観光入込客数の推移」

　以上、北海道へのインバウンドの受入拡大を巡る流れを駆け足で概観した。さまざまな課題はあれど、北海道にとって観光が重要な産業であることに変わりはなく、今後もインバウンドの受入拡大に向けて取り組んでいくことになろう。しかしその中で最も重要なのは、地域資源のポテンシャルを活かすための「観光の高付加価値化」、そして地域に負荷をかけない「持続可能な観光の実現」を目指すことだ。北海道として、北海道の持つ魅力を無理なく、そして最大限に活かす方法を、これからも模索していく必要がある。

# 第8章

## 新しい萌芽の事例

　本章ではここまでの内容を踏まえ、新しい旅行業のあり方や、実例などに関して触れていく。その例として、近年注目を集め、期待されているアドベンチャーツーリズムに関して述べる。

## 1. アドベンチャーツーリズム

　ケーススタディ③で渡延氏も触れているが、アドベンチャーツーリズムの世界組織である Adventure Travel Trade Association（以下 ATTA）の定義によると、アドベンチャーツーリズムとは「アクティビティ、自然、文化体験の3要素のうち、2つ以上で構成される旅行」であるとされる。

　なお、アドベンチャー"ツーリズム"とアドベンチャー"トラベル"の違いを問われることがあるが、明確な定義はないながら「アドベンチャートラベルがより"旅行"そのものを、アドベンチャーツーリズムは関連するアクティビティ事業者、宿泊施設、一次産業、伝統産業、国立公園や地域住民等も含む、広く"産業"的な意味あいを指す」と、ATTA のシャノン CEO は述べている。

### (1) アドベンチャーツーリズムの起源と特徴

　その起源は北米において、アウトドアアクティビティが盛んとなった1960～70年代に、一部の旅行者や事業者によって始まった。不十分な安全管理体制のもと、クオリティも高くなく、時に地域住民への配慮や、環境・コミュニティ保全意識に欠けるようなツアーを行うなどの問題も発生した。

　そうした事態を憂慮し、安全に配慮しつつ、高い品質と環境やコミュニティ

保全、地域住民（先住民等も含む）への雇用創出などまで考慮したサステナブルな取り組みを目指す中小アクティビティ事業者や地域拠点型宿泊施設等の有志による自主的な組織が生まれた。ATTA は、全米で自然発生的に生じた取り組みやコミュニティをとりまとめ 1990 年に設立された。

　その "アドベンチャー" や "アクティビティ" といった響きから、秘境でのトレッキングや、トライアスロンのようなハードな準備・訓練が必要とされる強度の高いアクティビティが求められると誤解を受けるケースが多い。もちろんそういうアクティビティも好まれるが、主役となる自然、文化の価値をより深く知り、楽しむような文化的でソフトな活動もアクティビティに含まれる。

　たとえば、地域のお年寄りの自宅を訪問し茶菓子を楽しみながら会話を交わすこと、公民館で伝統舞踊や地元料理体験などのソフトな活動を地元の小中学生と楽しむことも、価値の高いアクティビティとして捉えられる。文化という面で補足すると、昼食時に券売機で食券を購入することや、コンビニエンスストアの品揃えと品質、おにぎりのビニール包みの開け方すらも体験として価値がある。

　アドベンチャー旅行者は「古来の伝統的な文化」はもちろんだが、時にそれ以上に現代の日本人のありのままの営みに触れることも高い価値として認識し

### 図表 8-1　アドベンチャーツーリズムの 3 要素とその関係性

自然とのふれあい
Interaction with Nature

アクティビティ
Physical Activities

文化交流
Cultural Exchange

アクティビティは自然・文化を、地域の方と深く楽しく知る「手段」である
（実施を通じて地域をより深く、楽しみながら地域の人々と双方向で自然と文化を知る）

地域の中小事業者と地域住民に、経済・社会的な観点でのサスティナブルな効果を残し、地域の自然や文化・コミュニティの保護・活性化に貢献することが重要な要素

ている。彼らにとっては、地域が主語・主体となって、自然、歴史、産業等の広い視点で紡いだストーリーを、地域の DMC や、スルーガイド、地域に深く根差したスポットをガイドとともに、地域住民との交流を通じて、深く体感する過程が必須なのである。

　そうした過程を通じて、旅行者に自己変革をもたらし、日常では持ちえない視点で自身を見つめ、癒しや意識の変容など身体の内面にも働きかけていくアドベンチャーツーリズム（以下 AT）のスタイルは、今後もますます若い世代を中心に、多くの次世代の旅行者に支持されていくと考えられる。

## （2）エコツーリズム、サステナブルツーリズムとの相似と相違

　「エコツーリズム、サステナブルツーリズム、そしてモダンラグジュアリー等のいわゆる高付加価値市場のツーリズムと、AT にはどういう違いがありますか？」という質問を受けることがある。

　その際私は常に「エコツーリズム、サステナブルツーリズム等のツーリズムと根幹は一緒だと思います。地域の自然、文化、そしてそこに住まう人々との交流を、アクティビティを通じてより魅力的な体験に整え、そこから得た対価を地域の自然・コミュニティの保全と活性化に活用するという意味では、エコツーリズム、サステナブルツーリズムも等しく大事にしていることだと思うからです」と答えている。

　あえて違いをあげるとすれば、AT の特徴は、地域で価値創出の主役となる地域拠点の中小事業者などがしっかりと利益を上げ、結果として地域全体の経済に好循環をもたらすことを、より重視することと考える。

　それゆえに、冒頭の質問を受けた際には「地域の皆様が、これまでの経緯も踏まえて、一番腹落ちがしやすく、使いやすいツーリズムを状況に即して活用していただければよいと思います。当然ですが、それぞれのツーリズムに上下などあるはずもないです。仮に現時点で AT が「手段」として使いやすく、地域の関係者の皆様も同意しやすいならば、ご活用いただければうれしいです」と回答している。

　特定のツーリズムが万能なはずもなく、時代によってその定義は変わって良いものと考える。名称そのものが重要ではなく、地域特性やその状況、それま

図表 8-2　AT とエコ、サステナブルツーリズムの相違点・共通点

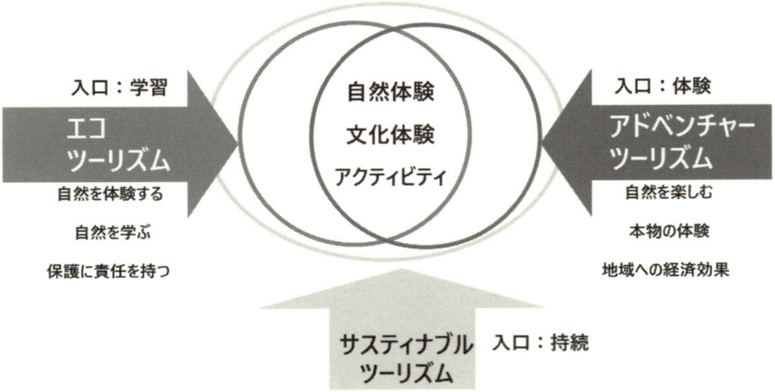

での取り組み経緯に応じて、何より地域の環境・コミュニティ、そしてそこに住まう人々、子供たちの未来に、貢献できることこそが重要であると考える。

　同時に地域側での取り組みの「きっかけ」として、AT を使いやすい、取り組みやすいと捉えていただけるケースも多い。

　国内においては、北海道が AT にいち早く取り組み、その後、全国へ波及していった。どの地域もその地域を活性化させる取り組みは等しく素晴らしいものだが、ここでは北海道と沖縄の 2 つの事例に触れる。

## 1）北海道　—日本・アジアにおける AT の先駆者—

　北海道が日本で最も早く、2015 年頃から北海道運輸局が中心となって AT に着手した（それ以前にも、民間で個別に真摯に、そして熱心に取り組んでいた事業者はいた）。

　特に北海道運輸局観光部国際観光課長（当時）水口猛氏は、精力的に関係機関に働きかけ、世界各国の AT 関係者が集う世界最大級のイベントである Adventure Travel World Summit（以下 ATWS）を、2023 年北海道に誘致することに重要な役割を果たした。本大会は、今まで北米・南米・欧州・アフリカで開催されていたが、アジアで初の開催となった。

　2016 年頃からは、北海道経済産業局が「北海道のためにも、ぜひ側面支援したい」と局内でさまざまな調整を行い、黎明期の取り組みを強く支えてくれ

た。その結果、2018 年に北海道経済産業局事業で作成した「アドベンチャーツーリズムマーケティング戦略」は黎明期でまだ情報の少なかった時期の参考資料として活用された。

　また 2019 年に北海道運輸局の観光企画課長實重貴之氏、観光地域振興課地域第一係長森恭平氏、観光企画課外客受入推進係長田中大輔氏が担当となって作成した北海道 AT マーケティング戦略は、作成されて 5 年経過しているが、その先見性と精度の高さから、現在も関連省庁や各地域行政、DMO ／ DMC 等で活用されている。

　北海道運輸局、北海道経済産業局に加えて、北海道庁、北海道観光振興機構、札幌市、釧路市、JNTO 等が組織・立場を超えての連携が進むと同時に、民間事業者側の貢献も、不可欠で重要な役割を担った。特に鶴雅ホールディングス代表取締役社長グループ CEO 大西雅之氏、鶴雅リゾート (株) 取締役アドベンチャー事業部部長高田茂氏の貢献が大きい。

　当時は AT の認知度はほぼ皆無であったため、取り組みの意義を説明しても、関係者を巻き込むことは簡単ではなかった。

　そうした状況下でも、大西氏・高田氏が「AT が、地域主体となる取り組みであり、環境・文化・コミュニティ保全等のサステナビリティや地域に適切な

**図表 8-3　産官学の関連プレーヤーをつなげるきっかけとして機能した AT 概念図**

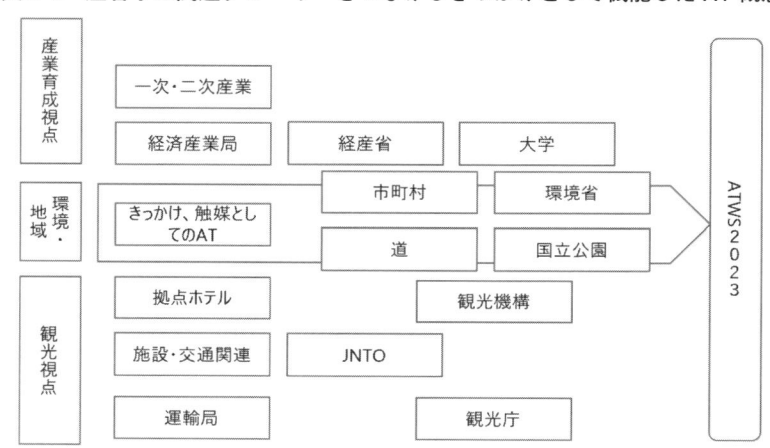

経済効果を生み出すことを重視していること、一過性のものではなくサステナブルな営みであること」と各関係機関への多大な働きかけを行ってくれた。

　観光視点の北海道運輸局の推進と、経済・産業視点の北海道経済産業局がそれぞれの強みを持ちより、地域行政や中央官庁・組織を巻き込み、民間企業の側でもその意義を理解し、アジア初となる ATWS の北海道開催というマイルストーンに向けて、関係者が一丸となって取り組んだのである。このことが、AT が、現在日本でもっとも期待されるツーリズムの 1 つとなった要因と考えられる。

### 2) 沖縄　—ゆい（結）まーるを体現した地域連携—

　沖縄はその亜熱帯の自然と、世界有数の濃く多様な生態系、そして独自の文化から、国内でも屈指の魅力と潜在力を持つデスティネーションである。

　しかしながら AT の観点で見た場合、陸域でのアクティビティの運動強度という観点では、日本の雄である北海道と比べれば、雄大な山々でのトレッキングは実施できず、サイクリング等においてはルートの長さ・道路の広さ等では伍しえない部分があるのも事実である（もちろん海域のアクティビティに関しては、沖縄が日本の雄といえる）。

　その分、沖縄固有の文化を基に、そして日本本土、中国、アメリカ、太平洋諸国等、多様な他地域との交流からはぐくまれた"独自の文化"により重きを置いて取り組みを進めてきた（北海道もアイヌ文化という唯一無二の独自文化を、重要な価値として位置付けていることを補足しておく）。

　沖縄での取り組みの特徴としては、初動における内閣府沖縄総合事務局、沖縄観光コンベンションビューロー（以下 OCVB）による基盤の整備と、その後は中小の民間プレイヤーによる自主的な連携により進化していったことが挙げられる。

### 内閣府沖縄総合事務局、OCVB による基盤整備

　沖縄でのアドベンチャーツーリズムの取り組みは、2018 年頃内閣府沖縄総合事務局による事業を、OCVB が連携して取り組んだことが契機となった。

　当時から年間 1,000 万人前後の来訪者があった沖縄では、主に中南部におけるオーバーツーリズムもより顕在化しつつあった。同時に、当時世界自然遺産

登録を見据えた北部やんばるエリア、西表島等における環境やコミュニティの保全と、資源活用・振興とのバランスもあわせ、その方向性も模索している状態であった。

　OCVB でプロジェクトマネージャーを務めていた酒井達也氏は、AT に初めて触れた際に「沖縄が目指す望ましい方向性の 1 つ」と感じ、翌 2019 年には ATWS スウェーデン大会に視察チームを派遣した。

　また当時内閣府沖縄総合事務局運輸部企画室長であった三宅亮氏も、同様に AT の沖縄での可能性を感じ取り、2019 年度から沖縄におけるアドベンチャーツーリズム戦略策定・仮説検証に向けた長期 FAM 等の実施を支援し、取り組みの基盤が急速に整備された。

　先行する北海道における AT の取り組みとその課題を踏まえた上で進められたことは、沖縄にとってより効率的かつ集中的に取り組める結果にもつながった。2020 年には沖縄全域から選抜された 20 名の精鋭が年間 7 回程度集い、相互に学びあうという他地域では例を見ることが稀な、大規模かつ産官学が一体となった人材育成プログラム「沖縄型産業中核人材育成事業」を実施した。2021 年にも期間はやや縮小したが、続けて実施することができた。

　同事業では AT にとどまらず、東京等の大都市圏の大手資本に依存せず、地域が主体となり、自然・コミュニティ保護を進めながら、価値を向上させていく手法を座学やオンライン、時にフィールドでの合宿形式で学びあった。

　酒井氏からバトンを引き継いだ OCVB の山城圭之慎氏が推進を続け、2022 年 ATWS スイス大会、2023 年 ATWS 北海道大会に、沖縄の地域事業者とともに続けて参画した。

　特に 2023 年の北海道大会では、開催地であり、多くの PSA[1]、DOA[2] を実施した北海道に次いで、参加欧米バイヤーから日本で魅力的な地域として、2 位を獲得するなど、大きな成果を残すことができた。

　また環境省沖縄奄美自然環境事務所野生生物課長（当時）岩浅有記氏が、一連の取り組みにおいて地域行政や関連省庁、地域のキーパーソン等へ、その意義を説き、環境という観点での関係者との橋渡し役を務めてくれたことも、大

---

1)　PSA ＝ Pre-Summit Adventure：サミット前に実施されるホスト国・地域を知ってもらう体験ツアーとして北海道内外で実施

2)　DOA ＝ Day of Adventure：9 月 11 日に実施された日帰りツアー。31 コース実施。

きな追い風となった。

## 民間プレイヤーによる自主的な連携

　「沖縄型産業中核人材育成事業」の 2 か年の修了生総数はおよそ 40 名にのぼり、現在は転職やコロナ禍等で観光業界を離れたメンバーもいるが、修了生による起業や、修了生同士での事業連携・立ち上げ、公募事業獲得等の実業的な結果を数多く生み出した。何より沖縄の資産となったのは、その修了生によるネットワークである。

　沖縄は、その高い魅力と地政学的な重要性ゆえに、他地域以上に開発と保全のバランスや、沖縄と本土間の調整など課題も多い。今後も、空港、港湾、2 次交通等のインフラストラクチャー整備に加え、ホテル計画やアミューズメント・MICE 施設など、経済活性化・雇用確保にも重要な事象との調整は必須である。

　こうした環境下で、AT が「きっかけ」となり、集った中小事業者メンバーが強固なネットワークを築き、日本有数の規模と実績を持ち、さまざまな成果を出し続けている。


　前述のように、AT の取り組みにおいては、多くの方々の応援がある。2019 年、当時環境省から JNTO へ出向していた笠原綾氏は、北海道経済産業局主催の日本・アジアで初の実施となった Adventure WEEK に同行し、AT の理念や活動に深く感銘を受け、JNTO、環境省、そして観光庁等にも情熱をもって働きかけ、さまざま力を尽くしてくれた。JNTO は 2019 年の ATWS スウェーデン大会の出展を皮切りに、それ以降も 2023 年の ATWS 北海道大会の誘致まで精力的に支援を継続し、今では JNTO の重点戦略 3 本柱の 1 つとして掲げてくれている。

　次のケーススタディ④では笠原氏の寄稿から、今では観光における最重要項目の 1 つにもなったと言える環境保全と旅行の関係（≒サステナビリティ）に関して触れていく。

**ケース スタディ❹**　——環境保全政策として観光推進に取り組む視点から——

# 環境保全における旅行の役割と価値

笠原　綾

　日本では 2003 年の観光立国宣言以降、日本経済を支える一手として訪日外国人旅行者の増加を含む観光振興政策が進められ、多様な政策による後押しを受けて 2018 年にははじめて訪日外国人旅行者が 3,000 万人を超えるに至った。新型コロナウイルス感染症が蔓延するまで、日本では旅行者の急増に伴い、局所的に旅行者が集中するオーバーツーリズムや観光マナー悪化が問題として取り上げられるようになった。同時期、国際的にはとりわけ気候変動対策に対する市民レベルでの参加行動が顕著になり、二酸化炭素排出量の多い航空機ではなく鉄道を利用して旅行するといった動きが広がった。旅行の目的地である地域社会への影響、地球規模および地域の環境への影響を考慮した「持続可能な観光」への関心が高まり、国や企業の対応と個人の選択が求められてきたところ、新型コロナウイルス感染症の収束を経て、さらにその動きは顕著になり、それはまた " 特別な対応 " から " 当たり前の対応 " へと変化している。

　本稿では、環境分野での国際的な動向や日本の自然環境の概況を記し、旅行（とりわけ観光）分野における環境保全の動きや、地域において果たす役割、持続可能な観光の推進の意義に目を向けるべく、国内外の取り組みを紹介する。

## 1．環境分野に関する動向

　氷塊が大きな音を立てながら海に落ちる、海中のサンゴが白化する、痩せた大型哺乳類が食料を求めて人間の居住域に現れる、大規模な洪水や山火事から人々が避難する……このような報道を目にすることが、いまや日常的になってきてしまった。温暖化をはじめとする地球規模の気候変動や生物多様性の消失、大気汚染や海洋汚染、土壌汚染の状況は、人類が地球で生きていくには危機的な段階に来ている。2009 年にヨハン・ロックストローム（Johan Rockström）博士らにより発表された、" 地球の限界 " と訳される planetary boundaries は、地球の変化に関する項目（気候変動、種の絶滅の速度、土地利用変化、オゾン層破壊、新規化学物質など）について、人間が安全に活動できる範囲内にあれば社会は発展できるが、本来持つ回復力の限界（tipping point）を超えると、回復不可能な変化が引き起こされ、この限界がどこにあるかを知ることが重要という考え方である。このような地球の限界の中でどの

ように人間が生きていくかが問われている。

　経済優先主義で急速な開発・発展を求めてきた 1950〜1960 年代を経て、その歪みは酸性雨や大気汚染、水質汚染などとして人間生活の周りに現れ始め、1972 年に大規模に環境問題を扱う初の国連会議として国連人間環境会議（ストックホルム会議）が開催された。以降、地球環境問題は繰り返し取り上げられてきたがその進行を止めるには至らず、各国の取組促進や対応強化に向けて、さまざまな国際環境条約が採択されている。とりわけ、国連環境開発会議（地球サミット）が開催された 1992 年に採択された気候変動枠組条約と生物多様性条約は、ほぼすべての国連加盟国が締結・参加する条約であり、両条約下での決議等は政府、業界に反映され、そしてわれわれの日常生活においても内在化されていくことになるものである。

　気候変動枠組条約（UNFCCC）は、大気中の温室効果ガス濃度の安定化を究極の目的として、全締約国に対し、温室効果ガス削減計画の策定・実施、排出量の実績公表を求めるとともに、先進国に対してはさらに開発途上国への資金供与や技術移転の推進を求めている。規定の詳細は同条約下で議論されており、2003 年に採択された京都議定書では先進国に対して 2020 年までの削減目標の達成を求めた。2015 年に採択されたパリ協定は、全締約国に対して 2020 年以降の削減目標提出と削減を求めており、また世界共通で、世界の平均気温の上昇を産業革命以前と比較して 2 度より十分低く保ち、1.5 度に抑える努力をする目標が掲げられた。UNFCCC では、先行して発展し温室効果ガスを排出してきた先進国は途上国に比べて重い責任を負うべきであるという考え方があり、パリ協定においては共通だが差異ある責任と各国の能力（Common But Differentiated Responsibilities and Respective Capabilities）を考慮するとの文言が組み込まれている。締約国会議（Conference of Party：COP）が毎年開催され、COP にて協定等の詳細なルールも決定されることから、政府のみならず経済活動への影響を注視する産業界・経済界も重視する会議であり、旅行業界における昨今のゼロカーボン、カーボンニュートラルといった取り組みは、同条約の動向との関連が大きい。航空会社が SAF（Sustainable Aviation Fuel）と呼ばれる持続可能な航空燃料の研究開発と活用を進めたり、鉄道会社が電力に再生可能エネルギーの活用を進めたりしていることはその一例であり、世界旅行ツーリズム協議会（The World Travel & Tourism Council：WTTC）は国連環境計画（UNEP）、UNFCCC らとの

旅行・観光業のためのネットゼロ・ロードマップに関する報告書（2021）を発表している。

　生物多様性条約は、特定の地域や個別の種ではなく地球規模での生物多様性や生態系を保全するため、①生物の多様性の保全、②生物多様性の構成要素の持続可能な利用、③遺伝資源の利用から生ずる利益の公正で衡平な配分の3つを目的として掲げている。全締約国に対し、生物多様性国家戦略の策定や環境影響評価、生息域内外での保全等を求め、先進国に対してはさらに開発途上国に対し、関連する技術の取得機会の提供および移転についての考慮や円滑化が求められている。同条約下では 2010 年に、③に関する詳細な規定を定めた名古屋議定書が採択され、また遺伝子組み換え生物の生物多様性に対する悪影響への対処に関して、2000 年にカルタヘナ議定書、2010 年に名古屋・クアラルンプール補足議定書が採択された。COP は概ね 2 年ごとに開催され、個別規定等に関する議論に加えて、世界規模で生物多様性保全に取り組むための中期的な国際目標が 10 年単位で採択されてきた。2002 年にはじめて「2010 年目標」が採択され、2010 年には 2020 年までの国際目標として「愛知目標」、2022 年には 2030 年までの新しい国際目標として「昆明・モントリオール生物多様性枠組（KM-GBF）」が採択された（資料 1）。KM-GBF では、"ネイチャーポジティブ"（自然再興）と呼ばれる、自然を回復軌道に乗せるために生物多様性の損失を止め反転させるための緊急の行動をとることが大きく掲げられており、自然保護とともにゼロカーボン、サーキュラーエコノミーといった取り組みを通じた行動が求められている（資料 2）。

　ネイチャーポジティブの柱の 1 つとして、2030 年までに地球上の陸域および海域の 30％を保護する 30by30（サーティーバイサーティ）が掲げられている。旅行業界においても、旅行を通じて 30by30 をはじめとする生物多様性の保全に貢献するような観光がネイチャーポジティブツーリズムとして推進されており、KM-GBF の採択に際しては、CBD 事務局が承認した WTTC のネイチャーポジティブツーリズムに関する報告書（2022）が発表され、政府や事業者に対しロードマップを示しながら具体的な行動を喚起し、深化した行動をとるための報告書（2024）も公表された。

## 2.　日本の自然環境とその保全

　日本の特徴ある観光資源としては、発展した都市部や伝統的な寺社仏閣や街

## 資料１　昆明・モントリオール生物多様性枠組の構造

| 2050年ビジョン 自然と共生する世界 | 2030年ミッション 自然を回復軌道に乗せるために生物多様性の損失を止め反転させるための緊急の行動をとる |
|---|---|

**2030年ターゲット**

### 2050年ゴール

**A**
・生態系の健全性、連結性、レジリエンスの維持・強化・回復。自然生態系の面積増加
・人による絶滅の阻止、絶滅率とリスクの削減。在来野生種の個体数の増加
・遺伝的多様性の維持、適応能力の保護

**B** 生物多様性が持続可能に利用され、自然の寄与（NCP）が評価・維持・強化

**C** 遺伝資源、デジタル配列情報（DSI）、遺伝資源に関連する伝統的知識の利用による利益の公正かつ衡平な配分と2050年までの大幅な増加により、生物多様性保全と持続可能な利用に貢献

**D** 年間7,000億ドルの生物多様性の資金ギャップを徐々に縮小し、枠組実施のための十分な実施手段を確保

### (1) 生物多様性への脅威を減らす

1. すべての地域を参加型・統合的で生物多様性に配慮した空間計画下及び/又は効果的な管理プロセス下に置く
2. 劣化した生態系の30%の地域を効果的な回復下に置く
3. 陸と海のそれぞれ少なくとも30%を保護地域及びOECMにより保全　（30 by 30目標）
4. 絶滅リスクを大幅に減らための緊急の管理行動を確保、人間と野生生物との軋轢を最小化
5. 乱獲を防止するなど、野生種の利用等が持続的かつ安全、合法なものにする
6. 侵略的外来種の導入率及び定着率を50%以上削減
7. 環境中に流出する過剰な栄養素の半減、農薬及び有害性の高い化学物質による全体的なリスクの半減、プラスチック汚染の防止・削減
8. 自然を活用した解決策/生態系を活用したアプローチ等を通じた、気候変動による生物多様性への影響の最小化

### (2) 人々のニーズを満たす

9. 野生種の管理と利用を持続可能なものとし、人々に社会的、経済的、環境的な恩恵をもたらす
10. 農業、養殖業、漁業、林業地域が持続的に管理され、生産システムの強靭性及び長期的な効率性と生産性、並びに食料安全保障に貢献
11. 自然を活用した解決策/生態系を活用したアプローチを通じた、自然の寄与(NCP)の回復、維持、強化
12. 都市部における緑地・親水空間の面積、質、アクセス便益の増加、及び生物多様性を配慮した都市計画の確保
13. 遺伝資源及びデジタル配列情報(DSI)に係る利益配分の措置をとり、アクセスと利益配分(ABS)に関する文書に従った利益配分の大幅な増加を促進

### (3)ツールと解決策

14. 生物多様性の多様な価値を、政策・方針、規制、計画、開発プロセス、貧困撲滅戦略、戦略的環境アセスメント、環境インパクトアセスメント及び必要に応じ国民勘定に統合することを確保
15. 事業者（ビジネス）が、特に大企業や金融機関等は確実に、生物多様性に係るリスク、生物多様性への依存や影響を評価・開示し、持続可能な消費のために必要な情報を提供するための措置を講じる
16. 適切な情報により持続可能な消費の選択を可能とし、食料廃棄の半減、過剰消費の大幅な削減、廃棄物発生の大幅削減等を通じて、グローバルフットプリントを削減
17. バイオセーフティのための措置、バイオテクノロジーの取り扱いおよびその利益配分のための措置を確立
18. 生物多様性に有害なインセンティブ（補助金等）の特定、及びその廃止又は改革を行い、少なくとも年間5,000億ドルを削減するとともに、生物多様性に有益なインセンティブを拡大
19. あらゆる資金源から年間2,000億ドル動員、先進国から途上国への国際資金は2025年までに年間200億ドル、2030年までに年間300億ドルまで増加
20. 能力構築及び開発並びに技術へのアクセス及び技術移転を強化
21. 最良の利用可能なデータ、情報及び知識を、意思決定者、実務家及び一般の人々が利用できるようにする
22. 女性及び女児、こども及び若者、障害者、先住民及び地域社会の生物多様性に関連する意思決定への参画を確保
23. 女性及び女児の土地及び自然資源に関する権利とあらゆるレベルで参画を認めることを含めたジェンダーに対応したアプローチを通じ、ジェンダー平等を確保

実施支援メカニズム及び実現条件／責任と透明性（レビューメカニズム）／広報・教育・啓発・取り込み

出典：環境省。

資料 2　ネイチャーポジティブのために必要な行動

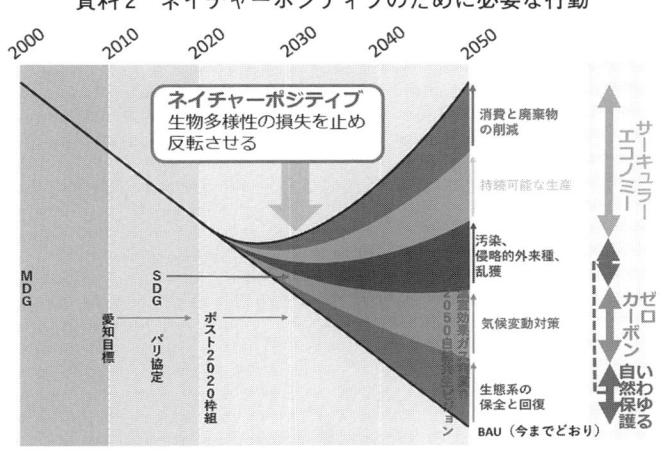

**生物多様性の損失を減らし、回復させる行動の内訳**
地球規模生物多様性概況第 5 版 G B O 5　(生物多様性条約事務局2020年 9 月)

出典：環境省。

並み、温泉などを思い浮かべるかも知れない。しかしながら、日本は世界に誇る豊かな自然環境を有しており、国際 NGO により世界 36 か所が選定された生物多様性ホットスポットの 1 つとなっている。日本の国土面積は約 38 万平方キロメートルと他の国々と比較して決して大きくはないが、海に囲まれた島国であり、南北に長い地形が緯度により異なる 4 つの気候帯（亜寒帯、冷温帯、暖温帯、亜熱帯）に跨がっていること、また急峻な山々があることで標高の違いが植生をさらに多様化させており、農林業などの人間の営みを通じて形成された生物の生息環境もあり、把握されているだけで 9 万種以上の野生動植物が生息・生育しており、人と自然が共生してきた。

　国立公園をはじめとする自然公園は、このような日本の豊かな自然景観や生物多様性を守り、楽しむための仕組みとして自然公園法（昭和 32 年法律第 161 号）に基づき指定される。自然の状況に応じて特別保護地区、特別地域（第 1 種〜第 3 種）、普通地域、海域公園といったゾーニングを行っており、区分により強度の異なる保護のための規制や、利用のための施設や拠点の計画に基づき管理される（資料 3）。

　なお自然公園には国立公園（国指定・管理）、国定公園（国指定、都道府県管理）、都道府県立公園（都道府県指定・管理）がある。また日本の国立公園

は 35 か所指定されているが、狭い国土で多くの人が生活し、土地利用が行われてきたため、歴史国立公園局が土地を有し一体的に管理している米国の国立公園（営造物型公園）とは異なり、土地所有形態もさまざまで国有地、公有地、民有地が入り交じる。そのため、地域が協働で公園を管理する地域制と呼ばれる公園制度であり、環境省やその他国の機関、地方公共団体、地域住民、国立公園を利用する事業者等が連携しながら保護や利用のための管理を行う協働型管理運営が重要であることは特徴の 1 つである。

### 資料 3　国立公園の公園計画体系

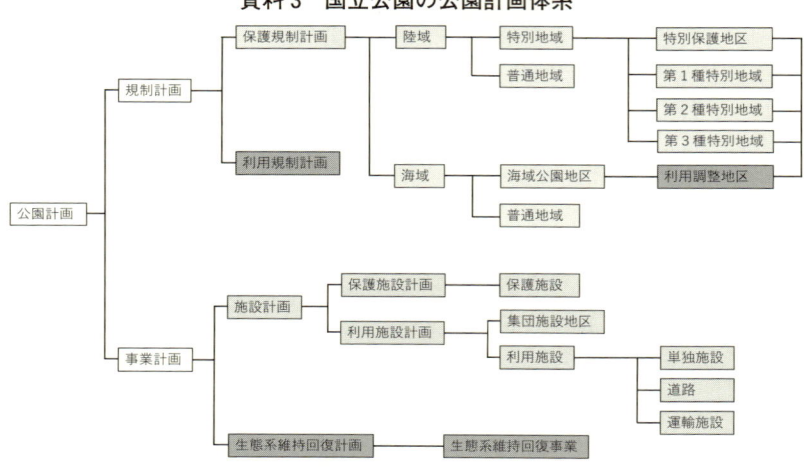

出典：環境省の資料を元に著者作成。

　世界遺産は世界遺産条約に基づき、世界遺産委員会の審議を経て世界で唯一の顕著な普遍的価値を有する重要な資産として登録される。世界遺産には文化遺産、自然遺産、複合遺産の区分があり、日本の世界自然遺産は 1993 年に白神山地と屋久島、2005 年に知床、2011 年に小笠原諸島、2021 年に奄美大島、徳之島、沖縄島北部および西表島の 5 か所が登録され、そのすべてが異なる生物地理区分に属する（資料 4）。自然遺産登録のためには、① 4 つの評価基準（クライテリア）（自然美、地形・地質、生態系、生物多様性）の 1 つ以上に適合すること、②完全性の条件（顕著な普遍的価値を示すための要素がそろい、適切な面積を有し、開発等の影響を受けず、自然の本来の姿が維持されていること）を満たすこと、③顕著な普遍的価値を長期的に維持できるよ

うに、十分な保護管理が行われていること、が求められている。遺産登録後も
各地域において、関係機関・関係者による地域連絡会議が中心となり、科学委
員会からの助言を受けつつ保全管理に取り組んでいる。

### 資料 4　日本の世界自然遺産

白神山地 (青森県・秋田県)
Shirakami-Sanchi
面積：約 17,000 ha　登録年 :1993 年

知床 (北海道)
Shiretoko
面積：約 71,100 ha　登録年 :2005 年

屋久島 (鹿児島県)
Yakushima
面積：約 10,700 ha　登録年 :1993 年

小笠原諸島 (東京都)
Ogasawara Islands
面積：約 7,900 ha　登録年 :2011 年

奄美大島、徳之島、
沖縄島北部及び
西表島 (鹿児島県・沖縄県)
Amami-Oshima Island, Tokunoshima
Island, Northern part of Okinawa Island,
and Iriomote Island
面積：約 42,700 ha 登録年 :2021 年

出典：環境省。

　多様性豊かな動植物が各地に生息・生育する一方で、開発による生息地の減
少や外来生物の侵入、乱獲等によって絶滅の危機に瀕している種も多数存在す
る。環境省がとりまとめたレッドリスト 2020 では評価対象となった約 8,500
種のうち、絶滅危惧種と評価された種が約 3,800 種あり、特に爬虫類、両生類、
汽水・淡水魚類における割合が大きい。その中でも絶滅のおそれのある野生動
植物の種の保存に関する法律（種の保存法）（平成 4 年法律第 75 号）に基づ
く取引規制（捕獲採取、売買、輸出入等）や保護増殖計画の対象とすることが
必要な種は国内希少野生動植物種として指定され、対策が講じられている。法
改正が行われた 2014 年以降は、指定種が大幅に増加している一方で、保全
に取り組む種は同様に増加してはおらず、保全活動を実施している地域団体等

の支援や連携を促進しているところである。人工環境下では生育が難しい植物や、特有の形態が人気な昆虫や爬虫類・両生類などは、種の保存法や自治体の条例に基づく取引規制が行われているにもかかわらず、心ない者による盗掘密猟の脅威にさらされてもおり、生息地や空港等におけるパトロールや普及啓発が輸送事業者を含む地域関係機関・関係者の連携により実施されている。トキやライチョウなど、絶滅危惧種の個体数を回復させたり、野生復帰させる取り組みが進められているが、このような取り組みには高度な技術と大変な労力そして多額の資金が必要となり、人間の手を離れるまでにも長い時間がかかる。そもそもこのような取り組みが必要にならないように人間の活動を考えていく必要がある。

## 3.　サステナブルとは

　2015 年 9 月、「持続可能な開発のための 2030 アジェンダ」が国連サミット加盟国の全会一致により採択され、2030 年までの国際目標として持続可能な開発目標（Sustainable Development Goals：SDGs）が記載された。SDGs は 17 のゴールと 169 のターゲットで構成され、そのゴールには比較的イメージしやすい貧困や環境問題への対処のみならず、健康、ジェンダー、成長・雇用、イノベーション、不平等、パートナーシップといった分野が含まれる。SDGs は、2000 年に 2015 年を期限として開発途上国向けの国際目標として採択されたミレニアム開発目標（Millennium Development Goals：MDGs）とは異なり、先進国を含む " すべての国 " が取り組む普遍的・統合的な国際目標である。

　目標年である 2030 年がもう目の前に迫っているところ、日本語では「持続可能な」と訳される「サステナブル」という単語は、SDGs の採択と普及により世界規模で市民権を得たのではないだろうか。一方で、サステナブルを謳った実態の伴わない製品や行動に対するサステナブルウォッシュという言葉も生まれているところ、いま一度サステナブルの概念を主要な節目に言及しつつ立ち戻っておきたい。

　環境分野におけるサステナブルの概念は、1980 年に国際自然保護連合（IUCN）が UNEP や世界自然基金（WWF）の協力を得て取りまとめた「世界保全戦略」（World Conservation Strategy）の中に登場する。この戦略は、地球環境保全と自然保護の指針を示したもので、この中で、人類が生存していくための自然資源の保全の考え方として「持続可能な開発」（sustainable development）として初めて提唱され、「持続可能な利用」（sustainable utilization）等としても用いられている。その後、1987 年に国連の環境と開発に関する世界委員会が発行した報告書「Our Common Future」（ブルントラント・レポート）における「持続可能な開発」の概念提唱によって、より広く認知されることとなった。これは、"環境と開発は不可分の関係にあり、開発は環境や資源という土台の上に成り立つものであって、持続的な発展のためには、環境の保全が必要不可欠である"、という考えに立って提唱されたものである。環境分野における重要な節目の年の 1 つである 1992 年に開催された国連環境開発会議では「持続可能な開発」の達成を目指し、21 世紀に向けた取り組みの原則として「アジェンダ 21」が採択された。同年には、生物多様性に関する事項の一般原則を広く定める生物多様性条約が採択され、締約国が「自国の生物の多様性の保全および自国の生物資源の持続可能な利用について責任を有することを再確認」（前文）するなど「持続可能な利用」という概念を明確に取り入れただけでなく、持続可能な利用を保全等と並ぶ目的の 1 つとして掲げた。

　このように、サステナブルやサステナビリティが国際社会の目標設定の中で頻繁に使用されるようになり、環境・社会・経済の三要素を軸としながら、MDGs や SDGs でも基本的な考え方として取り入れられてきた。SDGs では、ヨハン・ロックストローム博士らが提唱した生物関係のゴールを土台として、社会関係、経済関係のゴールが重ねられたウエディングケーキモデルも広く引用されているが、「Our Common Future」における、開発は環境や資源という土台の上に成り立つという考えを改めて表現していると言える。

　観光分野においては、2005 年の UNEP と国連世界観光機構（UNTourism）の政策決定者向け共同報告書「*Making Tourism More Sustainable – A Guide for Policy Makers*」において「持続可能な観光」（sustainable tourism）が定義され、「訪問客、業界、環境および訪問客を受け入れるコミュニティのニーズに対応しつつ、現在および将来の経済、社会、環境への影響を十分に考慮する観光」として理解されている。この定義は国連世界観光機構による定義として紹介されることが多いが、実はこの報告書が持続可能な開発に当初から関わってきた環境分野の国連機関である UNEP と国連世界観光機構の共同で発行されていることは、環境保全と観光推進の関係を改めて考える上で留意したい。

## 4.　観光のチカラで自然をまもる

　観光（旅行）と環境負荷は不可分である。多くの場合、航空機や電車による移動を伴うため、その過程で二酸化炭素が排出され、加えてとりわけデスティネーションでは廃棄物や排水が発生し、自然環境への負荷のみならず、地域住民はその処理費用も下支えすることとなる。SDGs において観光は経済成長と雇用に関する「目標 8」、消費と生産に関する「目標 12」、海洋資源に関する「目標 14」の 3 つの目標には、観光の役割が明記されたターゲットが設定されているが、国連世界観光機構は「すべての目標に対して、観光は直接的、または間接的に貢献する力があり、持続可能な開発目標の達成に向けて、重要な役割を担っている」旨、宣言しているところ、観光と環境保全に関連する国内外の取り組みを紹介する。

### （1）海外における取り組み

　気候変動への対処がさまざまな業界で進む中、2021 年 11 月に開催された気候変動枠組条約第 26 回締約国会議において、「観光における気候変動対策に関するグラスゴー宣言」が発表された。同宣言は、観光分野における対策を加速し、今後 10 年間で観光部門における二酸化炭素排出量を半減させ、2050 年までに実質排出ゼロ達成を目指すもので、各国から約 870 団体による署名が行われている（2024 年 5 月末）。署名団体は 12 か月以内に気候変動対策計画を策定し、取り組みを実施することが求められるほか、進捗状況を毎年公表することが要求され、観光分野に関するデスティネーション、事業者、サポート団体が署名可能である。

　地域・国における施策としては、フランスでは 2023 年 5 月に、鉄道で 2 時間半以内に到達できる都市間の国内短距離フライトを禁止する法律が成立した。欧州では一度衰退した夜行列車の再導入が進められており、また巷ではカーボン・パスポートといった旅行者が 1 年間に排出可能な二酸化炭素量に上限を設けるといったアイデアも出されており、旅行と気候変動対策は強く結びついていることがわかる。

　これまで旅行者優先になりがちであったデスティネーションは、特に 2010 年代後半以降変化が起きており、2020 年からの世界的な新型コロナウイルス感染症の蔓延によって旅行が控えられたことも大きな契機となった。受入側における取り組みの先駆者として知られるパラオは、2017 年 12 月に旅行者に

対し自国の環境保護を求めるパラオ・プレッジ（誓約）を導入した。同国入国時は旅券に誓約の文章の入国スタンプが押印され入国者は署名をする。フィンランドでも類似の取り組みとして Visit Finland（フィンランド政府観光局）が旅行者向けの誓約をウェブサイト等で公表しており、あわせて 2019 年から企業や観光地が持続可能な観光を進めるためのサステナブル・トラベル・フィンランド（STF）プログラムを開始した。参加機関は、コミットメント、能力開発、持続可能な観光に関する第三者認証等の 7 つのステップを満たした後、申請は第三者機関の審査を経て、2 年ごとに更新される STF ラベルが使用可能となっている。

　新型コロナウイルス感染症の蔓延を経て、各地で旅行者がデスティネーションを思う心とともに、自身の意識や行動に責任を持つ、責任ある観光（レスポンシブル・ツーリズム）が広まったところ、米国ハワイ州ではハワイ語で ” 思いやりの心 ” を意味するマラマハワイと称した取り組みが進められており、旅行者が参加可能なプロジェクト等をウェブサイトで紹介している。また 2021 年 1 月からはサンゴ礁に有害と指摘される成分含む日焼け止めの販売も禁止された。カナダも観光による効果が自然環境や先住民文化の保全にも資するような再生型観光（リジェネラティブ・ツーリズム）を一層強化し、2024 年 5 月に公表された 2030 年までの観光戦略においてもリジェネラティブ・アプローチの下、観光が旅行者や旅行関係者だけのものではなくデスティネーションやコミュニティに資することを掲げている。

## （2）日本における取り組み

　日本では、環境保護意識の向上や自然と直接ふれあう体験へのニーズが高まり、自然を楽しむ旅行も実践されてきたところ、自然環境保護に配慮した観光推進の必要性等を背景として 2007 年にエコツーリズム推進法（平成 19 年法律第 105 号）が成立した。同法は環境省、国土交通省、農林水産省および文部科学省が共管し、自然環境の保全、観光振興、地域振興、環境教育の場としての活用を基本理念とし、地域におけるエコツーリズムの推進を後押しするものである。地域関係者により構成された協議会がエコツーリズム全体構想を作成し、エコツーリズムの実施の方法や動植物の生息地等の自然観光資源の保護措置等を規定するとともに、国の認定を申請することが可能である（2024 年 5 月末時点で 27 件）。また認定された全体構想に基づき、立入人数の制限等を設けた特定自然観光資源を指定することも可能である。

　2016年3月に新たな観光ビジョンとして策定された「明日の日本を支える観光ビジョン」の柱の1つとして国立公園が位置づけられたことを契機に、自然環境の観光資源としての利用が加速することとなった。同年、環境省は「その自然には、物語がある。」をブランドメッセージとした国立公園満喫プロジェクト（以下「満喫プロジェクト」）を始動し、①日本の国立公園のブランド力を高め国内外の誘客を促進すること、②地域のさまざまな主体が協働し地域の経済社会を活性化させ、自然環境への保全へ再投資される好循環を生み出すことを掲げながら、さまざまな取り組みを進めている。

　1934年に日本で初めての国立公園が指定されたが、当時、国立公園制度が設けられたその目的の1つには訪日外国人旅行者の消費活動を通じた外貨獲得があった。自然公園法はその目的を「この法律は、優れた自然の風景地を保護するとともに、その利用の増進を図ることにより、国民の保健、休養及び教化に資するとともに、生物の多様性の確保に寄与することを目的とする。」（第1条）と規定しており、自然公園の1つである国立公園にも保護と利用の双方に関する制度がある。

　満喫プロジェクト開始以前は、とりわけ戦後の経済発展を重視した国土開発から豊かな自然を守る壁としての役割を果たしてきた経緯もあり、自然保護に重きがおかれてきた。しかし環境保全意識の高まりや開発圧の低下を経て、満喫プロジェクトの開始を契機に、国立公園における消費活動で産出された利益が域内経済を活性化させ、その地域の土台となる自然を守るために投資されるという好循環に改めて着目しながら、来訪者が「多様な自然風景と、生活・文化・歴史が凝縮された物語を知ることで、忘れられない唯一無二の感動や体験ができる」ことが国立公園のブランドプロミスとして掲げられ、全国の国立公園で取り組みが進められている（資料5）。

　廃屋撤去や施設改修、多言語化整備、Wi-Fi整備、自然体験コンテンツの充実等の受入環境の磨き上げと、日本政府観光局（JNTO）との連携による訪日外国人旅行者向けウェブサイト整備や旅行博出展、メディア露出、民間企業のオフィシャルパートナー制度導入等による国内外のプロモーションが新しい施策として取り入れられ、同時に、自然のバランスを保った適正な利用を進めるために、利用ルールの策定や自然の恩恵を受ける利用者や受益者に対して一定の金銭的負担を求める利用者負担等、公正な利用とその対価が保護に再投資される仕組み作りに取り組んでいる。従来、関係者がボランタリーに行ってきた登山道整備や山岳地域のし尿処理の費用を登山者への協力金制度の導入により

補うこと等がその一例としてあげられ、法令に基づく規制のみならず、地域関係者の自主的な取り組みにより利用ルールが設けられている場合もある。

**資料5　国立公園のブランドプロミスとブランディング活動**

ブランドメッセージ　**その自然には、物語がある。**
※国立公園の管理運営に関わる関係者が共通の理解を持つための「全ての国立公園の共通の管理運営指針」

提供価値　多様な自然風景と、生活・文化・歴史が凝縮された物語を知ることで、忘れられない唯一無二の感動や体験ができる。

**ブランドプロミス** (国立公園が来訪者・地域に約束すること)

| ◎感動的な自然風景 | ◎サステナビリティへの共感 | ◎自然と人々の物語を知るアクティビティ | ◎感動体験を支える施設とサービス |
| --- | --- | --- | --- |

**ブランディング活動** (ブランドプロミスを実現し続けるため、環境省が地域・関係者と一緒に取り組むこと)

①自然・生活・文化・歴史を把握し、物語（ストーリー）を明らかにし、保護と利用の方針を定め、行動計画を作成します。
②地域のコーディネーターとして、地域の多様な主体と一体となって公園管理や魅力の発信に取り組みます。

| ③自然の風景や野生生物、生態系を保護・再生します。<br><br>※二次的自然の維持管理も含む | ④利用のルール、限定体験、利用者負担等に取り組み、公正な利用とその対価が保護に再投資される仕組みをつくります。<br>⑤脱炭素化や地産地消などに取り組み、持続可能な地域づくりに貢献します。 | ⑥物語（ストーリー）に沿った魅力的な自然体験コンテンツと体験コースをつくります。<br><br>※物語（ストーリー）とは、自然・暮らし・文化など地域の資源をつなぎ、その風景地の成り立ちや価値を伝えるもの | ⑦集団施設地区・温泉街等の利用拠点の魅力向上を図ります。<br>⑧魅力的な利用施設の整備・管理を進めます。<br>⑨統一したメッセージ、デザインを活用し、国立公園に関する情報を広く発信し、理解拡大に努めます |
| --- | --- | --- | --- |

出典：環境省。

　観光の高付加価値化としてとりわけ経済効果が取り上げられることが多いが、国立公園の利用の高付加価値化は「国立公園の魅力的な自然環境を基盤とし、その土地の生活・文化・歴史を踏まえた、本物の価値に基づく感動や学びの体験を提供し、利用者に自己の内面の変化を起こす。関係者が、持続可能で責任ある観光の姿勢を共有し、保護と利用の好循環を目指す」ものであること、またブランドプロミスを実現するものであることと整理されている。このような満喫プロジェクトの取り組みの深化に加え、第4次となる観光立国推進基本計画（2023）においては、地域住民の理解も得ながら、地域の自然、文化の保全と観光を両立させることが掲げられており、日本の観光政策全体が観光のチカラを保全に向けることに邁進している。

## 5.　旅行業に期待される役割

　旅行業は旅行業務を通じて報酬を得る業であり、資本主義社会における経済

活動が一義的な目的である。その前提において、旅行業をとりまとめる関係団体や地域の DMO が、環境保全等を含む持続可能性を念頭においた旅行の提供や地域づくりまでをあわせて実施していることは、旅行業が単純に一時の金銭的な利益を求める経済活動ではなく、長期的に活動していくための方策であり、同時に、このような取り組みなしでは業の継続が厳しくなっている時代であることも表しているだろう。経済活動の土台となる環境保全に関連し、旅行業に期待される役割として、旅行者・旅行業者の旅行リテラシーの向上、旅行業者とデスティネーションとの連携、旅行業関係者同士の連携の 3 点を挙げる。

　旅行は旅行者だけが主役ではなく、デスティネーションも主役である。デスティネーションが受入れを望まないような旅行は持続可能ではなく、騒音、渋滞、ゴミ処理負担等の負の側面が目立つようになると、旅行がもたらす人と人との出会いや地域の自然や文化の共感、経済的な価値等が見失われ、旅行者の受入れが嫌煙されることにも成りかねない。旅行者、旅行業者の旅行リテラシーを高め、旅行による環境負荷の削減とともに旅行を通じた行動変容を目指しながら、デスティネーションに寄り添った旅行商品を造成していくことは不可欠である。

　さらには旅行業者とデスティネーションとの連携により、地域の課題解決を旅行に目的として組み込める可能性も広がる。人手の必要な作業や行事に参加することが非日常的な旅行者の目的にもなりえ、地域課題が旅行商品とかけ合わさって新たな旅行の価値が創出される可能性も大いに秘められている。他方で環境負荷の削減のための代替品導入をはじめ、新しい取り組みを進める際にはとりわけ経費や時間の増加が障壁に上がる。旅行業者間、宿泊施設間あるいは横断して広く旅行業関係者が連携することより、環境負荷の低減と送客や物品配送等の効率化、経費削減等を図っていくことも欠かせないといえる。

　旅行は、特に観光を通じて、地域の課題解決にも貢献する大きな力を有している。地域の自然や文化を消費し、搾取することで成立するような旅行ではなく、地域の保全と経済の好循環に資するような旅行を造成していくことが、旅行業の持続可能性も高めることになるだろう。「地球は先祖から受け継いだものではなく、子孫から借りているものである」という言葉がある。次の世代に旅行ができる世界をつなげていくためにも、旅行業という切り口においても地球環境が人間社会やわれわれの生活の土台であることを念頭に置きたい。

〈**参考文献・ウェブサイト**〉（最終閲覧日 2024 年 6 月 2 日）

外務省 https://www.mofa.go.jp

環境省 https://www.env.go.jp

観光庁 https://www.mlit.go.jp/kankocho

国土交通省 https://www.mlit.go.jp

国連世界観光機関駐日事務所 https://unwto-ap.org

駐日パラオ共和国大使館 http://palauembassy.or.jp

ハワイ州観光局 https://www.allhawaii.jp

Conservation International Japan. https://www.conservation.org/japan

Convention on Biological Diversity. https://www.cbd.int/

Destination Canada. (2024) *DESTINATION CANADA'S 2030 TOURISM STRATEGY: A WORLD OF OPPORTUNITY.*

United Nations Climate Change. https://unfccc.int/

SIGNATORIES OF THE GLASGOW DECLARATION. https://www.oneplanetn etwork.org/programmes/sustainable-tourism/glasgow-declaration/signa tories

Stockholm Resilience Centre. https://www.stockholmresilience.org

## 2. 地域活性化の動き

　観光業のバリューチェーンは、6 章でも触れた通り、その価値創出のポイントと、それぞれを担うプレイヤーが大きく変容し、かつ対象範囲も広がっており、明確な定義を行うことは現時点では困難である。

　その前提のもとに、ここでは観光を軸とした地域活性化の司令塔として期待される Destination Marketing/Management Organization（以下 DMO）、そして DMO と連携しながら、地域に根差して実事業を継続・運営・拡大していくことが期待される Destination Management Company（以下 DMC）に触れていきたい。

### (1) DMO と DMC の違い

　DMO と DMC は一部重なる部分もあるが、それぞれ下記のような役割を担っている。

・DMO：地域のプロモーションを担い、知ってもらう、来てもらう等のマーケティング戦略構築、実行等を通じて地域の魅力を引き出す
・DMC：地域側で観光関連の価値・サービスを提供し、稼ぐビジネスを行う

図表 8-4　DMO、DMC の役割・機能、組織、種別

| | 役割・機能 | 組織 | 種別 |
|---|---|---|---|
| DMO | 地域のプロモーションを担い、知ってもらう、来てもらう等のマーケティング戦略構築、実行等を通じて地域の魅力を引き出す | 官民での連携で運営され、一般社団法人、公益社団法人、NPO法人等非営利に近い組織体であるケースが多い | 「広域連携ＤＭＯ」「地域連携ＤＭＯ」「地域ＤＭＯ」令和6年4月26日時点で、「広域連携ＤＭＯ」10件、「地域連携ＤＭＯ」114件、「地域ＤＭＯ」177件の計301件が登録 |
| DMC | 地域側で観光関連の価値・サービスを提供し、稼ぐビジネスを行う | 民間事業者のみで運営されているケースが多い | 「地域拠点型DMC」「旅行重視型DMC」 |

　DMO は「戦略を構築し、魅力を見極め発信する」、そして DMC は旅行を含む「（さまざまな形態で）その資源の魅力を提供しビジネス化する」役割・機能と読み取れる。同時に DMO が、DMC のような活動を行っている場合もあれば、DMC が DMO の委託等を受け、プロモーションやマーケティングの要諦を担うケースもあり、明確に線引きが困難である点に留意してほしい。

　またその組織形態に関して、DMO は、その関与度・関与方法はそれぞれだが、官民での連携で運営され、一般社団法人、公益社団法人、NPO 法人等非営利に近い組織体であるケースが多い。一方 DMC は民間事業者のみで運営されているケースが多いことも特徴である。以下に DMO と DMC に関して、それぞれ補足していく。

## (2)　DMO

　DMO とは、観光庁の定義では、地域の「稼ぐ力」を引き出すとともに地域への誇りと愛着を醸成する地域経営の視点に立った観光地域づくりの司令塔として、多様な関係者と協同しながら、明確なコンセプトに基づいた観光地域づ

くりを実現するための戦略を策定するとともに、戦略を着実に実施するための調整機能を備えた法人である。その役割・機能（観光地域マネジメント・マーケティング）としては、以下の4つが挙げられている。

①　観光地域づくり法人を中心として、観光地域づくりを行うことについての多様な関係者の合意形成。

②　各種データ等の継続的な収集・分析、データに基づく明確なコンセプトに基づいた戦略（ブランディング）の策定、KPIの設定・PDCAサイクルの確立。

③　地域の魅力の向上に資する観光資源の磨き上げや域内交通を含む交通アクセスの整備、多言語表記等の受入環境の整備等の着地整備に関する地域の取組の推進。

④　関係者が実施する観光関連事業と戦略の整合性に関する調整・仕組みづくり、プロモーション。

その形態としては、大きく以下の3種類がある。

①広域連携DMO……地方ブロックレベルの区域を一体とした観光地域として、マネジメントやマーケティング等を行うことにより観光地域づくりを行う組織。

②地域連携DMO……複数の地方公共団体に跨がる区域を一体とした観光地域として、マネジメントやマーケティング等を行うことにより観光地域づくりを行う組織。

③地域DMO……原則として、基礎自治体である単独市町村の区域を一体とした観光地域として、マネジメントやマーケティング等を行うことにより観光地域づくりを行う組織。

2024年4月26日時点で、「広域連携DMO」10件、「地域連携DMO」114件、「地域DMO」177件の計301件が登録されている。

留意点としてDMOに関してはさまざまな調査・分析がされており、大きな期待を担い、継続的に仮説設定がされ続けており、その望ましい在り方は検証が繰り返されている。

またDMCに関しても、DMOほどではないがさまざまな考え方があり、特に日本ではその定義等が明確でない部分も多い。そのため、あくまで参考として捉えてほしい。

## (3) DMC

　一方 DMC とは、厳密な定義はないが、旅行の目的地側と連携し、地域の経営・資源開発（Management ／ マネジメント）を行う、旅行を軸とした企業群を指す場合が多い。いわゆる旅行会社や MICE に特化した会社、地域商社的な会社などさまざまな形態があるが、それぞれの分野でより専門性が高い傾向が強い。

### 地域の地域活性化の実務を担うことを期待される DMC

　DMC という言葉は、広い範囲で使用されており、その定義は定まっておらず、活動内容も広範に及ぶが、ここでは下記 2 つのパターンを想定する。

　　A．地域側に拠点を置く「地域拠点型 DMC」

　　B．拠点はさまざまだがより旅行商品販売（MICE 等における地域側とりまとめ機能含む）に重きを置く「旅行等重視型 DMC」

　その活動は A の地域拠点型 DMC では旅行のみならず、地域住民・関係者と物理的にもより近い距離で連携し、施設管理・運営活動や、一部公的な活動により関与し、B の旅行等重視型 DMC は、旅行商品造成とあわせ内外バイヤーへの販売を行う。また MICE 等で地域側の調整全般もしくは一部を担う事業者も含まれる。

図表 8-5　A 地域拠点型 DMC、B 旅行重視型 DMC の概要

| | 役割・機能 | 提供サービス | 拠点・スタッフ |
|---|---|---|---|
| A.地域拠点型 DMC | 地域行政や関連産業事業者、住民とより距離が近く、コミュニティ活性化や、指定管理や教育事業等の公的な意味合いも含む取り組み行う | 旅行観点では、地域側素材発掘、商品化初期対応・調整などを行う。古民家再生宿舎、アクティビティフィールド、情報センター運営支援、一次産品等の販売等も担う | 地域側に、拠点を置き、活動主体も地域側であるケースが多い |
| B.旅行重視型 DMC | 顧客である海外や国内旅行会社や、地域の魅力を価値化し旅行商品として販売する専門性が高い | 初動の商品開発から関与するケースもあるが、地域の価値を最大化した適切な旅行商品販売により重きを置く | 都市圏である場合も、地域側に置く場合もある。 |

　ここでも A と B 両者を兼ねるハイブリッド型 DMC も存在する前提ではあるが、便宜上 A と B に分け、この後は主に A 地域拠点型 DMC に関して述べていく。


## 地域拠点型 DMC

　筆者が地域の方々と観光を軸とした取り組みを始めた 2017 年頃は、主にインバウンドを対象とした商品造成、ガイドの方々とのスキルアップなどの取り組みが主流であり、比較的シンプルであった。その後数年を経て、地域側の取り組み内容やその知見も、より高度な内容になった。

　こうした取り組みは主に省庁や行政の関連事業を活用して行われるが、内容が高度になるほど、その取り組みを単年度で終わらせず、地域側に継続的に「資産」として蓄積していくことが望ましい状況となっていった。

　地域側へ資産として積み上げるにあたって、下記 2 点の機能が必須と感じるようになった。そしてこの 2 つの機能を担えるのが DMO と連携した「地域拠点型 DMC」ではないかという仮説に至っている。

　①知見・ネットワーク等を積み上げ、維持・管理・向上させていく機能

　②従来の「観光」の概念を超え、高度な地域経営を担える機能

　以下に、項目ごとの補足をしていく。


①知見・ネットワーク等を積み上げ、維持・管理・向上させていく機能

　省庁や行政が実施する「旅行商品造成」等をはじめとした支援事業は、もちろん重要かつ意義のあるものだが、事業という性質上どうしても単年度での実施になるケースが多い。その場合、事業設計から公示・入札・選定まで限られた時間で進めていかざるを得ず、地域側の課題や取り組み経緯等を十分に把握できていない受託事業者が選定されるケースもみられる。その場合、発注者側である省庁・行政が、受託事業者を適切に指導できることが望ましいが、限られた準備時間に加え、発注者側も専門性が十分でない場合や、担当者の予期せぬ異動などもあり、一貫して取り組むことは困難である。

　また、時に 4〜6 か月間程度の短期間で実施せざるを得ないこともあり、そうした場合、準備段階でも事業発注者となる省庁や行政と調整を行いながら、外部の専門性の高い有識者や事業者との協力・連携も進めていくなどの高度か

つ実効性のある調整・マネジメント力が求められる。そのうえ、億単位の事業予算規模となることもあり、その大きなキャッシュフローに耐えうる資本規模が求められる。

　こうしたことから地域側のみで対応が困難となる場合も多く、時に大都市圏に拠点を置く、旅行、コンサルティング、交通関連、広告代理店等の大手企業にその設計や運営の多くを頼らざるを得ないケースも発生する。大手企業が事業主体となること自体は決して問題ではないが、限られた実施期間で、地域外に拠点を置く会社が主体となって事業準備・運営を行うと、本来は事業の支援の対象として最優先となるべき地域側の関係者の主体的関与や、地域コミュニティの巻き込み、何よりその事業効果が不十分かつ薄くなることも事実である。

　そうした際に、民間主体であるDMCが、地域DMOと連携しつつ、地域側の受け皿となって、地域主導で事業を実施することが望ましい。

　DMCが地域側の意志を反映し、地域コミュニティのとりまとめのコアとなり、事業運営に対応できる地域の事業者（時に行政、関係機関）を柔軟にまとめ、その取り組みを蓄積し、維持・運営・向上させていくハブとなっていければ、地域側に「資産」として積み上がっていく。何より地域側の想いをしっかりすくい上げ、反映させて事業とすることに貢献できると思われる。

　こうした地域側知見の蓄積、想いの具現化、適切なネットワーク構築をDMCが担ったうえで、補いきれない部分を地域外の大手企業と連携できれば、多くの事業の本来の目的である地域活性化を実現できると考える。

　現在日本全国で、高いスキルと専門性、そして何より情熱を持つDMCが活躍しつつあるが、その数はまだ十分ではなく、今後はさらなる育成が課題である。

　ただ留意すべき点は、DMCがそうした省庁・行政の事業予算をあてにして、その獲得が主目的になること、もしくはそのDMCの収益の多くを占めることは、利権団体に陥ってしまう懸念もある。DMC自身も省庁・行政事業に頼らない自前の収益事業基盤を持ちつつ、同時に地域に寄り添ったその活動を活かし、あくまで事業ポートフォリオの1つとして、そうした事業を活用していくことが望ましいと考える。

②従来の「観光」の概念を超え、高度な地域経営を担える機能

　続いて地域経営の観点で、地域拠点 DMC の重要性に触れていく。

　その活動に関しては、地域 DMO と連携しながら、地域側で行政や住民に貢献できるような指定管理や教育事業などの公的な意味合いを含む取り組み（ここでは“パブリック機能”とする）も行いつつ、旅行、宿泊業のみならず地域産品の販売などのビジネスも行えること（ここでは“プライベート機能”とする）が望ましい形態と考えられる。

　パブリック機能は、地域側で重要であると認識されるが、営利事業者が単体で実施しても、ビジネスとして継続することは困難を伴うような内容を指し、公的サービスに近いような性質を持つものも含まれる。

　一方プライベート機能とは、先に述べた「自前の収益事業基盤」として地域、顧客に価値を提供しながら、純然たるビジネスとして適正な利益を上げ、実施すべきものを指す。

図表 8-6　DMO を支援する地域拠点型 DMC

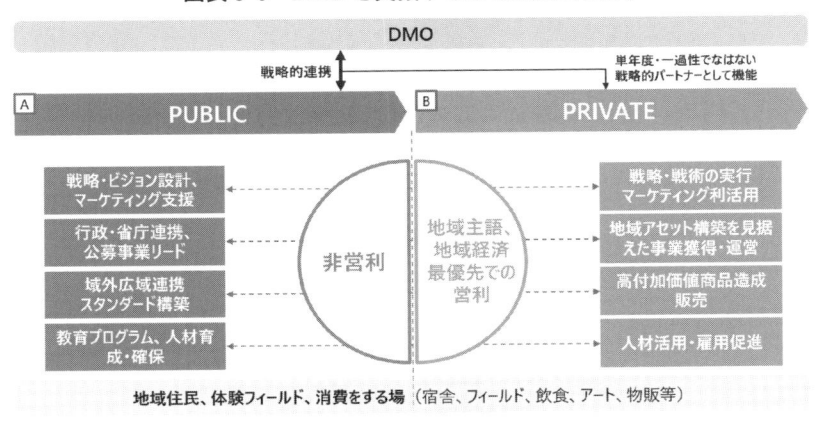

　この両機能を適切なバランスを保ちつつ、地域にとって望ましい成果を出しうるのは、地域拠点型 DMC と考えられる。以下に、地域拠点型 DMC に求められるパブリック機能とプライベート機能の例を挙げる。

　〈パブリック機能〉

　・DMO のマーケティング戦略策定支援

・地域の重要な拠点となる施設の運営（指定管理含む）

・地域の老若男女や産官学の関係者との交流機会・コミュニティ創出

・地域の小中高等での教育貢献

（地域の価値を再認識するため、地域事業者との交流を含む地域愛醸成プログラム等）

・域外の人々との交流プログラム

（域外の大学生や海外の方々との交流、英語でのプログラム等）

・上記を通じた地域の方々との交流そのもの等

以上、事業体として行う場合、活動そのものが利益に直結するわけではないが、エリア全体として重要な価値を生む取り組みが考えられる。

〈プライベート機能〉

・既述の地域の価値の具現化する旅行商品の造成、維持、向上、販売

・宿泊施設、キャンプフィールドの運営

・地域産品の販売

・観光インフラ・ソリューションの整備と販売

・アウトドアギア等の PR・販売拠点の運営

ここにあげる項目はごく一部であり、過去・現在そして今後も、地域側で奮闘する DMC が、観光軸に捉われない新しいビジネスが日々創出されていると考える。

次のケーススタディ⑤では、地域で行政や DMO と連携しつつ活躍する2人の若い起業家の DMC としての活動を紹介する。

その経験、取り組みの経緯、そしてビジネスモデルも違う2人だが、地域観光関連事業者のみならず、1次産業、伝統産業などと深くかかわり、住民の声に真摯に耳を傾け、何より自身の故郷をよりよくしたいと願い、世界に打って出ようとする情熱には学ぶことが多い。DMC の定義はまだ定まっていないが、ぜひ読者諸兄はそれぞれで感じ取り、今後のキャリア設計に活かしてほしい。

# 魅力的な仕事の創出と高付加価値化

朝倉　彩

　株式会社 Endmic Garden H は、2018 年に着地型観光手配業を行う旅行会社として創業した新興企業である。本社の所在地は沖縄県国頭村。大手旅行会社などに向けて、やんばる 3 村（国頭村、大宜味村、東村を指す総称）に特化したランドオペレーションサービスを提供していた創業期を経て、2022年 8 月にやんばるホテル南溟森室 with NIPPONIA をオープンし、宿泊業にも進出した。現在はランドオペレーションと宿泊を組み合わせた高付加価値観光サービスを、旅先に個性を求め、同時に旅先の個性を尊重する個人や少人数グループ向けに提供している。会社の存在目的は「集落を次世代につなぐ」ことである。

　代表の仲本いつ美は国頭村出身。琉球大学を卒業後、国頭村役場に就職し 9年間の勤務を経て独立起業した。公務員時代、やんばるエリアの世界自然遺産登録準備業務に従事する中で、観光地としての人気が必ずしも地域の活性化に直結しない現実を知り、地域の未来に資する観光業のあり方を事業の実践を通して模索している。

　仲本が株式会社 Endmic Garden H とやんばるホテル南溟森室 with NIP-PONIA を通して取り組んでいるのは、人口が減り続け衰退する故郷の未来創造である。国頭村の人口は 1950 年の第 1 次ベビーブームの団塊世代の出生をピークに減少を続け、2020 年には 4,517 人にまで落ち込んだ。日本復帰直前の 1970 年比では 38.3％の人口減など、過去 30 年間の人口動態はほとんどの年で自然減、社会減が続き、少子高齢化が著しい状況である。

　どうしたら若い人が地域に残り、また、外から人材を惹きつけることができるのか。解の 1 つが、「この地域でしかできない魅力的な仕事」の創出である。沖縄県への入域観光客数は、コロナ前の 2019 年に 1,016 万 3,900 人と 1,000万人の大台を突破した。沖縄を訪れる方々のうちほんの 0.1％でも、"青い海青い空" に象徴される "リゾートアイランド沖縄" の享受する "観光客" から、沖縄の奥深い魅力の探求に楽しみを見いだす "地域の共同創造者" になってもらえたら、地域側にそうした方々を受け入れる仕事が生まれ、地域の未来に資する観光業のあり方が出現するはずである。やんばるホテル南溟森室 with

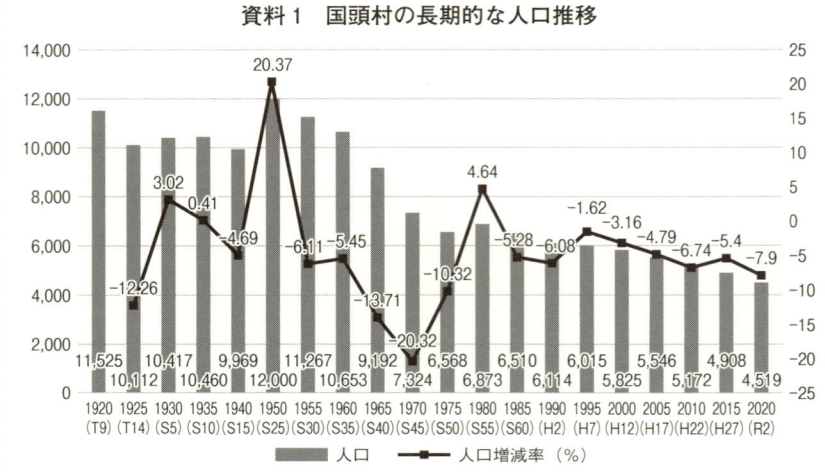

資料1　国頭村の長期的な人口推移

出典：国勢調査

NIPPONIA では、そうした人間性や創造性の豊かなお客様と地元の人びととの間に心通う交流を生み出すことで、お客様の満足度を向上させ、同時に迎え入れる地域側にも誇りが生まれる好循環をつくることを目指している。

　こうした目的をサービスに落とし込んだ取り組みが、やんばるホテル南溟森室 with NIPPONIA で「シェルパ」と呼び習わしている役割の明確化である。この土地にしかない個性を求めて訪れるお客様に満足していただくためには、地域の魅力を掘り起こし、お客様のセンサーとなって地域の自然や人とのつなぎ役を担う翻訳者が必要である。「シェルパ」とは本来、ヒマラヤ登山に挑む挑戦者を知識と経験でサポートする地元の先住民族―シェルパ族―に出自を持つ案内人を指す。やんばるホテル南溟森室 with NIPPONIA のシェルパもまた、自然や文化に関する知識やコミュニティとの地縁血縁的なつながりを持ち、それらを活かして土地の個性や魅力をお客様に伝えている。

　やんばるホテル南溟森室 with NIPPONIA は、国頭村謝敷と大宜味村喜如嘉という2つの集落に2棟ずつ、合計4棟でお客様を受け入れている。シェルパは、集落ごとに担当が割り振られており、謝敷担当シェルパは謝敷の、喜如嘉担当シェルパは喜如嘉の、集落の成り立ちを地学的側面と歴史的側面の両方から研究し、住民との顔の見える関係性を深める営みを積み重ねている。そうすることで、観光の目玉となる物事が何もないように見える集落で、他のど

シェルパ

集落のおじい、おばあと交流

こにもない体験を創出しているのである。

　ここで、やんばるホテル南溟森室 with　NIPPONIA がメインコンテンツと
している集落について詳述しておく。株式会社 Endmic　Garden　H がフィー
ルドとしているやんばる 3 村には、合わせて 43 の集落がある。集落は、人の
住処が集まるエリアに留まらず、背後の森の一番高いところから海の中までを
ひとつながりに捉えた「暮らしの場」の呼び名である。森や海を暮らしの場と
捉える生活文化は、水や食べものといった生きる糧を自然の恵みから直接得て
きた営みによって育まれてきた。この営みはまた、日々の拝みや祭祀に象徴さ
れる精神文化も生み出した。集落には、カー - 水が湧く場所 - やイビ - 神の依
代。岩や空間など自然の一部であることが多い - ウタキ - イビを核心とする聖
地の総称 - など、土着信仰の要所が数多くある。

　シェルパは、こうした集落の豊かさを知り、つぶさに伝えることで、土地の
個性を求めてやってくるお客様のセンサーとなる仕事である。この仕事を「こ
の地域でしかできない魅力的な仕事」だと感じる若者は少なからず存在する。
現在、主力シェルパとして活躍している 2 人は、都市部からの I ターンと地元
出身で県外の大学を卒業してすぐに U ターンした 20 代の若者。また、大学
生向けの夏季インターンやシェルパを追加募集する求人にも定員を大きく上回
る応募が集まっており、取り組みは一定の成果を上げている。

**集落のイラスト**

　ここまで、人口が減り続ける地域に「この地域でしかできない魅力的な仕事」を創出し、若者を惹きつける、やんばるホテル南溟森室 with NIPPONIA の取り組みについて述べてきた。ここからは、この取り組みを可能にする事業創造について詳述していく。

　一般的な宿泊業における経済合理性で判断してしまえば、シェルパを使うことにはコストがかかり利益を減らすことになる。そこで、シェルパというコストのコストパフォーマンスを上げるために、初期投資として建築の高付加価値化とブランディングを実施した。シェルパ × ブランディング × 建築の掛け合わせによって、ホテルの価値を宿泊価値から滞在価値へと再定義することを目指したのである。

　滞在価値の創出を目的とする建築の高付加価値化とブランディングは次のようなものである。ブランディングとは、情報による差別化である。情報とは絵と音。絵とは視覚的要素で、文字で表された言葉と写真などのビジュアル要素に大別できる。どんな言葉やビジュアルで、存在の唯一無二性を描き出すかを精査することがブランディング。センサーであり翻訳者の役割にシェルパという言葉を当てたのもブランディングの一環である。

　ブランディングは存在目的の言語化から始め、コンセプトが後に続いた。コンセプトとは、目的と手段のセットのことである。やんばるホテル南溟森室with NIPPONIA という名称の中心となっている「南溟森室」は「南の海と森

の寝室」という意味だが、これは「集落を次世代につなぐ」という会社の存在目的を達成するための、「人間と自然が調和した集落の暮らしを体験できるホテル」という手段を叙情的に言語化したものである。

【存在目的の言語化】
　集落を次世代につなぐ
　　　↓
【ホテルコンセプト】
　人間と自然が調和した集落の暮らしが体験できる宿
　　　↓
【言葉への落とし込み】
　ホテル名：やんばるホテル南溟森室（「南の海と森の寝室」の意味）
　案内人の呼び名：シェルパ

　次に、ホテル全体のコンセプトを目に見える形やサービスに落とし込んだ。ホテルコンセプトの下位概念としてサービスコンセプトを言語化し、そこから具体的な建築設備やサービスに落とし込んでいる。

【サービスコンセプト】
　人間性や創造性の豊かなお客様と地元の人びととの間に心通う交流を生み出すことで、お客様の満足度を向上させ、同時に迎え入れる地域側にも誇りが生まれる好循環をつくる
　　　↓
【建築への落とし込み】
　竈門を設置→火を起こしてごはんを炊いて食べたり、草木染め体験に利用できる
　土間を設置→プライベートゾーンと外の中間エリアとして活用。シェルパがお客様との距離を縮め、サービスを提供しやすい
　　　↓
【サービスへの落とし込み】
・予約リクエスト時からシェルパが旅程をコーディネートし、地域の事業者が
　提供する 20 以上のアクティビティを宿泊とセットで提供
・チェックイン後、シェルパが集落案内を行う

・竈門でごはんを炊く朝食づくりの体験をシェルパが提供

やんばるホテル南溟森室 with NIPPONIA は、夕食1回・朝食2回・プライベートアクティビティ1点と集落案内付きのスタンダードプランで1人あたり2泊3日5万2,500円〜（2名1棟利用の場合）と、安価とはいえない価格設定である。始める前には「山深い陸の孤島やんばるで1泊数万円の価格設定をするなんてバカじゃないのか？」と言われたほど、同地域の宿泊施設の水準とはかけ離れている。だが、宿泊価値ではなく滞在価値を創出し、その価値に対してお金をいただくわけだから、これまでの"宿泊業の当たり前"から脱却して然るべきなのである。

こうした磨き込みを経て2022年6月1日に開業してから約2年の間に、やんばるホテル南溟森室 with NIPPONIA には次のようなことが起きている。

まず、存在目的からサービスまでを一貫させたブランディングによる差別化が、多くのメディアからの関心を惹き寄せている。

【メディア掲載】

テレビ東京「ガイアの夜明け」、NHK「NHK WORLD JAPAN」、沖縄タイムス「オフィスの窓から」、ELLE デジタル「2024年に行きたい日本の旅トレンド」、日本政府観光局「LIFE CHANGING JAPAN」、EXPO2025 大阪・関西万博公式 Web サイト、The Japan Times、琉球新報 WEB、沖縄県産業振興公社「沖縄ベンチャースタジオ」、おきなわ物語「エシカルトラベルオキナワ」、outdoor japan TRAVELER「Okinawa's Blue Zone - A Lifestyle for Longevity」、旅恋「エシカルトラベルオキナワ〜地域と過ごす旅〜」、RBC 琉球放送「沖縄 CLIP やんばるのもっと「奥」に出会う宿《やんばるホテル　南溟森室》」

また、日経新聞主催の「地方創生フォーラム（セッション4 古民家再生を起点とした地域経営と持続可能なビジネスのあり方）」、OKINAWA SDGs プロジェクト年次フォーラム 2023 への代表仲本氏の登壇や、ウェルネスデスティネーションアワード 2024 への選出など、メディア掲載以外の発信の機会を得ており、やんばるホテル南溟森室 with NIPPONIA は集落の魅力を広く伝える役割を担う存在に成長している。

さらに、メディア掲載の約半数が海外向けであることからもわかるように、

集落の魅力が伝わる先は国内にとどまらず、2024 年以降は、やんばるホテル南溟森室 with NIPPONIA を目掛けて海外からのインバウンド客が多く訪れている。

　訪れる方々の中からは、集落への滞在を楽しむだけでなく、「この地域を応援したい」とより深く地域に関わろうとする動きも生まれている。社会的投資が喚起され、喜如嘉集落では地域の観光人材育成事業を主軸とする一般社団法人 Santoku が創業。お隣の田嘉里集落で空き家を活用したレストラン兼レンタルスペース付きの宿泊施設が開業したほか、謝敷集落ではやんばるホテル南溟森室 with NIPPONIA との業務提携を前提としたレストランの計画もある。どれも、短期的な回収を目的とせず、「集落を未来につなぐ」という株式会社 Endmic Garden H のビジョンと軌を一にした取り組みである。

　「生まれ故郷の美しい集落を守りたい」というひとりの思いから始まった小さな会社の旅行業は、やんばるホテル南溟森室 with NIPPONIA を通して多くの共感を集め、地域内外のヒトとコトとお金が循環しながら価値を生み出すエコシステムを生み出そうとしている。

## ケース スタディ ❻ ──地域拠点企業の 3 代目後継者として、沖縄北部振興を次のフェイズに移す DMC の目線──

# 地域経営を通じた新しいビジネス構築と、地域の若手ネットワーク構築・人材育成

白石　亮博

## 1. インフラから観光事業へ──ビジネスのルーツ

　観光業界の新たな萌芽として、沖縄県内でインフラ業／観光業を生業にしてきた白石グループ。筆者白石亮博は 3 世代目にあたる。

　われわれのビジネスのルーツは、1952 年私の曽祖父白石武八郎と祖父白石武治が建設資材販売会社として創業し、自動車部品、不動産などを経て創業したガス会社だ。現在では、ガスと石油の供給会社として沖縄県内で営業をしている。

　そして、1988 年本格的に観光事業に着手するためリゾートプロジェクト室

を設立した。その後 1993 年にカヌチャゴルフコースがグランドオープンし、1997 年にカヌチャベイホテル＆ヴィラズ 132 部屋がグランドオープンした。その後各コンセプトを持った独立タイプの宿泊棟やヴィラを増設し、9 棟 295 室のリゾートホテルへと拡大した。カヌチャゴルフコースを含め 80 万坪の敷地を誇る沖縄県内最大のリゾートホテルとなった。

## 2. 祖父から継承されたもの　私が成し遂げたいもの

　われわれのグループ会社は、毎年恒例のイベントがある。12 月にグループ社員とその家族を招いて行う大忘年会だ。例年カヌチャリゾート内の大きな宴会場で行うのだが、私が小学校 5 年生の時に私にとっての転機があった。その時も参加者は総勢 200〜300 名いたと記憶している。

　私含めて孫世代は 6 人いるのだが、祖父は壇上にこの 6 人を呼んで写真撮影をしようと言い出した。そして、集められたわれわれ 6 人に向けてマイクを通さずに「ここに集まっているグループ社員とその家族、総勢数百人はお前たちが養っていかなければならない。だから努力しないといけないんだ」と言った。正直、勉強もそこそこ、スポーツでも秀でているわけでもない、体が大きいわけでもない自分にとって、スイッチが入った瞬間だった。今でも私の芯になっていることは確かだと言える。私は今、30 名規模のチームを統括しているが、その数倍の人間たちを統率していくことは、とてつもないエネルギーと熱意がないと成し得られないことだと感じている。

　そんな祖父だが、2002 年に国土交通省観光庁の第 1 回観光カリスマを受賞した。「観光産業の活性化」および「健康の産業化」等について今後取り組むべき政策課題について検討がなされ、その中で観光カリスマが提案した取り組みだ。観光カリスマ選定の趣旨は、「従来型の個性のない観光地が低迷する中、各観光地の魅力を高めるためには、観光振興を成功に導いた人々のたぐいまれな努力に学ぶことが極めて効果が高い。各地で観光振興にがんばる人を育てていくため、その先達となる人々を選定する」となっている。

　カヌチャリゾートは、祖父が行いたかった観光振興の拠点、従来型の個性のない観光地からの脱却をするための取り組みと私は理解している。

　カヌチャリゾートが作られた沖縄県北部東海岸は今でもほとんど主要な産業がなく、那覇市内や名護市街地からも遠い場所だ。そんな中で大型のリゾートホテルの造成を決意したのは、地域内の経済発展（産業の創出、雇用の創出、地域連携、自然／資源保護等の観点）を意識したものと思われる。

　創業当時の意思や想いを尊重し、時代に合わせて推進していくことがバトンを渡された者たちの義務と考えている。

　そして父白石武博はそのバトンを受け継ぎ、沖縄県内を代表する観光人材になっていると私から見ても思う。祖父とは違うキャラクターと観光振興へのアプローチを持って沖縄観光振興に寄与しているのだ。

　そんな祖父と父を持つ私が、沖縄に戻ってきたのは、2018 年だ。慶應義塾大学を出て、新卒でコンサルティング会社に入社し数年経ったところで、グループ内で屋内型テーマパーク施設の造成という新規事業の立ち上げ話があった。そのタイミングで沖縄に戻りホット沖縄総合研究所というシンクタンク機能を持つ会社を設立し、新規事業の立ち上げを行った。

　徐々に、観光関係の仕事も増えて言ったのだが、初めて合う人達に開口一番言われるのが「白石武治の孫 もしくは白石武博の息子」だった。20 代そこらの観光業界の新参者だったが、間違いなく名前と顔を覚えてもらえるある種“便利”なものだった。しかし、正直悔しかったのを覚えている。これから自分はずっと自分の固有名詞ではなく、父や祖父の名前の下で生きていくのかと感じたからだ。ただ、この呪いがが後述する若者のネットワーク構築、観光人材の育成、地域経営会社（DMC）の経営等を行う上で強い原動力になっていると認識している。

## 3.　時代にあった、持続できて強い、観光地経営会社（DMC）の必要性

　今、日本において必要な機能と考えられている DMC に触れたいと思う。その前提として、観光地域づくり法人（Destination Management Organization 以下 DMO）から触れていきたい。

　DMO とは、地域の「稼ぐ力」を引き出すとともに、地域経営の視点に立った観光地域づくりの司令塔として多様な関係者と協同し、戦略策定、戦略実施、調整機能を持った法人のことだ。地域にある観光協会をイメージしてもらえるとわかりやすい。令和 6 年度 4 月 26 日時点で、347 の団体が DMO 登録制度に登録し、司令塔として活動している。

　そして、観光地経営を成功に導くためには、下記 5 つの要素が必要であると考えられており、各 DMO がさまざまな機能を持って活動しているが、DMO だけでは成し遂げられない事情も見られる。その中のいくつかを紹介したい。

　まず、地域住民を巻き込むことの難しさだ。一部の地域では住民から観光産

業に対して消極的な姿勢が見られる。価値基準が資本主義ではなく、現在の生活が脅かされるのではないか、自然環境が壊されるのではないか等の懸念が拭いきれず、観光産業を推進できないのだ。

2 つ目に、関係人口（業界）の狭さだ。観光が他産業、たとえば商工農水の事業者／業界関係者と接触し、課題を収集した後に観光の観点で解決していくというアプローチを取ることが想像できるが、観光業とその他産業との間に壁がある地域が多く、情報収集／連携が取りづらい環境にあると思われる。

最後に、DMO としての人員不足だ。これは DMO の運営財源とも関わるが、確固たる自主財源を確保できる事業が少なく、DMO として統括するべき範囲の広さに対して人員が不足している。以下に記述する観光地経営の成功に必要な行動を満足に行える人員確保ができないのが現状である。

そんな課題を解決する 1 つの選択肢として、近年新たに観光地経営会社（Destination Management Company 以下 DMC）の存在が注目されている。ここからは、観光地経営に必要な 5 つの要素と DMO、DMC の役割分担について触れていきたい。

## （1）マーケティング

長年の勘に頼った経営判断ではなく、デジタル技術を活用した CRM（Customer Relationship Management）や旅行者の出発地、年齢、満足度等を考慮したその観光地にあった適格なマーケティングが必要だ。エリア全体の流入観光客数や事業者等のデータ収集は個々の観光事業者では難しく、かつ、事業経営において必要不可欠なベンチマークとなっている。この領域は、前述しているエリア全体のデータ収集と分析は DMO 側が行い、対象のエリアに特化したマーケティング戦略等は DMO よりも地域側に入っている DMC による実施が効果的であると考えられる。

## （2）関係者の合意形成

一部の関係者のみでの合意形成ではなく、多様な関係者の参画や合意形成のあり方、仕組みの立案、誘客／観光消費戦略の策定、地域住民の理解を得る行為が必要だ。特に、観光は現地住民の生活の中に外部からくる観光客を入れて行う経済活動だ。ついては、観光客を入れ込む前に、地域住民の理解が不可欠になる。ただし、暮らしを脅かすから観光客を入れないというわけではない。将来的にどのような場所になってほしいのか、何を売りにして呼び込むのか、

観光客にどう過ごしてほしいのかを議論し合意することが重要である。地域側の合意形成は地域に深く入り込んでいる DMC が担当し、国や自治体、他 DMO との合意形成を DMO が担当し、情報共有しつつ推進するのが適切であると考えられる。

### (3)　メリットの地域還流

　特定事業者に過度に利益が集中する構造ではなく、地域産品等の仕入れや地域内周遊を促す仕組み、観光関係者の労働環境の改善等に資する活動だ。地域全体で利益や観光において起こるメリットを享受する仕組みを行うことで、地域全体が納得のいく観光地経営を行うことができる。たとえば、外部からの大型事業が地域に入って来た場合、それによりエリアに起こる経済効果等のメリットの整理や、環境破壊や人件費高騰等のデメリットの予防等を DMO が考慮する必要がある。DMC はミクロの目線で、マーケットの変化を整理／分析し地域内周遊や地域産品等をどのように売っていくかを考慮し事業として推進していく必要がある。

### (4)　消費を促す工夫

　イベント事業など収益性の低い事業だけではなく、民間視点の積極的な活用や事業のマネタイズ化（収益化）等を考える必要がある。
　一過性の事業ではなく、継続した地域にお金が落ち続ける仕組みの構築が必要だ。地域全体のプロモーション戦略は観光地全体として DMO が検討し、その傘の下で起こる事業のマネタイズ化を DMC が民間視点として回していくのが理想的だ。

### (5)　旅行者目線

　地域側の押し売り（プロダクトアウト型）ではなく、データに基づくマーケットインの発想や、地域の気候、風土、文化に根ざしたストーリーとともに提供する観光コンテンツの造成が必要である。この領域は、DMC が DMO の収集したエリアデータやマーケットデータを利用し、地域側と協議したうえで推進するのが運用しやすいと考えられる。

　上記が観光地経営成功における 5 つの要素だが、DMO/DMC の両者にいえる共通の機能として、組織として継続するためにビジョンを掲げ、運営を行

う機能として「経営力」、省庁や複数の事業者と連携する必要があるため信頼され巻き込んでいける、情熱をもった「影響力」、そして企業運営の根幹であり、上記のような要素を推進するために必要な財源を確保できる安定的な「収益構造」の 3 つが追加で挙げられる。

　「観光地経営」。これは、観光をリーディング産業にしている沖縄県にとってこれまでも、そしてこれからも切っては切り離せない言葉であると同時に、DMO/DMC の役割と役割分担の議論も非常に重要なものとなっている。各地域で各々の役割分担の議論が必要だが、お互いの組織が互いの得意分野 / 苦手分野を理解したうえで補完しながら観光地経営を進めていくことが重要である。

## 4.　産業／経済の牽引となる観光産業と観光人材の重要性

　私が経営している株式会社ホット沖縄総合研究所は、DMC だ。県内 DMO／地域事業者と連携しながら進めていくが、下記のような構想を持って観光地経営に励んでいきたいと考えている。

　まず、マクロ／ミクロの両方の視点を持つことが重要と考える。マクロは、今国や自治体、DMO が何を考えているのか、どんな地域（国）にしたいかを正しく捉えることだ。全体の方針をまずは "定数（変わらないもの／大方針とするもの）" とし、経営することだ。ミクロは、その地域と密に連携し、地域側が何を欲しており地域全体を主語としたときの課題を把握しつつ推進することだ。イメージは株式会社 "○○地域" の経営を行う上で何をしなければならないかが重要な視点である。

　次に、個々のテーマになるが「6 次産業化」等もキーワードになると考える。6 次産業は農水の業界から出てきた言葉であり農業・漁業といった 1 次産業と食品加工といった 2 次産業、流通・販売の 3 次産業をかけ合わせた経営の多角化を図る言葉だ。

　農水の分野ではあるが、観光として、6 次産業化を推進し地域の 1、2、3 次産業者に利益を落とし込むことが可能と考えている。近年、特にインバウンドから高付加価値商品の需要も増加傾向にあり、1 次産業の体験化（農業体験／漁業体験等）観光コンテンツとしても期待されている。

　さて、産業視点を取り上げたが、観光地経営の論点で特に必要なのが「観光人材の育成」だ。

　事業や産業振興にはビジネスモデルの優位性や魅力ももちろん必要だが、事

業を回す、事業に関わる人材の確保も同様に重要である。

　観光人材の育成事業は国や自治体も進めているが、そのプログラムや育成事業の過程で関わった人材の継続的な連携／活用も進めていかなければならない。こうした議論の際、「誰が推進するのか？」が非常に大きな論点になるが、DMC が行うことが最も合理的で実現の可能性が高いと考えている。

　弊社では、試験的に地域事業者や自社社員、地域大学生を対象にした観光人材開発プログラムを実施している。観光の基礎知識などのインプットもそうだが、論理的思考、アート思考やプロジェクトマネジメントとは、議論のやり方等、グローバル社会・マーケットに対応するためのいわゆるリベラルアーツの考え方で構築し、無償提供している。

　こういったプログラムの参加者や事業参画した人々のネットワークを DMC がつなぎ、地域経営の意見収集の場としている。新しい事業が出てきた際に、すぐに地域事業者の顔が浮かび、参画してもらえるようなコミュニティが観光地経営には必要なのだ。

　上記のスキルとあわせて、熱量や想いを持った人材が増える仕組みも考えていかなければならない。

　われわれが活動している沖縄県内も観光人材不足と言われているが、人材不足は人の魅力で解決できると信じている。自分の事業に誇りを持って活動している人々（特に若者）に魅力を感じ、事業や組織にジョインしたり、移住する事例をたくさん見てきた。事業の魅力よりも人の魅力に人間は心を動かされるものではないか。そういった人材を増やしていくことも観光地経営には必要不可欠と考える。

## 5.　最後に

　観光業界の新たな萌芽として、弊社・私自身を例に出した。各観光地でそれぞれ課題はあると思うが、強い想いを持った人たちが推進することで、日本は世界に誇れる観光地になると信じている。

　こうした形で、祖父の名前を書籍に残すことができ、もらってばかりで何も返せなかった祖父に対して、少しは孝行ができたかなと感じている。

〈参考文献〉
株式会社白石 HP https://shiraishi-okinawa.jp/company/shiraishi-takeharu/

観光カリスマ https://book.gakugei-pub.co.jp/mokuroku/book/5234charism
a/hajimeni.htm
国土交通省　観光庁 HP https://www.mlit.go.jp/kankocho/seisaku_seido/dmo/
dmotoha.html

# 3. 求められる人材

　観光における人材育成の重要性は、常に最優先の項目の1つに挙げられており、急激に拡大するインバウンド市場、中でも高付加価値市場獲得においては、顧客の歴史・文化・経済、時に宗教的背景等を理解しながら、その要望をひもとき、その価値を最大化できる人材が求められる。同時に英語をはじめとした語学力はもちろん、マーケティングの知識や経営視点、直接的な顧客対応のみならず、地域側関係者・住民とのコミュニケーション能力と信頼構築力まで多種多様かつ高度なスキルが必要となる。

　地域の価値を最大化するためには、その自然の成り立ちから、歴史、農業や漁業などの1次産業、伝統産業、人々やそのコミュニティまで広く学んでいく必要がある。

　なぜなら、地域のありのままの自然、歴史、文化、人とコミュニティ全体が、地域のストーリーの骨格となり、地域の価値の源泉そのものとなり得るからである。

　このように地域の価値を深く理解し、自然環境保全と活用のバランスを取りながら、その価値を最大化でき、同時に海外とのビジネスを行っていける人材は限られており、特に地域側でのそうした人材育成がますます重要になってくる。

　観光庁が2023年3月に公開した“ポストコロナ時代における観光人材育成ガイドライン”には、以下のように、その課題とあわせ人材育成の重要性が触れられている。

　「観光産業は、企業的経営視点の不足、DX（デジタルトランスフォーメーション）化の遅れ等に伴う収益性・生産性の低さ、これに起因する長時間労働

と低い賃金水準、高い離職率など、構造的な課題を抱えている（中略）観光地・観光産業の高付加価値化を強力に推進するため（中略）観光産業の事業者においても、構造的課題の解消に向けて、国の支援も活用しながら、高付加価値化の取組を進め、収益性・生産性の向上を図るとともに、人への投資を積極的に行うことが不可欠である。」

　ここに掲げた課題は、観光にとどまらず日本全体の課題とも言え、その人材育成と確保は喫緊の課題である。

　こうした課題を踏まえ、アドベンチャー、エコ、サステナブル、モダンラグジュアリー等各種の高付加価値市場を、さらに取り込んでいくにあたり、地域において、特に地域拠点型 DMC に求められる機能は、下記の 3 つである。

　a：顧客を連れてくる・準備をする機能 ≒ DMC

　b：顧客を対面で満足させる機能 ≒ ガイド（広義では宿舎、観光関連施設等のスタッフも含む）

　c：体験を行い、消費を促す機能 ≒ 宿舎、フィールド、1 次産品・伝統産業、アート関連体験施設等

　a、b、c のそれぞれの機能が等しく重要であり、個別ではなく相互に緊密に連携してより地域の価値を最大化できることが前提ではあるが、中でも a の「DMC 機能」が今後さらに重要になるという点に関して、前項でも触れた。

図表 8-7　高付加価値市場獲得のため地域に必要な機能

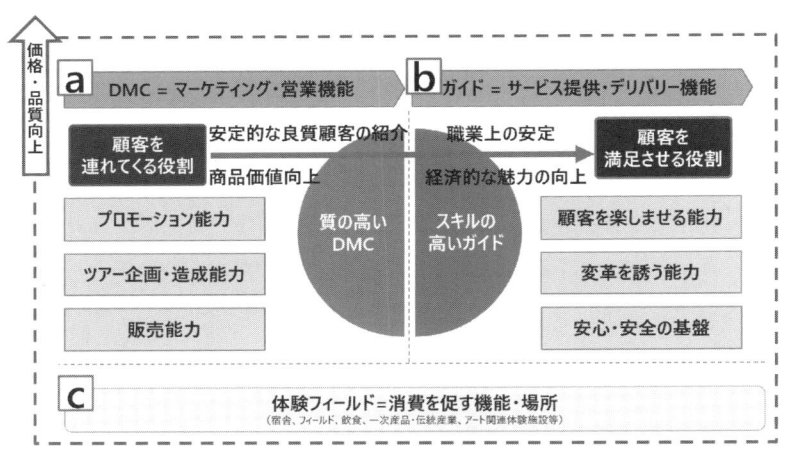

　観光における人材育成に散見されるケースとして、その業務を明確にイメージしやすいｂの「ガイド育成」が優先され、ａのDMC機能や、ｃの体験フィールドに関する取り組みはなされないか、最小限にとどまってしまうケースも多い。

　もちろん顧客に最も近い距離で、顧客と正対し、地域の価値を伝えるｂのガイドが重要であることは間違いない。

　同時に、4章でも触れている通り、旅行における価値創出に関わるプレイヤーはその数も範囲も拡大しており、地域の魅力向上、その価値の提供と品質向上等をガイドにのみ頼るのは現実的ではない。実際、ガイド自身や連携する事業者、そして省庁・行政の関係者から「ガイド強化プログラムは重要であるし、引き続き改善すべき課題は多々ある。しかし、自然、歴史、文化に基づくストーリーの精緻化、ツアー等の準備段階での事前視察・打ち合わせ、マーケティング全般の対応等まで、すべてをガイドに求められても、現実的に担いきれない」という声を聞く。

　ａ、ｂ、ｃを同時にかつ高い水準で、1人でできてしまう"スーパーマン"のようなガイドはまれにいるが、そうしたスーパーマンを基準に育成を進めるのではなく、適切な役割定義をした上で、裾野を広げるような人材育成プログラムを構築していくべきである。

　同時に、ａ、ｂ、ｃを別々に高めていくよりも、それぞれの機能を相互に理解しあった上で、緊密に連携し、補完しながら取り組んでいける体制が望ましいと考える。

　先に触れた「ポストコロナ時代における観光人材育成ガイドライン」にも、「観光とは、地域に存在する様々な資源そのものが価値の源泉となり、その価値を体験するために人々が訪れ、その地に滞在し、消費活動を行うものである。そのため、観光産業は、宿泊業、旅行業にとどまらず、交通、飲食、物販、伝統工芸、農林水産など、非常に多岐にわたる総合的な産業分野であり、地域における広範な産業に対する経済波及効果を生むという点において、地域経済の重要な担い手となっている。」と記載されており、地域の価値をさらに高め、観光を通じた経済活動を活性化し、地域に貢献していくためにも、広く関係者を巻き込んで進めていくことができる人材育成が求められる。

　そうした人材に求められるスキルとは、ツアー企画・運営等の観光・旅行に

図表 8-8　地域拠点型 DMC に求められるスキル（案）

直結するスキルももちろんであるが、それ以上に、ビジネスコミュニケーション、マーケティング、信頼関係、戦略構築、組織経営のスキル、そして魅力や情熱である。

　こうした観点も踏まえ、地域拠点型 DMC に求められるスキルを図表 8-8 に設定した。レベル別に以下に補足する。レベルを表す数値が低いことが、難易度が低いということではないが、レベルの数値が上がるほど、対応できる人材が不足していることは事実である。

## Level 1　ツアー造成

①ツアーコーディネート能力：企画されたツアーを、サプライヤーと調整して実際の行程に落とし込み、運営そのものを行う、もしくは運営を任せるスルーガイド、ツアーオペレーターに引き継ぐことができる能力。

②魅力的なツアー企画力：対象市場を「欧米豪」等のマクロなくくりでなく、適切に分類された市場ごとに、その文化・歴史・嗜好等を理解した上で、対象顧客に刺さるテーマを見いだし、コンセプトとストーリーを練り上げ、地域の価値を最大化したツアーを企画できる能力。

## Level 2　海外市場販売

③ビジネスコミュニケーション：広義ではマーケティング要素も包含するが、対象市場キーマンに、簡潔かつ要点を得て、ユーモアも交え、相手の視点を踏まえて、英語等でプレゼン・商談・顧客関係の構築ができるスキル。同時に、国内外バイヤー・サプライヤーと契約も担えるビジネスコミュニケーション・ネットワーキング力等を指す。

④マーケティング：ターゲットとする欧米亜の高付加価値市場顧客の要望を理解し、旅行会社と連携しつつも、頼る割合は最小限とし、自エリア・組織（DMO/DMC）で完結できる商談・販売・契約・運営・管理人材までを行える能力（各種PR対応もここに含まれるが、既述のb、cのプレイヤーとも連携して実施する）。

## Level 3　地域レベル推進

⑤地域関係者との信頼構築：地域づくりに熱意をもち、自治体、1次・伝統産業、住民等の関係者と継続的かつ具体的なコミュニケーションができるスキル。地域関係者との信頼関係ができており、何かの取り組みを始めるにあたっての地域内での調整ができる信頼関係を築けていることが望ましい。

⑥省庁・行政事業活用：観光関連の事業立ち上げ、PR、商品造成、ユニークベニュー等の関連事業を省庁・行政等公募事業を有効活用できる（事業を完遂できる）知見・経験・能力とチームを組めるネットワーク・マネジメント力を持つ（省庁・行政事業を地域のために活用しつつ、自走化のビジョンを持って取り組むことが重要）。

## Level 4　組織・事業化、経営力

⑦経営・事業戦略理解・構築：地域の経営主体として活動できるスキル。戦略を立案し、実施していくとともに、旅行商品の販売のみに頼らず、地域での関連ビジネス開発・運営を行える能力。

⑧組織運営力、リーダーシップ：ビジョンを掲げ、人材の獲得・組織化、そして継続的な運営を行える能力。一定規模の組織化されたDMCを、推進力をもって運営していくために求められる能力（新しいことに対する批判を受けても、進む気概と活動時間を割けることが重要）。

## Level 5　推進力

⑨発信力・説得力・影響力：自身の取り組みの成果や発想を DMC や地域に閉じずに、日本全国や世界に向けて、各種メディア等を活用して発信し、取り組み価値をさらに高めていく能力。自組織や自身が関わる地域を越えて、他地域の取り組みレベルを引き上げる講師やメンターとして活躍していくためにも求められるスキル。

⑩情熱・巻き込み力：自身が直接的に関与しない内外の地域も含めて、エリアを広域で俯瞰でき、省庁、行政、観光関連とそれ以外の産業との連携の意義を理解した上で、機運醸成、戦略構築、一連の取り組み全般を継続でき、取り組み全体の拠り所・コアとなれる。

　ここにあげた 10 のスキルを確認すると、観光・旅行業と直接的な関係を持つスキルは、Level 1 のツアーの造成①と②のみであり、それ以外の③〜⑩に関しては、コミュニケーション、ビジネス、関係性構築、経営、組織構築、リーダーシップや発信力、情熱など観光・旅行業以外でも広く求められ、重視されるスキルである。

　Level 2 の海外市場販売③④は、実際に海外の人々と一定以上の頻度と期間でのコミュニケーション経験が求められ、かつ実務に携わらなければ得られない。Level 3 の地域レベル推進⑤⑥は、省庁や地域行政、地域コミュニティとの連携、もしくは、そうした組織に所属していた経験を通じて身に付けられるものである。Level 4 の組織・事業化、経営力⑦⑧に関しては、ビジネス経営や戦略・新規事業構築を体系的に学び、携わった経験が求められる。Level 5 の推進力にいたっては、関係者を導いていける魅力と強い精神力が求められる。

　Level 1 〜 5 を包含する人材像をまとめると「ツアー企画とコーディネートスキルはもちろん、海外顧客に対しては十分なコミュニケーション力、ビジネス実務力、マーケティング力を備え、戦略の読み解き・構築が可能であり、高いビジネスセンスと語学力を備える。そして国内では連携する省庁・地域行政、中小観光事業者、1 次・2 次・伝統産業従事者と連携し、老若男女の地域住民と草の根の交流もでき、経営力とリーダーシップを兼ね備えた魅力的かつ情熱的な人物」といえる。

　こうした素養をすべて備える人材は、本節の冒頭でも述べた通り、その数は

ごくわずかと思われるため、現実的にはそれぞれの得意分野を持つ人材が集い、相互に補完しあいながら、進めていくことになる。そして、こうしたスキルを持つ人材は、日本に限らず全世界の、おそらく全ての産業で求められる人材と同義と考える。

　本書を手に取る多くの方は、旅行業界で活躍したいと望んでいる方々であろう。私は旅行業、特に地域におけるインバウンドを通じた地域活性化に関与したいと思う方々は、Level 2 〜 5 のスキルをいかに身に付けるかを意識していくことが望ましいと考える。

　ここまで観光における価値そのものが大きく変容し、旅行業も、そのビジネスモデルも、関係するプレイヤーも大きく変化したことを述べてきた。もちろん Level 1 のような旅行に直接関与するスキルを磨いていくことは意義深く重要であり、事前に身に付けておければ望ましいことに変わりない。

　しかしながら一見、観光業と直接的な関係を見いだしづらい Level 2 〜 5 のスキルを、「旅行業」という枠を超えて、考え抜き、身に付けていくことこそが今後の旅行業により強く求められることであり、皆さんの活躍の場を大きく広げることになる。

　本書を読み進めた中で、旅行業と直接的な関係性を見いだしづらかった業界や企業を目指す方も、一定以上いると思う。皆さんが考え抜いた結果、選択する進路が、仮にコンサルティング、金融、半導体、エンターテインメント業界等、一見観光にはすぐには結びつかない業界であったとしても、それはむしろ望ましいことだと思う。

　皆さんがどのような業種に身を置いたとしても、「日本全体の魅力と価値」を高めることに変わりはないと考える。同時に、もし将来皆さんが旅行業に関わる機会があれば、他の業界で磨かれた経験は貴重なものとして高く評価され、観光を通じた地域活性化にさらなる貢献をしてくれると考えるからである。

　実際、森下ゼミの卒業生でも、旅行会社や航空会社等に進む学生もいれば、近年はコンサルティングや地方銀行等に進み、戦略構築や地域経営の観点から観光に携わることを目指す学生も増えている。

　ここまで繰り返し述べてきた通り、市場も環境もプレイヤーも大きく変化を遂げてきた分、旅行業・観光産業に求められるスキルは他産業とより重なりつつある。旅行業を選ぶにしても、それ以外の産業を志すにしても、Level 2 〜

５のスキルはどこでも高く評価されるものであるので、機会を見つけて身に付ける努力を継続してほしい。

〈参考文献〉

令和 6 年版「観光白書」（概要版）

旧内閣統計局推計、総務省統計局「国勢調査」「推計人口」

国立社会保障・人口問題研究所「日本の将来推計人口」（平成 24 年 1 月推計）

「ジェトロセンサー」2015 年 3 月号

International Institute for Management Development (IMD)「世界競争力年鑑 2024 年版」

ビジネスウィーク誌を元にしたダイヤモンド社作成データ

公益財団法人日本生産性本部「労働生産性の国際比較 2023」

観光庁「訪日外国人旅行者数・出国日本人数」

観光庁「令和 2 年観光の動向」

# あとがき

　本著に携わるきっかけは観光庁のとある検討会において、森下教授に出会ったことだった。当時私は旅行会社系シンクタンクで、グループ経営戦略策定や新規事業検討に関与しており、旅行業が直面する課題の大きさ、変化の早さ、そして新しいビジネスモデルを創り出す難しさに日々煩悶としていた。

　そんな中、2017年12月に、検討委員の一人として参加した「若者のアウトバウンド活性化に関する検討会」において、錚々たる各界の有識者と省庁の関係者を前に、座長としての心遣いを欠かさないながら、忌憚のない、時に旅行業界には耳の痛い意見も織り交ぜ、テーマの本質を突き詰め、議論を導いていく森下教授の知見と人柄に強く惹かれた。

　「この方となら、本音で、旅行業の課題に取り組める」と直感的に感じたのだと思う。気が付けば、研究室に押しかけ、講義やゼミ生との北海道・沖縄等へのフィールド実踏にご一緒させていただくようになっていた。

　日ごろ省庁・関係機関や地域行政、地域のキーパーソンなどの戦略策定や政策決定に関与する方々と議論する機会が多い中、ゼミ生の視点や課題の捉え方は新鮮かつ貴重なものばかりで、講義を通じて私の方が学ばせてもらえる機会も多かった。本書の執筆に声がけされた際、二つ返事で引き受けたことは言うまでもない。


　森下教授が冒頭から触れているように、旅行業に求められる価値が、従来の素材の仕入れとコンテンツの組み合わせ等による「楽しみ」の創造から、地域側の「経済の活性化」や「自然・文化の継承」など、さまざまな課題を解決する地域活性化へと大きく変容しつつある。

　その結果、従来の旅行業の主たるプレイヤーである交通事業者、宿泊事業者、旅行業者に加え、特に地域側で省庁・地域行政、小売、不動産、金融、情報サービス、農林水産業、広告など多くのプレイヤーとの連携がより重要になったことは、ここまで繰り返し述べてきた通りである。

　この「価値のパラダイムシフト」の結果、旅行業に求められる人材も、世界を見据えながら地域と深く連携し、地域活性化策を推進・遂行していける「高

度な経営・産業人材」へと変容している。

　こうした人材は、旅行業に留まらずどのような業種でも活躍できる未来の日本を導いてくれる人材と同義と考えている。なぜなら、今後の旅行業で求められる人材には、広域での地域経営・マーケティング戦略を理解し、地域・コミュニティ・環境のサステナビリティを見据えて自身と地域を知り、国内・海外の顧客・関係者と信頼関係を築き、その魅力を伝え、事業化でき、英語をはじめとした他言語のスキルとコミュニケーション力も身に付けていくことが求められるからである。

　旅行業は、旅行というコンパクトなサイクルと、地域経営・マーケティングという大きなサイクルで、顧客・関係者双方と直接触れ、課題の見極めと検証を繰り返し、日本と世界をつないでいくことを実体験できる機会であり、世界と競い合う人材を育成していくことに最適な業種の一つであると思う。

　本書で取り上げた「失われた30年」は、反省すべき点も多々ありながら、さまざまな事由により避けえない部分も多かったと思う。しかしそこから学び、未来を考える際に、地域で奮闘する方々、そして次代を担う日本の若者が主役となり、「地域の誇りと自身の価値を再認識し、さらに高めるべく世界へ挑戦する機会」を後押しすることを意識して、本書を執筆した。

　本書を手に取った方々が、旅行業への興味関心をきっかけとして、あらためて日本を、そして何より自分自身を知り、海外へ挑戦し、自信を深めて、その結果旅行業に留まらない各界で活躍し、日本を力強く牽引していってくれることと信じている。

　最後に、本書作成にあたって、各省庁・関係機関、地域で惜しみない協力をしてくださった皆様、常に多大な心遣いとともに、きめ細やかな編集を担ってくださった大河内さほさん、そして何よりこのような機会をくださった森下晶美教授に深く感謝したい。

2024 年 8 月

國谷　裕紀

# ●編著者略歴

・編著者 ─────────────────────────

**森下　晶美**（もりした まさみ）……………………………… 第1章、第5章
東洋大学国際観光学部教授。法政大学大学院社会科学研究科経営学専攻修士
課程修了。近畿日本ツーリスト（株）、ツアーオペレーターなどを経て 2006
年東洋大学着任、2017 年より現職。2016 年観光庁出向（観光産業課課長補
佐）。著書に編著『新版 観光マーケティング入門』同友館、2016 年。編著『旅
行業概論―旅行業のゆくえ―』同友館、2018 年など。


・著　者 ─────────────────────────

**國谷　裕紀**（くにや ゆうき）…………………………… 第6章、第7章、第8章
慶応義塾大学卒業後、旅行会社の営業部門を経て、シンクタンク部門で法人
事業戦略構築、海外競合分析、新規事業検討支援等に従事。2017 年より
ATTA と連携した取り組みを開始。アジア地区 Business manager、Senior
Strategic Partner 等を務め、北米、南米、欧州、中東等で AT に関与。
2022 年 3 月に旅行会社を退職後 Adventure Area Consulting を設立。2024
年 4 月に ATTA との契約を終了し、現在は省庁・地域行政、DMO 等と連
携した地域体制構築、事業開発、人材育成や学生向け教育プログラム等の作
成運営に携わる。

**松園　俊志**（まつぞの しゅんし）……………………………… 第2章1・2
1946 年長崎県出身、法政大学社会学部卒、同大学院社会科学研究科退学。
2001〜2015 年東洋大学国際地域学部教授、2019 年没。

**近藤　光則**（こんどう みつのり）………………………………… 第2章3
国土交通省関東運輸局観光部長。1988 年運輸省入省。一関市観光戦略担当
参事、観光庁総務課広報広聴官、観光庁観光産業課旅行業務適正化指導官、
嬉野市観光戦略統括監を経て、2024 年より現職。

**谷口　和寛**（たにぐち かずひろ）………………………………… 第3章
弁護士法人御堂筋法律事務所東京事務所パートナー。2010 年 3 月東京大学
法科大学院卒。2011 年 12 月弁護士登録。2014 年 5 月から 2 年間、任期付公
務員として観光庁観光産業課に勤務し（課長補佐）、旅行業、宿泊業、民泊
等の観光産業に関する法務を担当。観光庁「新たな時代の旅行業法制に関す
る検討会」、「経営ガバナンスワーキンググループ」等の委員を歴任。

**越智　良典**（おち　よしのり）……………………………………………… 第 4 章
東洋大学国際観光学部客員教授、（一社）日本旅行業協会アドバイザー。早
稲田大学政治経済学部政治学科卒業。近畿日本ツーリスト（株）専務取締役、
（株）ユナイテッドツアーズ代表取締役社長、（一社）日本旅行業協会理事・
事務局長、ツーリズム EXPO ジャパンを創設運営、コロナ対策を主導、東
洋大学国際観光学部教授を経て現職。共同執筆「観光立国日本への提言」成
文堂、「日本の観光を担う次世代リーダーへ」出版文化社。

・ケーススタディ　執筆者 ────────────────────

**蔵持　京治**（くらもち　きょうじ）………………………………… ケーススタディ①②
国土交通省航空局次長。「訪日マーケティング戦略」や「明日の日本を支え
る観光ビジョン」の策定、ランドオペレーター登録制度の創設や通訳案内士
の規制緩和、地銀と地方バスの協業に関する独占禁止法の特例制度の創設、
東京圏の鉄道整備計画の策定などを担当。国土交通省での勤務のほか、内閣
官房、鹿児島県、長崎県警察本部、㈱日立製作所に出向。日本政府観光局理
事長代理、航空局航空ネットワーク部長などを経て、2024 年 7 月より現職。

**渡延　悠里**（わたのべ　ゆり）…………………………………………… ケーススタディ③
内閣府地方創生推進事務局参事官補佐。1994 年東京都生まれ。2017 年東京
大学法学部卒、同年国土交通省入省。住宅局、航空局、鉄道局での勤務を経
て、2022 年 7 月から 2024 年 6 月まで北海道運輸局観光部観光企画課長とし
て北海道の観光振興に携わる。2023 年 9 月に北海道で開催された「アドベ
ンチャートラベル・ワールドサミット北海道・日本」の実行委員会事務局に
も参画。2024 年 7 月より現職。

**笠原　綾**（かさはら　あや）…………………………………………… ケーススタディ④
環境省 九州地方環境事務所 阿蘇くじゅう国立公園管理事務所長。2009 年環
境省入省（自然系技官）。これまで国立公園管理、生物多様性条約、ワシン
トン条約、野生生物観光等を担当し、昆明・モントリオール生物多様性枠組
の採択や各種条約交渉に参加。2018 年より 2 年間、日本政府観光局（JNTO）
に出向し、アドベンチャーツーリズムおよび地域のプロモーション支援を担
当。2024 年 7 月より現職。農学修士（自然環境保全学）、持続可能性科学修士。

**浅倉 彩**（あさくら あや）……………………………………… ケーススタディ⑤
編集者・プロデューサー。株式会社リクルートを経て 2009 年に独立。2011
年に沖縄に拠点を移し、地域性を深堀りしながら地元企業の魅力を表現・発
信する活動を生業とする。「人と自然が大切にされる社会」をビジョンに掲
げ、ブランドやメディアの立ち上げ・運営、WEB サイトや紙媒体の制作に
おいて、コピーワークを中心に企画とディレクションを手がける。株式会社
TiBee 代表取締役。上智大学文学部新聞学科卒業。

**白石 亮博**（しらいし あきひろ）………………………………… ケーススタディ⑥
（株）ホット沖縄総合研究所　取締役兼事業開発部部長。沖縄県那覇市出身。
慶應義塾大学卒業後、スカイライトコンサルティングにて商社の業務改善プ
ロジェクト／通信会社の戦略立案プロジェクトを経て、現職。観光地経営会
社（DMC）として地域の魅力を活かした高付加価値商品造成や行政事業を
担当。グループ会社である大型リゾートホテル内アクティビティ部門の商品
開発／運用部門の責任者も兼務している。

2024年10月17日　初版第1刷　発行

旅行産業論
—観光における"価値"のパラダイムシフト—

編　著　　　Ⓒ森　下　晶　美

発行者　　　脇　坂　康　弘

発行所　　　株式会社　同　友　館
　　　　　　東京都文京区本郷2-29-1
　　TEL. 03(3813)3966　FAX. 03(3818)2774
　　　　　https://www.doyukan.co.jp/

ISBN 978-4-496-05736-6

三美印刷／松村製本
Printed in Japan